국화 냄새

국화 냄새

1판 1쇄 발행 2021년 1월 20일

지은이 | D. H. 로런스 외
옮긴이 | 박종성 외
발행인 | 신현부

발행처 | 부북스
주소 | 04613 서울시 중구 다산로29길 52-15(신당동), 301호
전화 | 02 - 2235 - 6041
팩스 | 02 - 2253 - 6042
이메일 | boobooks@naver.com

ISBN 979-11-86998-96-0
ISBN 978-89-93785-07-4 (세트)

이 도서의 국립중앙도서관 출판예정도서목록(CIP)은 서지정보유통지원시스템 홈페이지(http://seoji.nl.go.kr)와 국가자료종합목록 구축시스템(http://ko-lis-net.nl.go.kr)에서 이용하실 수 있습니다. (CIP제어번호 : CIP2020055011)

부클래식

084

———

국화 냄새

D. H. 로런스 외

박종성 외 옮김

차례

머리글

단편소설은 삶의 단면을 다루지만, 장편소설은 삶의 총체를 담아
낸다. 로리 무어는 단편소설과 장편소설의 차이를 이런 멋진 비
유로 설명한다. "단편소설은 연애 사건이고 장편소설은 결혼이
다. 단편소설은 사진이고 장편소설은 영화다." 긴 호흡을 요구하
는 벽돌처럼 두툼한 장편소설이 외면을 당하고 상대적으로 단편
소설이 약진하는 시대다. 사실 작가가 (단편)소설을 쓰는 이유는
삶이 아이러니하기 때문이다. 기대와 결과 사이의 어긋남 때문에
할 말이 생기는 것이다. 이런 점에서 삶의 아이러니는 스토리텔
링의 출발점이 된다. 그리고 소설이란 공간은 현실을 다루는 동
시에 싱상을 구축하는 완충지대이다.

　　역자들은 대전문학이론독회 회원들이다. 독회 팀은 그간 문
학이론, 대중문화, 젠더, 탈식민주의, 아랍 및 베트남 단편소설 관
련 번역서를 꾸준히 번역해왔다. 이번에는 영미 단편소설을 출간

하게 되었다. 고전에 속하는 로런스의 〈국화 냄새〉, 조이스의 〈이블린〉, 허먼 멜빌의 〈필경사 바틀비〉, 샬롯 길먼의 〈노란 벽지〉를 포함했다. 잘 알려진 여성작가들인 버지니아 울프, 케이트 쇼팬, 캐서린 맨스필드의 대표적인 단편소설들을 추가했다. 이들은 가부장제와 결혼 및 백인우월주의라는 상징질서에 맞서 여성의 주체성을 강조하거나 상실을 비판했다. 영국 작가 사키는 다소 생소한 이름이지만 단편소설의 기교와 기본 문법 및 사회풍자를 잘 보여준다는 점에서 포함했다.

이 책에 수록된 단편소설에 등장하는 대부분 주인공들은 지배 질서에 반발하며 개별 주체로서 특이성과 잠재성을 지닌다. 여기서 말하는 지배 질서에는 견고한 가부장제와 백인우월주의 및 남성중심주의가 포함된다. 개별 주체는 지배 질서에 균열과 틈새를 만들고, 지배 질서에 반발하여 탈주와 저항을 꿈꾸며, 바틀비처럼 다수자의 언어 문법을 교란한다. 즉, 다수성에 반대하는 소수성 혹은 소수자 되기를 추구하는 리좀적 욕망의 흐름을 보인다. 다수성은 표준과 기준을 의미하며 그로 인해 권력을 획득하는 반면에 소수성은 지배담론에 포획되지 않는 특이성을 지닌다. 독자가 주인공들의 탈주, 소수자 되기, 특이성과 잠재성의 발현에 주목해야 하는 이유이다.

문학은 등장인물들의 마음 구조를 탐색하는 일이다. 독자는 주인공과 자신을 동일시하기도 하고 비판적 거리를 두기도 한다.

주인공에 동정과 연민을 느끼기도 하며, 지배 질서에 포획되어 수동적인 존재로 전락하는 주인공에는 실망하기도 한다. 모쪼록 독자가 주인공의 각성과 위반 혹은 탈주를 감상하길 바란다. 문학은 인간이 처한 소외와 억압, 견고한 제도적 편견, 저항과 탈주의 간접경험을 제공한다. 이로 인한 정서적 감응이 문학이 주는 효용성이다.

2020년 12월

박종성

국화 냄새

D. H. 로런스

7량 소형 기관차 4호가 화물칸에 석탄을 가득 싣고 쎌스턴에서부터 철커덩 소리를 내며 비틀거리며 내려왔다. 아주 위협적인 속도로 모퉁이를 돌면서 나타났다. 하지만 깜짝 놀란 망아지가 쌀쌀한 오후에 희미하게 흔들리는 가시금작화 덤불 속에서 나와 구보로 달리는데도 기관차를 훨씬 앞질렀다. 언더우드로 난 선로를 따라 걷던 여인이 산(生)울타리 안쪽으로 물러나서 바구니를 곁에 들고서 기관차의 발판이 다가오는 것을 지켜보았다. 그녀가 덜커덩거리는 검은 무개(無蓋)화차들과 산울타리 사이에 대수롭지 않은 존재처럼 갇혀 서 있을 때, 무개화차들이 하나씩 심하게 철키덕거리며 어쩔 수 없이 느리게 지나갔다. 그것들은 시든 떡갈나무 잎들이 소리 없이 떨어지는 잡목림 쪽으로 모퉁이를 돌아 지나갔다. 그러는 사이 새들은 선로 옆에서 주홍빛 찔레 열매를 물어뜯다가 이미 땅거미가 몰래 깃든 작은 숲속으로 황급히 날아갔다. 야외에는 기관차에서 뿜어져 나오는 연기가 내려앉았고 거친 풀잎들에는 착 달라붙어 있었다. 들판은 황량하고 적막했다. 갈대가 우거진 연못으로 이어지는 좁고 기다란 늪지에는 닭들이 오리나무 사이의 사육장을 떠나 타르를 칠한 닭장으로 잠자리를 찾아갔다. 연못 너머로 갱구 채탄장이 불쑥 솟아있었고, 오후의 정체된 빛 속에서 빨간 상처 같은 불길이 채탄장의 잿빛 측면을 혀로 날름거렸다. 바로 저편에는 뾰족한 굴뚝과 브린슬리 탄광의 시커멓고 볼품없는 축받이가 솟아있었다. 두 개의 바퀴가 하늘을 배경으로 빠르게 회전하고 있었고, 감아올리는 윈치 엔진이 작은 경련을 일으키듯 빠르게 탕탕거리는 소리를 내뱉었다. 광부들이 갱 밖으로 나오고 있었다.

기관차가 탄광 옆 측선 발착 플랫폼에 들어서면서 경적을 울렸고, 플랫폼에는 화차들이 줄지어 대기 중이었다.

광부들이 혼자서, 줄을 지어 무리를 이루면서, 그림자처럼 지나가더니 집을 향해 갈라졌다. 야트막하고 작은 집이 석탄재를 깔아 다진 철길에서 세 계단 아래에, 철도의 대피선들의 골이 진 평지의 가장자리에 웅크리고 있었다. 커다란 가시덩굴이 마치 타일 지붕을 끌어 내리려 하듯 집에 꽉 달라붙어 있었다. 겨울철 앵초 몇 그루가 벽돌이 깔린 뜰 둘레에서 자랐다. 저편에는 긴 정원이 경사를 이루며 내려가다가 덤불이 우거진 개울물과 만났다. 잔가지가 많은 사과나무 몇 그루, 자작나무들, 제멋대로 자란 양배추들이 있었다. 길옆에는 분홍색 헝겊이 수풀에 걸린 것처럼, 헝클어진 분홍색 국화들이 매달려 있었다. 한 여인이 뜰의 중간 아래쪽에 있는 펠트 천으로 덮인 닭장에서 허리를 굽히며 나왔다. 문을 닫고 자물쇠를 채운 다음 흰 앞치마에서 나부랭이들을 털어낸 후 몸을 곧추세웠다.

그녀는 뚜렷한 검은 눈썹과 도도한 표정을 지닌 키가 크고 외모가 출중한 여인이었다. 그녀의 매끄러운 검은 머리는 정확하게 가르마를 탔다. 잠시 서서 그녀는 흔들림 없는 시선으로 철길을 지나가는 광부들을 지켜보다가 개울물 쪽으로 돌아섰다. 그녀의 얼굴은 침착하고 굳어 있었고, 그녀의 입은 삶에 대한 환멸감 탓에 닫혀 있었다. 잠시 후 여인은 소리 내어 불렀다.

"존!" 아무런 대답이 없었다. 잠시 기다렸다가 그녀가 또렷하게 말했다.

"어디 있니?"

"예, 여기 있어요!" 덤불 속에서 아이의 볼멘소리가 들렸다. 여인은 어둠 속을 뚫어지게 응시했다.

"거기 개울에 있는 거야?" 그녀가 단호하게 물었다.

대답하는 대신 아이는 회초리 같은 나무딸기 줄기 앞에 모습을 드러냈다. 그는 작고 건장한 다섯 살 소년이었다. 소년은 반항하듯 가만히 서 있었다.

"그래!" 엄마가 달랬다. "난 네가 저 개울에서 물장난하는 줄 알았는데—그리고 엄마가 한 말을 명심해야지—."

소년은 움직이지도 대답도 하지 않았다.

"자, 자, 이리 와." 그녀가 더욱 부드럽게 말했다. "날이 어두워지고 있어. 저기 할아버지 기관차가 다가오고 있어!"

소년은 화를 내며 말없이 천천히 앞으로 나아갔다. 그는 몸의 크기에 비해 너무 두껍고 단단한 천으로 만든 바지와 조끼를 입고 있었다. 어른의 옷에서 잘라내 만든 것이 분명했다.

그들이 함께 집을 향해 천천히 가면서, 소년은 지저분한 국화의 가지들을 한 움큼 꺾더니 꽃잎을 한 줌씩 길에다 떨어뜨렸다.

"그러지 마. 웬 심술이야?" 엄마가 말했다. 소년은 하던 짓을 멈추었다. 갑자기 안쓰러운 그녀는 시든 꽃 서너 송이가 달린 국화 가지를 꺾어 자신의 얼굴에 갖다 대었다. 어머니와 아들이 마당에 이르자, 그녀는 손을 머뭇거렸으나 꽃을 치우는 대신 앞치마 띠에 꽂아두었다. 어머니와 아들은 세 단짜리 계단 아래에 서서 측선이 있는 넓은 공터를 가로질러 광부들이 귀가하는 모습을 바라보았다. 작은 기차의 바퀴가 굴러가는 소리가 금방이라도 들이닥칠 것 같았다. 기관차가 갑자기 불쑥 나타나서 집을 지나더니 대문 맞은편에서 멈춰 섰다.

둥그런 잿빛 구레나룻을 기른 키 작은 기관사가 여자의 머리 위쪽에 있는 운전석에서 몸을 내밀었다.

"차는 마셨니?" 그가 쾌활하고 다정하게 말했다.

그녀의 아버지였다. 그녀는 차를 우려내겠다고 말하고는 들어갔다. 곧바로 그녀가 돌아왔다.

"지난 일요일에는 너를 보러오지 못했구나." 잿빛 구레나룻을 기른 키 작은 사람이 말했다.

"오실 거라고 기대하지 않았어요." 그의 딸이 말했다.

기관사는 움찔하고 놀라더니 쾌활하고 대수롭지 않은 태도로 말했다.

"아, 그러면 소식을 들었겠구나? 음, 그럼 어떻게 생각하니?"

"들은 지 얼마 안 되어서 뭐라고 해야 할지 모르겠네요." 그녀가 대답했다.

그녀의 짤막한 비난에 그 작은 남자는 짜증 난 몸짓을 했다. 그리고 달래듯이 하지만 위태로울 정도로 냉랭하게 말했다.

"글쎄, 남자가 어쩌겠냐? 내 나이 또래의 남자가 낯선 사람처럼 자기 집 벽난로 앞에 앉아 있는 건 사는 게 아니란다. 그리고 재혼하려면 차라리 빨리하는 편이 낫지. 남들이 무슨 상관이겠냐?"

여인은 대답하지 않고 돌아서더니 집 안으로 들어갔다. 기관사실의 남자는 딸아이가 차 한 잔과 버터 바른 빵을 접시에 담아 가지고 올 때까지 단호하게 서 있었다. 여인이 층계를 올라와서 쉭쉭 소리를 내는 기관차의 발판 옆에 섰다.

"버터 바른 빵까지 줄 필요는 없는데." 그녀의 아버지가 말했다. "하지만 차 한 잔은 매우 좋구나"—그는 음미하듯 차를 홀짝홀짝 마셨다—"맛이 아주 좋구나." 그는 잠깐 차를 몇 모금 더 마셨다. 그러더니 그가 말했다, "월터가 또 한바탕 술을 마셨다고 들었어."

"언제 안 그런 적이 있었나요?" 여자가 쓸쓸하게 말했다.

"로드 넬슨 술집에서 집에 가기 전에…… 돈을 다 써버리겠다고 자랑을 했다는 말을 들었거든, 10실링을."

"언제요?" 여자가 물었다.

"토요일 밤—난 사실로 알고 있어."

"아주 가능한 일이죠." 그녀가 쓸쓸히 웃었다. "저한테는 23실링을 주었어요."

"그래, 남자가 돈을 가지고 짐승처럼 구는 것 말고 달리 할 게 없을 때, 그건 좋은 거다!" 잿빛 구레나룻의 사람이 말했다.

여인은 고개를 돌렸다. 그녀의 아버지는 마지막 한 모금을 마시고 나서 그녀에게 잔을 건네주었다.

"그래." 그는 입을 닦으며 한숨을 내쉬었다. "치명타야, 그건—."

그는 레버 위에 손을 얹었다. 작은 기관차는 안간힘을 쓰고 신음을 내면서 건널목을 향해 덜컹거리며 나아갔다. 여인은 다시 철길 건너편을 바라보았다. 어둠이 선로와 화차들의 공간 위로 드리우고 있었다. 광부들은 침울한 잿빛 무리들을 지으며 여전히 집을 지나쳐가고 있었다. 윈치 엔진이 잠시 멈칫하다가 황급히 고동쳤다. 엘리자베스 베이츠는 광부들의 음울한 행렬을 바라보다가 집 안으로 들어갔다. 그녀의 남편은 아직 집에 오지 않았다.

작은 부엌에는 벽난로 불빛이 가득했다. 붉게 타오르는 석탄이 굴뚝 입구에서 빛을 발하고 있었다. 방 안의 모든 생기는 희고 따뜻한 벽난로 안에 있는 것 같았고, 철제 난로 망이 붉은 불빛을 반사하고 있었다. 차의 보온을 위해 천을 덮어 놓았다, 찻잔들이 어둠 속에서 반짝였다. 방 안으로 돌출한 가장 낮은 층계 뒤쪽에 아이가 앉아 끙끙대며 칼로 하얀 나뭇조각을 다듬고 있었다. 아이는 어둠 속에 거의 가려져 있었다. 네 시 반이었다. 그들은 단지 아버지가 차를 마시러 오기를 기다려야 했다.

어머니는 아들이 침울하게 나무와 좀 힘들게 씨름하는 것을 지켜보면서 그의 침묵과 집요함 속에 그녀 자신의 모습을 보았다. 자기 자신 말고는 다른 것에는 관심이 없는 아이한테서 그녀는 아이 아빠 모습을 보았다. 그녀는 남편 생각에 몰두하고 있는 것 같았다. 남편은 집에 들어오기 전에 술을 마시려고 아마도 집 문 앞을 살금살금 지나갔을 것이다. 기다리는 동안 그의 저녁 식사가 식고 먹을 수 없게 되어서 버려지더라도. 그녀는 벽시계를 힐끗 쳐다본 후 삶은 감자의 물기를 빼기 위해 마당으로 나갔다. 개울 너머로 뜰과 들판은 캄캄한 어둠 속에 갇혀 있었다. 그녀가 김이 솟아오르는 배수구를 뒤로한 채 냄비를 들고 일어섰을 때, 그녀는 선로들과 들판의 공간 너머 언덕 위로 올라가는 큰길을 따라 노란 등들이 켜진 것을 보았다.

그리고 다시 그녀는 남자들이 떼지어 집으로 걸어가는 것을 지켜보았다. 이제는 그 수가 점점 줄어들었다.

집 안의 벽난로 불은 수그러지고 방은 짙은 붉은빛이었다. 여인은 냄비를 선반 위에 얹어놓고 반죽한 푸딩을 오븐의 입구에 놓았다. 그리고는 움직이지 않고 서 있었다. 즉시 기분 좋게 문으로 다가오는 경쾌한 아이의 발걸음 소리가 들렸다. 누군가가 잠시 문고리를 붙잡더니 어린 소녀가 들어왔다. 소녀는 외출용 옷가지를 벗기 시작했다. 모자를 내리자 막 금색에서 갈색으로 익어가는 숱이 많은 곱슬머리가 눈 위로 흘러내렸다.

소녀의 엄마는 학교에서 늦게 온 아이를 꾸짖으며, 계속 그러면 일찍 어두워지는 겨울에는 집에만 있게 할 것이라고 말했다.

"왜 그래, 엄마, 아직은 조금도 어둡지 않아요. 등불이 켜지지 않았고 아버지는 아직 귀가하지 않았는데요."

"그래, 아버지는 아직 안 왔어. 하지만 다섯 시 십오 분 전이야! 아버지를 전혀 못 봤니?"

아이가 진지해졌다. 그녀는 크고 생각에 잠긴 푸른 눈으로 엄마를 바라보았다.

"네, 엄마, 못 봤는데요. 왜요? 아버지가 다가와서 올드 브린슬리 쪽으로 지나가셨을까 봐요? 아버지는 그러지 않았어요, 왜냐면 난 못 봤거든요, 엄마."

"우리 집 쪽을 쳐다봤을 거야." 어머니가 쓸쓸하게 말했다. "너한테 들키지 않으려고 조심했겠지. 하지만 그가 프린스 오브 웨일스 술집에 앉아 있는 게 뻔해. 그렇지 않고서야 그가 이렇게 늦을 리가 없지."

소녀는 측은하게 어머니를 바라보았다.

"우리 차나 마실까요, 엄마?" 그녀가 말했다.

엄마가 존을 식탁으로 불렀다. 그녀는 다시 한번 문을 열고 철길들의 어둠을 가로질러 밖을 내다보았다. 이제 사람들이 없었다. 탄광 입구의 윈치 엔진 소리도 멈추었다.

그녀는 혼자 중얼거렸다. "어쩌면 지하갱도에서 석탄과 돌을 깎아내는 작업을 마저 하고 오느라 남아 있는지도 모르지."

세 식구가 차를 마시기 위해 앉았다. 문 근처의 테이블 끝에 앉은 존은 어둠 속에 파묻혀 거의 보이지 않았다. 그들의 얼굴은 서로 보이질 않았다. 소녀는 난로 망에 기대어 웅크리고 앉아 불 앞에 놓인 두툼한 빵 조각을 천천히 움직였다. 소년은 어둠 속에서 시커먼 얼굴 형체만 보이며, 빨갛게 타오르는 빛으로 변모된 그녀를 지켜보고 있었다.

"난롯불 속을 들여다보는 것은 멋진 일 같아요." 아이가 말했다.

"그래?" 그녀의 엄마가 말했다. "어째서?"

"아주 빨갛고, 작은 동굴들이 가득해요—그리고 기분이 너무 좋아요, 엄마도 냄새를 잘 맡을 수 있거든요."

"당장 불을 지펴야 할 거야." 그녀의 어머니가 대답하였다. "그러지 않으면 아버지가 오시면 투덜댈 것이다. 남자가 탄광 막장에서 땀을 흘리고 집에 왔는데 벽난로 불도 제대로 지피지 않았다고 말할 테니까—술집은 언제나 그런대로 따뜻하거든."

침묵하던 아이가 불평했다. "서둘러야지, 애니 누나."

"응, 준비하고 있어! 이보다 더 불을 빨리 지필 수는 없을 걸, 안 그래?"

"누나가 계속 그렇게 빈정거려 불이 늦게 지펴지는 거야." 소년이 투덜거렸다.

"얘야, 그런 나쁜 생각은 하지도 마라." 엄마가 응수했다.

곧 방은 어둠 속에서 바삭바삭한 빵을 씹는 소리로 분주해졌다. 어머니는 거의 먹지 않았다. 그녀는 작정하고 차를 마시며 앉아서 생각했다. 자리에서 일어나 머리를 꼿꼿하게 세운 것으로 보아 화가 치민 게 분명했다. 난로 망에 있는 푸딩을 보더니, 그녀가 분통을 터뜨렸다.

"남편이 저녁을 먹으러 집에 안 오다니, 남부끄럽구나! 석탄이 타서 재로 변하는 데도 왜 내가 난롯불에 신경을 써야 하는지 모르겠어. 그 사람은 바로 자기 집 문 앞을 지나쳐서 술집으로 가고, 여기서 난 저녁을 차려두고 기다리며 앉아 있어야 한다니—."

그녀는 밖으로 나갔다. 그녀가 석탄 조각을 하나씩 붉은 불 속에 떨어뜨리자 그림자가 사방 벽에 드리웠고 방은 완전한 어둠 속에 거의 묻혔다.

"어두워서 안 보여." 어두워서 눈에 보이지 않는 존이 투덜거렸다. 엄마는 자신도 모르게 웃었다.

"네 입이 어디에 있는지는 알 수 있잖아." 그녀가 말했다. 그녀는 쓰레받기를 문밖에 놓았다. 그녀가 그림자처럼 벽난로에 다가오자 아이가 골이 나서 불평을 늘어놓으며 말을 되풀이했다.

"어두워서 안 보인다고."

"맙소사!" 어머니는 짜증스럽게 소릴 질렀다. "고작 어스름인데도 네 아버지처럼 못되게 구네!"

그럼에도 불구하고 그녀는 벽난로 선반 위에 있는 다발에서 점화지를 꺼내 앞으로 나아가 방 한가운데 천장에 걸려있는 유리 등불 심지에 불을 켰다. 그녀가 손을 뻗자 임신하여 막 둥그러진 배의 모습이 드러났다.

"오, 엄마—!" 딸이 소리쳤다.

"왜 그래?" 유리 등을 심지 위로 놓다가 동작을 멈추고 여자가 말했다. 그녀가 팔을 위로 치켜들고 서서 딸을 향해 몸을 돌리자 등불의 구리 반사경이 그녀를 멋있게 비추었다.

"엄마 앞치마에 꽃이 꽂혀있네요!" 아이는 이 색다른 일에 약간 황홀해하며 말했다.

"내 참!" 여자가 안도하며 큰 소리로 말했다. "사람들이 보면 우리 집이 불난 줄 알겠어." 그녀는 유리 등 뚜껑을 원위치로 놓고 잠시 기다렸다가 심지를 올렸다. 흐릿한 그림자가 바닥에 어렴풋이 떠 있는 것이 보였다.

"꽃 냄새 좀 맡아볼게요!" 딸이 여전히 황홀해하며 앞으로 나와 얼굴을 어머니의 허리에 갖다 대었다.

"저리 비켜, 바보야!" 어머니가 등불을 밝히며 말했다. 불빛이 그들 사이의 긴장감을 드러내자 여인은 그것을 거의 참을 수 없을 것 같았다. 애니는 여전히 엄마의 허리에 몸을 숙이고 있었다. 짜증을 내며 여인은 앞치마 띠에서 꽃을 꺼냈다.

"아, 엄마—꽃을 빼내지 말아요!" 애니는 그녀의 손을 잡고 꽃가지를 다시 꽂으려 했다.

"쓸데없는 짓 좀 그만해!" 어머니가 외면하며 말했다. 아이는 창백한 국화를 입술에 갖다 대면서 중얼거렸다.

"냄새가 정말 좋네요!"

어머니는 짧게 웃었다.

"나한테는 아니야." 그녀가 말했다. "내가 결혼할 때도 국화였고, 너희들이 태어났을 때도 국화였고, 사람들이 술에 취한 아버지를 집으로 데려왔을 때 네 아버지의 단춧구멍에 꽂혔던 것도 갈색 국화였어."

그녀는 아이들을 바라보았다. 아이들의 눈과 벌어진 입은 경이로움을 드러냈다. 엄마는 한동안 말없이 흔들의자에 앉았다. 그리고 그녀는 시계를 보았다.

"여섯 시 이십 분 전인데!" 그녀는 아주 신랄하고 무심한 어조로 계속 말했다. "뭐, 사람들이 아버지를 데려오기 전에 아버지는 집에 오지 않을 거야. 거기 술집에 죽치고 있을 거야! 하지만 더러운 탄광 작업복을 입고 집으로 기어들어 올 필요는 없어. **내가** 몸을 씻어주지 않을 테니까. 바닥에 누워 자라고 하면 돼. 뭐, 내가 얼마나 바보였는지, 얼마나 바보인지! 그리고 쥐새끼들까지 있는 이 더러운 굴속으로 이런 일 하려고 시집을 오다니, 자기 집 문 앞을 살금살금 피해 가는 꼴을 보려고 말이다. 지난주에 두 번 술을 퍼마시더니―이제 또 시작이야."

그녀는 입을 다물고 일어나서 식탁을 치웠다.

한 시간이 좀 넘도록 아이들은 엄마의 분노와 아버지의 늦은 귀가에 대한 두려움 때문에 합심하여, 온갖 상상력을 발휘하며 조용조용히 열심히 놀았다. 베이츠 부인은 흔들의자에 앉아 짙은 크림색 플란넬로 속셔츠를 만들고 있었는데, 그녀가 잿빛 가장자리를 뜯자 둔탁하고 손상된 소리가 났다. 아이들의 말소리를 들으면서 활기차게 바느질하다 보니 그녀의 분노가 저절로 누그러졌다. 그녀는 바느질을 멈추고 쉬며 이따금 눈을 뜨고 꾸준히 지켜보면서 귀를 기울였다. 때때로 그녀의 분노조차 겁을 먹고 가라앉고 움츠러들었다. 그녀는 하던 바느질을 멈추고 집 바깥에서 쿵쿵거리는 발소리를 더듬었다. 그녀는 아이들에게 '쉿' 소리를 내려고 머리를 반짝 쳐들었다. 그러나 잠시 후 그녀는 본래의 모습으로 돌아왔다. 발걸음 소리가 대문을 지나 갔고, 아이들은 놀이 세계에서 끌려 나오지 않아도 되었다.

그러나 마침내 애니가 한숨을 쉬며 놀이를 그만두었다. 그녀는 슬리퍼 화물기차를 힐끗 보더니, 놀이에 염증을 느꼈다. 소녀는 애처롭게 어머니에게 고개를 돌렸다.

"엄마!"—그러나 그녀는 제대로 말로 표현하지 못했다.

존이 소파 밑에서 개구리처럼 살금살금 기어 나왔다. 어머니가 흘낏 올려보았다.

"왜 그래?" 그녀가 말했다. "저 셔츠 소매 좀 봐!"

아이가 셔츠 소매를 내밀어 살펴보더니 아무 말도 하지 않았다.

그때 선로 아래 좀 떨어진 곳에서 쉰 목소리가 들리자 방 안에는 긴장감이 고조되었다. 이윽고 밖에서 두 사람이 이야기를 나누며 지나갔다.

"이제 잘 시간이다." 엄마가 말했다.

"아버지가 안 오셨어요." 애니가 애처롭게 투덜거렸다. 그러나 그녀의 엄마는 용기를 내었다.

"신경 쓰지 마. 올 때가 되면 사람들이 데리고 오겠지—통나무처럼." 집 안에서 그럴 일은 없을 것이라는 거라는 의미였다. "그리고 그는 깨어날 때까지 마루에서 누워 자면 되고. 그러고 나면 내일은 출근하지 않을 게 뻔해!"

아이들은 플란넬로 자신들의 손과 얼굴을 닦았다. 그들은 아주 말이 없었다. 아이들이 잠옷을 입고 기도를 했는데 소년이 뭐라고 중얼거렸다. 엄마는 아이들을 내려다보았다. 그녀는 딸의 목덜미에 얽혀 있는 부드럽고 풍성한 갈색 곱슬머리와 아들의 검은색 작은 머리를 바라보고 있었다. 애들 세 명 모두를 괴롭게 한 애들 아버지에 대한 분노로 그녀는 속이 터졌다. 아이들은 위안을 얻고자 엄마의 치맛자락에 얼굴을 숨겼다.

베이츠 부인이 아래층으로 내려왔을 때 기다림에 긴장감이 감도는데도, 방 안은 이상하게도 텅 빈 느낌이었다. 그녀는 바느질감을 들고 한동안 고개를 숙인 채 바느질했다. 그러는 동안 그녀의 분노가 두려움으로 물들었다.

II

시계가 여덟 번을 치자 그녀는 갑자기 일어나 의자에 바느질감을 툭 내려놓았다. 그녀는 문가로 다가가서 문을 열고 귀를 기울였다. 그런 다음 문을 잠그고 밖으로 나갔다.

마당에서 뭔가가 실랑이가 있었다. 그녀는 그곳이 온통 쥐들로 들끓는 곳이라는 걸 알고 흠칫 놀랐다. 매우 어두운 밤이었다. 화차들이 많이 들어선 선로의 넓은 측선에선 불빛의 흔적이 보이지 않았다. 오직 저 멀리 뒤로 탄광 언덕에 있는 몇 개의 노란색 등불과 밤에 타오르는 탄광 언덕의 붉은 얼룩을 볼 수 있었다. 그녀는 서둘러 선로의 가장자리를 따라 걸어가더니, 교차로를 건너 흰 출입문 곁의 낮은 층계 디딤대에 이르렀다. 그곳에서 길가로 나섰다. 그러자 지금까지 그녀를 이끌던 공포감이 수그러들었다.

사람들이 뉴 브린슬리까지 걸어가고 있었다, 집들의 불빛이 보였다. 20야드를 더 가니 매우 따뜻하고 밝은 프린스 오브 웨일스 술집의 넓은 창문이 보였고 사람들의 시끄러운 목소리가 뚜렷하게 들렸다. 남편에게 혹시 무슨 일이 생긴 건 아닐까 하고 생각했던 것이 얼마나 바보 같은 짓이었나! 그 인간은 저기 프린스 오브 웨일스 술집에서 술을 마시고 있을 뿐일 텐데. 그녀의 걸음걸이가 흔들렸다. 그녀는 지금까지 한 번도 남편을 데리러 가본 적이 없었고, 그런 생각을 해보지도 않았다. 그래서 그녀는 길게 무질서하게 늘어선 주택가를 향해 계속 걸어가다가 큰길에서 멍하니 서 있었다. 그녀는 그 수택들 사이의 골목길로 들어갔다.

"리글리 씨?—예, 맞아요! 그이를 찾나요? 그이가 이 시간에 아직 집에 오지 않아서요."

뼈가 앙상한 여자가 어두운 부엌방에서 몸을 앞으로 내밀며 상대방을 찬찬히 쳐다보았다. 부엌 창문의 블라인드로 새어 나온 희미한 불빛이 그녀 위로 떨어졌다.

"베이트 부인 아닌가유?" 그녀가 존경심이 감도는 어조로 물었다.

"예. 바깥 분이 집에 계신지 궁금해서요. 우리 그이가 아직 안 왔거든요."

"안 오셨다구유! 어, 잭은 집에서 저녁을 먹구 나갔는디. 잠자리에 들기 전에 삼십 분간 잠시 나갔는디유. 프린스 오브 웨일스 술집에는 들러 봤슈?"

"아니요—"

"그럴테지유. 들러보고 싶지는 않겠지유—! 무슨 좋은 일이라구." 다른 여인은 관대했다. 잠시 어색한 침묵이 흘렀다. "잭은 한 번도 당신 바깥사람에 대해 아무 말도 안 했는디." 그녀가 말했다.

"아니에요!—그이가 거기에 꽉 붙어있겠지요."

엘리자베스 베이츠는 이 말을 씁쓸하게 그리고 개의치 않고 말했다. 그녀는 마당 건너편에 있는 여자가 문 앞에 서서 듣고 있다는 것을 알았지만 신경을 쓰지 않았다. 그녀가 돌아설 때였다.

"잠깐만유! 그냥 잭한테 가서 뭘 아는 게 있는지를 물어볼게유." 리글리 부인이 말했다.

"아, 아닙니다—너무—폐를 끼치는 것 같아서요!"

"그래두, 알아보아야지유. 안으로 들어오셔서서 아이들이 아래층으로 내려와 불에 데지 않도록 봐주세유."

엘리자베스 베이츠는 굳이 들어가지 않아도 된다고 극구 사양하다가 안으로 들어섰다. 다른 여인은 방의 상태가 엉망인 것에 대해 변명했다.

부엌은 변명이 필요할 정도로 지저분했다. 소파와 바닥에는 드레스와 바지, 그리고 아이들 속옷이 널려있었고, 장난감이 여기저기에 어지럽게 흩어져있었다. 미국산 유포(油布)로 만든 검은색 보 위에는 빵과 케이크 조각, 빵 껍질, 음식물 찌꺼기, 그리고 식은 차가 든 찻주전자가 놓여있었다.

"뭐, 우리 집도 지저분하긴 마찬가지예요." 엘리자베스 베이츠가 집 안이 아니라 그 여자를 바라보며 말했다. 리글리 부인이 머리에 숄을 얹고 서둘러 나가며 이렇게 말했다.

"금방 돌아올게유."

베이츠 부인은 방이 전반적으로 지저분한 것을 약간 못마땅하게 여기며 앉았다. 그리고는 바닥에 흩어져있는 다양한 크기의 신발들을 세기 시작했다. 모두 열두 개였다. 그녀는 한숨을 내쉬며 혼자서 말했다. "그리 놀랄 일이 아니지!" 그리고는 어질러져 있는 것들을 힐끗 보았다. 마당에서 두 사람의 신발 끄는 소리가 들리더니 리글리 부부가 들어왔다. 엘리자베스 베이츠가 자리에서 일어났다. 리글리는 덩치가 크고 뼈대가 굵은 남자였다. 그의 머리뼈가 특히 두드러져 보였다. 관자놀이를 가로질러 탄광에서 생긴 상처인 푸른 흉터가 있었는데 그 상처에는 석탄 가루가 문신처럼 푸르게 남아 있었다.

"아직 집에 안 왔다구유?" 그 남자는 그녀에게 인사의 격식을 차리지는 않았지만, 존중과 동정을 표하며 물었다. "나도 어디 있는지 알 수가 없슈—저기에는 없슈."—그는 머리를 확 돌려 프린스 오브 웨일즈 술집을 가리켰다.

"그가 유(Yew) 술집으로 갔을 수도 있잖우?" 리들리 부인이 말했다.

그가 잠시 멈칫했다. 리글리는 뭔가 마음속에 담아둔 말이 있었던 게 분명했다.

"그 친구가 정해진 작업량을 끝내야 한다고 해서 탄광에 두고 나왔지유." 그가 말을 시작했다. "작업종료를 알리는 신호가 있은 지 약 10분이 지나서 우리가 나왔거든유. 그래서 내가 큰소리로 말했지유. '월트, 자네 안 올라가나' 그랬더니 그가 '먼저 가게, 난 아직, 곧 갈게'라고 해서 나하고 바우어스는 갱내

승강장 바닥으로 왔슈. 그가 좀 늦어져 다음 작업조와 함께 올라올 거로 생각했거든 유—."

그는 마치 동료를 버린 혐의를 변명하듯 당황한 채 서 있었다. 이제야 다시 사고를 확신한 엘리자베스 베이츠가 서둘러 그를 안심시켰다.

"당신 말씀대로 그가 유 츄리 술집으로 올라간 것 같네요. 이런 일이 처음이 아니거든요. 전에도 제가 초조해서 과민하게 굴었어요. 사람들이 남편을 집으로 데려다주겠죠"

"에이, 너무 안됐구려!" 다른 여자가 애통해했다.

"딕한테 바로 가서 혹시 거기에 **있는지**를 알아보겠슈." 리글리는 걱정하는 기색을 보이며 무례하게 나서는 것이 아닐까 두려워하며 제안했다.

"아니에요, 그렇게까지 폐를 끼칠 생각은 아니었어요." 엘리자베스 베이츠가 힘주어 말했다. 그러나 리글리는 그녀가 자신의 제안을 기쁘게 여기고 있다는 것을 알았다.

두 사람이 입구 위로 비틀거리며 넘어가자마자, 엘리자베스 베이츠는 리글리의 아내가 미당을 가로질러 달려가 이웃집의 문을 여는 소리를 들었다. 이 소리에 갑자기 그녀 몸 안의 모든 피가 심장에서 역류하는 것 같았다.

"조심하슈!" 리글리가 주의를 주었다. "문가에 패인 이 바퀸 자국 홈을 메꾸라고 여러 번 말했건만. 누군가 다리가 불러질 수도 있슈."

그녀는 정신을 차리고 광부를 따라 빠르게 걸었다.

"아이들끼리만 자게 내버려 두고 싶지 않아요, 집에 아무도 없어요." 그녀가 말했다.

"그럼유, 그럴 수는 없지유!" 그가 공손하게 대답했다. 그들은 곧 그녀의 집 문 앞에 다다랐다.

"음, 금방이면 되유. 이제는 걱정하지 마슈. 별일 없을 거유." 작업반장이 말했다.

"정말 고맙습니다, 리글리 씨." 그녀가 답했다.

"천만에유!" 그가 걸음을 옮기며 말을 더듬었다. "금방 올께유."

집 안은 조용했다. 엘리자베스 베이츠는 모자와 숄을 벗고 양탄자를 둘둘 말았다. 그녀는 일을 끝내고 자리에 앉았다. 아홉 시가 좀 지났다. 그녀는 탄광에서 감아올리는 윈치 엔진의 빠른 마찰음과 작업용 승강기가 내려갈 때 밧줄에서 나는 째지듯 윙윙거리는 브레이크 소리에 깜짝 놀랐다. 다시 그녀는 피가 온몸을 고통스럽게 휩쓸고 지나가는 것을 느꼈다. 그녀는 손을 옆으로 갖다 대며 자신을 책망했다. "맙소사!—아홉 시에 탄광 부관리인이 내려가는 소리일 뿐이야."

그녀는 귀를 기울이며 가만히 앉아서 있었다. 이렇게 30분이 지나니 그녀는 맥이 빠졌다.

"내가 왜 이런 짓을 하는 거지?" 그녀는 측은하게 자신에게 말했다. "나한테 해가 될 뿐인데도"

그녀는 다시 바느질감을 꺼내 들었다.

아홉 시 사십오 분쯤에 발소리가 들렸다. 한 사람이 내는 발소리였다! 그녀는 문이 열리는 것을 지켜보았다. 검정 보닛에 검정 모직 숄을 걸친 늙은 여인—시어머니였다. 그녀는 대략 예순 살이었고, 창백하였고, 푸른 눈에 얼굴은 온통 주름지고 비통한 표정이었다. 그녀는 문을 닫더니 안절부절못하며 며느리 쪽으로 몸을 돌렸다.

"참, 리지, 이제 이걸 어쩌나. 우린 어쩌면 좋을까!" 시어머니가 소리쳤다.

엘리자베스는 휙 뒤로 물러섰다.

"무슨 일이에요, 어머니?" 그녀가 말했다.

늙은 여인이 소파에 앉았다.

"모르겠구나, 얘야, 알 수가 있어야지!" 그녀는 천천히 고개를 저었다. 엘리자베스는 불안하고 화가 난 채 앉아서 그녀를 지켜보았다.

"나도 모르겠어." 시어머니가 아주 깊게 한숨을 내쉬며 응답했다. "내 고통이 끝날 날이 없구나, 없어. 그간 겪어 온 일만으로도 충분할 텐데—!" 그녀는 눈물을 닦지 않고 울었다. 눈물이 흘러내렸다.

"하지만, 어머니." 엘리자베스가 말을 가로막았다, "무슨 말씀이세요? 무슨 일인데요?"

시어머니는 천천히 눈가에 고인 눈물을 닦았다. 엘리자베스의 단도직입적인 태도에 그녀의 눈물샘이 멎었다. 시어머니는 천천히 눈물을 닦았다.

"불쌍한 내 자식! 에고, 불쌍한 것!" 그녀가 신음 소리를 냈다. "이제 우리는 어찌 살지, 모르겠다—그리고 너는 임신한 상태니—큰일이구나, 정말로!"

엘리자베스는 대답을 기다렸다.

"그이가 죽었나요?" 그녀가 물었다. 물론 그녀는 이런 극도로 과장된 질문에 약간 부끄러움을 느꼈지만, 그 말을 하고 나니 자신의 심장이 요동치는 것을 느꼈다. 그녀의 말은 시어머니에게 겁을 주기에 충분했고 그녀를 정신 차리게 했다.

"그렇게 말하지 마라, 엘리자베스! 그렇게 나쁜 일이 아니길. 그래서는 안 되지. 엘리자베스, 주여, 그런 일이 생기지 않도록 우리를 구해주소서. 잠자리에 들기 전에 한 잔 마시게 앉자, 잭 리글리가 와서 이렇게 말하더구나. '저 아래 베이츠 부인에게 좀 가실 수 있는지유? 월트가 사고를 당했슈. 우리가 월트를 집에 데려다줄 때까지 집에 가셔서 며느리와 함께 계슈.' 그에게 한마디도 물어볼 시간도 없이 바로 떠났어. 보닛을 쓰고 곧장 내려온 거야, 리지. 나는 속으로 생각했어. '에고, 불쌍한 며느리, 혹시 누가 불쑥 집에 와 사고 이야기를 하면 며느리에게 무슨 일이 생길지 알 수 없잖아?' 이 일로 당황하면 안 돼, 리지—아니 출산을 앞두고 있잖아. 임신 몇 개월이지, 6개월? 아니면 5개월, 리지? 아아!" 늙은 여인은 고개를 저었다. "세월이 빨라, 세월이 빠르고말고! 참!"

엘리자베스는 딴생각으로 분주했다. 만약 그이가 죽었다면—적은 연금과 내가 버는 것으로 생활을 꾸려나갈 수 있을까?—그녀는 재빨리 계산했다. 만약 그이가 다친 거라면—사람들이 그이를 병원으로 데려가지는 않을 것이다.—그이를 간호하는 일은 얼마나 지겨울까!—그러나 아마도 그이를 술과 지긋지긋한 습관에서 벗어나게 할 수는 있을 것이다. 그이가 아플 때 그녀는 그렇게 할 것이다. 그런 모습을 떠올리자 눈가에 눈물이 고였다. 하지만 그녀에게 이게 무슨 감상적 사치의 시작이란 말인가? 그녀는 아이들을 걱정하는 쪽으로 생각의 방향을 바꾸었다. 어쨌든 그녀는 아이들한테 절대적으로 필요한 존재였다. 자신이 애들을 돌봐야 했다.

"그래!" 시어머니가 거듭 말했다. "그 애가 첫 임금을 가져다준 지 불과 일이 주일밖에 안 된 것 같구나. 그래—착한 자식이었어, 엘리자베스, 나름 착했어. 그런 자식이 왜 이렇게 골치를 썩이는지 모르겠구나. 집에서는 쾌활하고 행복한 아이였거든. 하지만 말썽을 좀 일으킨 건 틀림없어. 그랬으니까! 하느님이 그를 불쌍히 여기셔서 행실을 고쳐 주시기를. 그랬으면 좋겠어, 그랬으면 좋겠구나. 엘리자베스, 넌 그 애가 말썽을 일으키는 걸 보아왔겠지. 정말 그랬어. 하지만 결혼 전에는 아주 쾌활한 아이였어. 그건 내가 장담해. 어떻게 된 건지 모르겠어……."

늙은 여인이 단조롭고 짜증이 나게 계속 혼잣말을 했다. 그 사이 엘리자베스는 빠른 속도로 씩씩대는 윈치 엔진의 소리와 비명을 지르듯이 삐걱대는 브레이크 소리에 한 번 깜짝 놀랐을 뿐 골똘히 생각에 잠겨 있었다. 이윽고 엔진이 좀 더 천천히 돌아가는 소리가 들리더니 브레이크 소리가 잠잠해졌다. 늙은 여인은 눈치채지 못했다. 엘리자베스는 마음을 졸이며 기다렸다. 시어머니는 떠들다가 차츰 침묵 속으로 빠져들었다.

"하지만 걔가 네 아들은 아니잖아, 리지. 그 점이 중요하거든. 걔가 무엇이든 간에, 나는 걔가 어렸을 때를 기억하지. 걔를 이해하고 배려하는 법을 배웠어. 너도 사정을 헤아려줘야지—."

열 시 반이 지났는데도 늙은 여인은 이렇게 말하고 있었다. "하지만 걔는 처음부터 끝까지 골칫거리였어, 나이를 먹어도 계속 말썽을 피우네, 나이를 먹어도 계속—." 대문이 쾅쾅 울리며 층계에서 무거운 발소리가 들렸다.

"이제 가봐야겠다, 리지, 갈게." 늙은 여인이 일어나며 큰 소리로 말했다. 그러나 엘리자베스는 이미 문 앞에 가 있었다. 광부 작업복을 입은 남자였다.

"사람들이 남편을 데려오고 있습니다, 부인." 그 남자가 말했다. 엘리자베스의 심장이 잠시 멎었다. 그리고 심장이 다시 빨리 뛰자 그녀는 거의 숨을 쉴 수가 없을 정도였다.

"그이가—상황이 나쁜가요?" 그녀가 물었다.

남자는 몸을 돌려 어둠을 바라보았다.

"의사 말이 죽은 지 몇 시간 되었다고 합니다. 탄광 등(燈) 보관소 칸에서 그를 살펴봤거든요."

엘리자베스 바로 뒤에 서 있던 늙은 여인이 의자에 털썩 주저앉아, 두 손을 맞잡고 울었다. "아이고, 내 새끼, 내 새끼!"

"쉿!" 엘리자베스가 얼굴을 찌푸리며 말했다. "어머니, 조용히 하세요. 애들을 깨우지 마세요. "무슨 일이 있어도 애들이 내려오면 안 돼요!"

늙은 여인은 흔들의자에서 몸을 흔들며 나지막한 목소리로 신음했다. 남자가 좀 뒤로 물러났다. 엘리자베스가 한 걸음 앞으로 나섰다.

"상태가 어땠어요?" 그녀가 물었다.

"글쎄요, 확실히는 말씀드릴 수 없습니다." 아주 많이 불편해하며 남자가 대답했다. "그가 작업 정량을 끝내고 있었구, 동료들은 이미 갱에서 나갔고, 석탄이 마구 흘러내려 그를 덮친 거유."

"그리고 완전히 파묻혔나요?" 남편을 잃은 여인이 전율하며 소리쳤다.

"그게 아니구유." 남자가 말했다. "그게 등 뒤로 잔뜩 쏟아져 내린 거죠. 얼굴을 아래로 향한 채. 몸 전체가 다친 것은 아니구유. 그가 갱에 갇힌 거쥬. 질식한 것 같아유."

엘리자베스는 뒷걸음질 쳤다. 그녀는 뒤에서 늙은 여인이 외치는 소리를 들었다.

"뭐?—저 남자가 뭐라고 말했지?"

그 남자가 더 큰 소리로 대답했다. "그가 질식사 했다구유!"

그러자 늙은 여인이 큰 소리로 울부짖었다. 이로 인해 엘리자베스는 마음이 놓였다.

"제발, 어머니" 시어머니에게 손을 얹으며 그녀가 말했다.

"애들을 깨우지 마세요, 깨우지 마시라니까요."

시어머니가 흔들의자에 몸을 흔들며 신음하는 동안 그녀는 자신도 모르게 훌쩍였다. 엘리자베스는 사람들이 그를 집으로 데려오는 중이라는 걸 기억했다. 그래서 그녀는 준비가 되어있어야만 했다. "사람들이 그이를 응접실에 둘 거야." 그녀는 잠시 당혹하며 창백한 표정으로 서서 중얼거렸다.

그리고 그녀는 촛불을 켜서 작은 방으로 들어갔다. 공기가 차고 축축했지만, 그곳에는 벽난로가 없어서 불을 지필 수 없었다. 그녀는 촛불을 내려놓고 방 안을 둘러보았다. 촛불의 불빛이 광택 유리들에서, 연분홍색 국화가 꽂힌 두 개의 꽃병 위에서, 짙은 적갈색 탁자 위에서 반짝반짝 빛났다. 방 안에는 국화의 차가운 죽음의 냄새가 났다. 엘리자베스는 꽃을 바라보며 서 있었다. 그녀는 시선을 돌려 소파와 양복장 사이에 그를 눕힐 바닥 공간이 있는지 가늠해 보았다. 그녀는 의자들을 옆으로 밀었다. 그를 눕히고 그의 시신을 한 바퀴 돌 수 있는 공간이 생길 듯했다. 그런 다음 그녀는 낡은 붉은 식탁보와 또 다른 낡은 보를 가져와 작은 카펫을 조금이라도 보충하려고 아래로 펼쳐 깔았다. 그녀는 응접실을 나오면서 몸을 바르르 떨었다. 그래서 그녀는 옷장 서랍에서 깨끗한 셔츠를 꺼내 불 위에서 말렸다. 시어머니는 내내 흔들의자에 앉아 몸을 흔들며 신음소리를 내었다.

"어머니, 그곳에서 자리를 옮기셔야 해요." 엘리자베스가 말했다. "사람들이 그이를 데리고 들어올 거예요. 흔들의자 쪽으로 들어온다고요."

나이 든 시어머니는 기계적으로 일어나 난롯가에 앉아 계속 탄식했다. 엘리자베스가 초를 하나 더 가지러 식료품 저장실로 들어갔는데, 민무늬 타일 천장 아래 작은 옥탑방에서 사람들이 오는 소리가 들렸다. 그녀는 저장실 문가에서 가만히 서서 듣고 있었다. 그녀는 그들이 집 모퉁이를 지나 서툰 발걸음으로 계단을 세 칸 내려가는 소리를, 발을 질질 끄는 소리와 중얼거리는 소리가 뒤섞인 소리를 들었다. 늙은 여인은 말이 없었다. 남자들은 마당에 있었다.

그러자 엘리자베스는 지배인 매튜스가 하는 말을 들었다. "자네가 먼저 들어가, 짐. 조심하게!"

문이 열리자 두 여인은 한 광부가 들것의 한쪽 끝을 붙잡고 방 안으로 들어오는 것을 보았다. 들것 위로 죽은 남자의 징이 박힌 부츠가 보였다. 들것을 옮기던 두 명이 걸음을 멈춰 서고, 맨 앞쪽에 있는 남자가 문의 가로대 쪽으로 허리를 굽혔다.

"어디에 놓으면 좋을까유?" 흰 수염을 기른 작은 체구의 매니저가 물었다.

엘리자베스는 몸을 일으켜 불이 켜지지 않은 양초를 들고 저장실에서 나왔다.

"응접실에요." 그녀가 말했다.

"거기로 들어가게, 짐!" 지배인이 손가락으로 가리키자 들 것을 운반하던 사람들이 뒤로 돌아 작은 방으로 들어갔다. 그들이 어설프게 돌아서 두 개의 문을 빠져나갈 때 시신을 덮은 외투가 벗겨졌다. 두 여인은 작업하려고 옷을 벗고 누워 있는, 상체가 벗겨진 그들의 남자를 보았다. 늙은 여인은 나지막한 두려움의 목소리로 신음하기 시작했다.

"저쪽에 들것을 내려놓으라구." 지배인이 화난 목소리로 딱 딱거렸다. "시신을 보 위에 올려놓고. 자 조심해, 조심하라구! 조심 좀!"

한 남자가 국화 꽃병 하나를 넘어뜨렸다. 그는 멋쩍게 쳐다 보았고, 그런 다음 그들은 들것을 내려놓았다. 엘리자베스는 남편을 쳐다보지 않았다. 방으로 들어가자마자 그녀는 다가가 서 깨진 꽃병과 꽃들을 주웠다.

"잠깐만요!" 그녀가 말했다.

그녀가 걸레로 물을 박박 닦는 동안 세 남자가 말없이 기다 렸다.

"에고, 끔찍한 일이야, 끔찍해, 확실히!" 지배인은 곤혹스럽고 당혹해하며 이마를 비비며 말했다. "내 생전에 이런 일은 정말 처음이유! 갑자기 순식간에 위에서 쏟아져 그를 덮치다니. 4피트도 안 되는 공간에—그런데도 몸은 전혀 상처를 입지 않았으니."

그는 상의가 벗겨진 채 석탄 가루로 온통 뒤범벅되어 엎드려 있는 시신을 내려다보았다.

"질식사입니다." 의사가 말하더군요. "이것은 제가 본 것 중 가장 끔찍한 일입니다. 마치 누가 일부러 그렇게 한 것 같아유. 갑자기 순식간에 위에서 쏟아져 그가 쥐덫에 갇히듯이 갇힌 거유"—그는 격하게 내리치는 손짓을 했다.

이런 절망적인 말에 옆에 서 있던 광부들은 고개를 옆으로 홱 돌렸다.

그 일의 공포가 그들 모두에게 털을 곤두서게 했다.

그때 위층에서 소녀의 날카로운 목소리가 들렸다. "엄마, 누구예요? 엄마, 누가 왔어요?"

엘리자베스는 서둘러 층계 아래로 가서 문을 열었다.

"가서 자!" 그녀가 날카로운 목소리로 명령했다. "왜 시끄럽게 구는 거야? 얼른 가서 자—아무 일도 없어—."

그러고는 그녀는 층계를 오르기 시작했다. 아래층 남자들은 널빤지 위에서 그리고 작은 침실의 회반죽 바닥에서 그녀가

하는 소리를 들을 수 있었다. 그들은 그녀의 말이 또렷하게 들렸다

"지금 왜 그래?—무엇 때문에 그래, 바보같이?"—그녀의 목소리는 믿을 수가 없을 정도로 상냥했지만, 몹시 흥분했다.

"사람들이 왔다고 생각했어요." 아이의 애처로운 목소리가 들렸다. "아버지가 오셨나 해서요?"

"그래, 사람들이 아버지를 데려왔단다. 소란 피우지 마. 착한 아이처럼 이제 가서 자라."

남자들은 침실에 있는 그녀의 목소리를 들을 수 있었고, 그녀가 아이들의 이불을 덮어주는 동안 기다렸다.

"아버지가 술에 취했나요?" 소녀가 소심한 듯 힘없이 물었다.

"아니! 아니야!—그가 그런 게 아니고—아버지는 주무셔."

"아래층에서 주무세요?"

"그래—그러니까 떠들지 말고."

잠시 침묵이 흘렀다. 그리고 남자들은 다시 겁먹은 아이의 말을 들었다.

"시끄러운 소리는 뭐죠?"

"아무것도 아니라고 내가 말하잖아. 왜 자꾸 귀찮게 구는 거야?"

그건 늙은 여인이 내는 신음 소리였다. 그녀는 모든 것을 잊은 채 의자에 앉아 흔들리며 신음하고 있었다. 지배인이 그녀의 팔에 손을 얹고 그녀에게 "쉬-잇!!" 하고 말했다.

늙은 여인이 눈을 뜨고 그를 바라보았다. 이런 간섭으로 충격을 받아 크게 놀란 것 같았다.

"몇 시예요?"— 가늘고 애처로운 목소리로 마지막으로 이 질문을 하고는 아이가 다시 잠들었다.

"열 시란다." 엄마가 한결 부드럽게 대답했다. 그러더니 그녀는 허리를 굽혀 아이들에게 입맞춤한 것이 분명했다.

매튜스가 남자들에게 그쪽을 떠나 이쪽으로 오라고 손짓했다. 그들은 모자를 쓰고 들것을 들었다. 그들은 시신을 지나 발끝으로 살금살금 걸어 집 밖으로 나갔다. 그리고는 잠 못 이루는 아이들과 멀어질 때까지는 아무도 말을 하지 않았다.

엘리자베스가 내려왔을 때 시어머니는 응접실에서 홀로 죽은 남자 위로 몸을 숙이고 눈물을 흘리고 있었다.

"그이를 바닥에 똑바로 눕혀야 해요." 엘리자베스가 말했다. 그녀는 주전자를 올려놓았다, 그런 다음 돌아와 발아래에 무릎을 꿇고 앉아 부츠의 가죽 끈의 매듭을 풀기 시작했다. 촛불 하나로는 방 안이 써늘하고 어둑했다. 그래서 그녀는 거의 바닥 쪽으로 얼굴을 숙여야 했다. 마침내 그녀가 무거운 부츠를 벗겨내어 치웠다.

"이제 절 도와주셔야 해요." 그녀가 시어머니에게 속삭였다. 두 여인은 함께 그이의 옷을 벗겼다.

두 여인이 자리에서 일어나서, 죽음이라는 순진한 위엄의 상태로 누워 있는 그를 바라보더니 두려움과 존경심에 사로잡혀 있었다. 잠깐 두 여인은 움직이지 않고 내려다보았다. 시어머니가 홀쩍였다. 엘리자베스는 자신의 권리를 박탈당한 느낌이었다. 그녀는 그를 보았다. 그는 완전히 침범할 수 없는 상태로 누워있었다. 그녀는 그와 아무 관계도 없었다. 그녀는 이 점을 받아들일 수 없었다. 그녀는 자신의 권리를 주장하면서 허리를 굽혀 시신에 손을 얹었다. 그가 죽은 탄광은 더웠기에 그의 시신에는 여전히 온기가 남아 있었다. 그의 어머니는 두 손으로 아들의 얼굴을 감싼 채 알아들을 수 없는 말을 중얼거렸다. 묵은 눈물이 젖은 나뭇잎에서 떨어지는 물방울처럼 연달아 떨어졌다. 시어머니는 우는 것이 아니라 그저 눈물이 흘러내렸다. 엘리자베스는 남편의 시신에 뺨과 입술을 갖다 대고 시신을 껴안았다. 그녀는 귀를 기울었고, 캐묻고, 어떤 연관성을 알아내려고 애쓰는 것 같았다. 그러나 그건 불가능했다. 그녀는 내쫓겼다. 그를 공략하기란 어려웠다.

그녀가 일어나서 부엌으로 들어가 대야에 따뜻한 물을 따르고 비누와 플란넬과 부드러운 수건을 가져왔다.

"그를 닦아야겠어요." 그녀가 말했다.

그러자 노모는 뻣뻣하게 일어나서 엘리자베스가 플란넬로 조심스럽게 그의 얼굴을 씻고 입가의 큼직한 금발의 콧수염을 빗질하는 것을 지켜보았다.

그녀는 밑도 끝도 없는 공포에 사로잡혀서, 그를 잘 보살폈다. 늙은 여인이 질투를 느껴 이렇게 말했다.

"내가 좀 닦으마!"—엘리자베스가 그를 물로 씻으면 늙은 여인이 반대편에 무릎을 꿇고 천천히 아들 시신의 물기를 닦아냈다. 그녀의 커다란 검은색 보닛이 때때로 며느리의 검정 머리에 가볍게 닿았다. 이처럼 그들은 오랫동안 말없이 일했다. 그들은 그것이 죽음이었다는 것을 절대 잊지 않았다. 남자의 시신을 만지자 그 촉감에 두 여인은 각자 서로 다른 기묘한 느낌에 휩싸였다. 두 여인은 심한 두려움에 사로잡혔다. 어머니는 자궁에 거짓말이 전해지고 자신이 거부당한 느낌이었다. 아내는 인간 영혼의 완전한 고립을 느꼈고, 몸속의 아이는 자신과는 동떨어진 하나의 무게에 불과했다.

마침내 시신을 닦는 일이 끝났다. 그는 멋진 몸매를 지닌 남자였고, 얼굴에는 술의 흔적이 전혀 없었다. 그는 금발이었고, 살이 통통했고, 건강한 사지를 지녔다. 하지만 그는 죽어있었다.

"그에게 축복을." 어머니는 줄곧 그의 얼굴을 바라보며, 그리고 극심한 두려움에 사로잡혀 말했다. "소중한 내 자식—이 아이에게 축복을!" 그녀는 두려움과 모성애의 희미하고 소곤거리는 소리로 혼미한 상태에서 말했다.

엘리자베스가 다시 맥없이 바닥에 주저앉아 그의 얼굴을 목에 대었다, 공포에 떨며 몸서리쳤다. 그러나 그녀는 다시 물러나야만 했다. 그는 죽었다. 그녀의 살아있는 육체는 그의 육체 가까이 갈 곳이 없었다. 심한 두려움과 피로감이 그녀를 엄습했다. 그녀는 이처럼 소용이 없었다. 그녀의 생명은 이렇게 끝나버렸다.

"우유처럼 하얗고, 열두 달 된 아기처럼 깨끗한, 이 아이를 축복하렴, 며늘아기야!" 늙은 어머니는 혼자 중얼거렸다. "아무런 자국도 없이, 맑고 깨끗하고 희고, 변함없이 아름다운 이 아이를." 그녀는 자랑스럽게 중얼거렸다. 엘리자베스는 얼굴을 가렸다.

"그 애는 평온하게 죽었어, 리지—양처럼 평온하게. 아름답지 않니, 양처럼? 아—애는 평온하게 죽었어, 리지. 얘가 그 속에 갇혀서 기도했을 거야, 리지. 시간이 있었을 거야. 얘가 마음의 평화를 찾지 못했다면 이처럼 평온한 모습은 아닐 거야. 불쌍한 양, 사랑하는 양. 에고, 하지만 그 애는 쾌활한 미소를 지

넜었지. 나는 그 웃음소리를 듣는 것을 좋아했어. 아주 쾌활한 사내다운 웃음을 지었지, 리지"

엘리자베스는 숙인 얼굴을 들었다. 남자의 입은 콧수염이 덮인 채 약간 벌어져 있었다. 반쯤 감긴 두 눈은 어둠 속에서 광채를 띠지 않았다. 연기를 내며 불타던 그의 생명이 사라졌고 그를 그녀한테서 완전히 떨어져 나가게 했다. 그는 그녀에게 아주 낯선 존재가 되었다. 그리고 그녀는 그가 자신에게 얼마나 낯선 사람인지 알고 있었다. 그녀의 자궁 속에는 얼음장처럼 차가운 두려움이 남아 있었다. 한 몸으로 살아왔지만, 별개의 낯선 사람이 되어버렸기 때문이었다. 삶의 열기에 가려 보이지 않던 전혀 닿지 않는 떨어짐, 이것이 모든 의미였단 말인가? 두려워서 그녀는 얼굴을 다른 데로 돌렸다. 그 사실은 너무 치명적이었다. 그들 사이에는 아무것도 없었다. 그럼에도 불구하고 그들은 반복적으로 알몸을 교환하며 함께 살아왔다. 그가 그녀를 안을 때마다 그들은 지금처럼 멀리 떨어져 있는 두 개의 고립된 존재였다. 그이는 그녀보다 더 책임이 없었다. 아이는 그녀의 자궁 속에서 얼음장 같았다. 죽은 남자를 바라보면서 냉정하고 초연해진 그녀의 마음이 분명히 이렇게 말했기 때문이었다. "나는 누구인가? 지금까지 뭘 해왔던가? 나는 존재하지 않는 남편과 싸워왔다. **그는** 항상 존재했었다. 내가 무슨 잘못을 저질렀지? 내가 함께 살아온 것은 무엇이었지? 현실은 바로 여기 이 사람인데"—그리고 두려워서 그녀의 영혼은 그녀 속에서 죽어갔다. 그 여인은 그를 본 적이 없고 그도 그녀를 본 적이 없다. 그들은 누구를 만났는지 그리고 누구와 싸웠는지 알지 못한 채 어둠 속에서 만나서 싸웠다. 그리고 이제 그녀는 죽은 그를 보았고 보면서 침묵했다. 그녀가 틀렸기 때문이다. 그녀는 그를 그가 아닌 다른 어떤 것이라고 말했었다. 그녀는 그와 친숙하다고 느꼈다. 하지만 그는 줄곧 그녀와 떨어져 있었다. 그는 그녀가 살아본 적이 없는 식으로 살았고, 그녀가 결코 느껴본 적이 없는 식으로 느꼈다.

그녀는 두려움과 수치심 속에서 자신이 잘못 알았던 그의 알몸을 바라보았다. 그런데 그는 아이들의 아버지였다. 그녀의 영혼은 그녀의 몸에서 찢겨 떨어져 나갔다. 그녀는 그의 알몸을 바라보며 자신이 전에 부인했던 것을 부끄러워했다. 결국 그것은 그 자체였던 것이다. 그의 알몸은 그녀에게 경외감을 불러일으켰다. 그녀는 그의 얼굴을 바라보았고 벽 쪽으로 얼굴을 돌렸다. 그의 표정은 그녀의 표정과 달랐고, 그의 방식은 그녀의 방식이 아니었다. 그녀는 그가 어떤 사람이었는지를 부인했다—이제 그녀는 그의 모습을 보았다. 전에는 그를 그 자신으로서 보길 부정했었다. 그리고 이것이 그녀의 삶이었고 그의 삶이었다. 그녀는 진실을 회복시켜준 죽음에 감사했다. 그리고 그녀는 자신이 죽지 않았음을 알았다.

그리고 내내 그녀의 가슴은 그에 대한 슬픔과 연민으로 터질 것만 같았다. 그는 무엇에 시달렸는가? 이 어찌할 도리가 없는 사람에게는 끔찍한 공포가 지속되었겠지! 그녀는 고통으로 몸이 뻣뻣해졌다. 그녀는 그를 달리 도울 수 없었다. 이 알몸의 남자는, 이 다른 존재는, 잔인하게 상처를 받았다. 그런데 그녀는 아무런 보상도 할 수 없었다. 아이들이 있었다—그렇지만 아이들은 삶에 속해있었다. 죽은 이 사람과 아이들 사이에는 아무 관련이 없었다. 그와 그녀는 아이들에게 생명을 불어넣기 위해 흐르는 통로일 뿐이었다. 그녀는 엄마였다—그러나 그녀는 이전에 아내였다는 것이 얼마나 끔찍한지를 이제 비로소 깨달았다. 그리고 지금 죽은 이 사람이 남편으로서 삶을 얼마나 끔찍하게 느꼈을까. 그녀는 다음 세상에서는 그가 낯선 존재가 될 것이라고 느꼈다. 만일 그들이 거기 다음 세상에서 만난다면 지금 세상에서의 일을 부끄러워하기만 할 것이다. 아이들은 어떤 이상한 이유로 그들 둘 사이에서 생겨났다. 그러나 아이들은 그들을 하나로 결합해주지는 못했다. 이제 그는 죽었고 그녀는 그가 영원히 별개의 존재가 되었음을, 이제 영원히 그녀와 무관하다는 것을 알았다. 그녀는 자신의 삶 속에서 이 사건이 끝나는 것을 보았다. 그들은 생전에 서로의 존재를 부인했었다. 이제 그가 삶에서 물러났다. 괴로움이 그녀를 엄습했다. 이제는 끝난 일이었다. 그가 죽기 오래전부터 그들 사이에는 희망이 없었다. 그런데도 그는 그녀의 남편이었다. 하지만 얼마나 미미하였던가!

"남편 셔츠는 챙겼지, 엘리자베스?"

엘리자베스는 시어머니의 기대대로 울며 행동하려고 노력했지만 그럴 수 없어 침묵했다. 그녀는 아무 대답도 하지 않고 돌아서서 부엌으로 가서 옷을 가지고 돌아왔다.

"말랐어요." 그녀가 면 셔츠의 여기저기를 움켜잡으며 말했다. 그녀는 몹시 부끄러워하며 그의 몸을 만졌다. 그에게 손을 댈 권리가 그녀에게 혹은 누구에게 있는가. 그러나 그녀는 겸허하게 그를 손으로 만졌다. 그에게 옷을 입히는 일은 쉽지 않았다. 그의 몸은 너무 무겁고 움직이지 않았다. 그녀는 끔찍한 두려움에 사로잡혔다. 그의 몸이 너무 무겁고 전혀 움직이질 않았고 반응이 없이 별개로 존재했다. 둘 사이의 거리를 보고 느낀 심한 공포감은 그녀가 감당하기 힘들었다. 그녀가 건너다봐야 할 사이는 너무나 끝이 멀었다.

마침내 모든 일이 끝났다. 그들은 그를 이불보로 덮고, 얼굴을 묶고, 누운 상태로 두고 나왔다. 그리고 그녀는 아이들이 거기에 놓인 것을 보지 못하도록 작은 응접실의 문을 잠갔다. 그런 다음 마음속에 평화가 무겁게 내려앉자 그녀는 부엌을 정리하기 시작했다. 그녀는 자신이 현재의 주인인 삶에 굴복했다는 것을 알고 있었다. 그러나 그녀는 자신의 궁극적인 주인인 죽음을 보고 두려움과 수치심으로 움츠리었다.

열어놓은 창문

사키

"숙모님이 곧 내려오실 거예요, 너틀 씨." 열다섯 살의 침착한 젊은 아가씨가 말했다. "그동안 불평하지 마시고 저랑 시간 좀 보내셔야겠어요."

프램튼 너틀은 곧 내려올 숙모를 지나치게 무시하지 않으면서, 조카딸의 기분을 적당히 맞춰주는 적절한 말을 찾으려고 애썼다. 그가 아주 낯선 사람들을 연속해서 공식적으로 방문하는 일이 과연 그가 겪고 있다고 여겨지는 신경증 치료에 상당히 도움이 될지를 개인적으로는 이전보다 훨씬 더 의심하였다.

"나는 어떻게 진행될지 알고 있지." 그가 이곳 조용한 시골집으로 옮길 준비를 하고 있을 때 그의 누이가 말했다. "너는 그곳에서 파묻혀 지내게 될 거야. 이야길 나눌 사람이라곤 한 명도 없는 곳에서 말이야. 그러면 맥이 빠져 이전보다 신경증이 한층 더 심해질 텐데. 그곳에 내가 아는 모든 사람에게 소개장을 써 줄게. 내가 기억하기로는 그중 몇몇은 꽤 괜찮아." 프램튼은 자신이 소개장 중 하나를 제시하게 될 새플턴 여사가 과연 이런 멋진 범주에 속할지 궁금했다.

"이 주변에 아는 사람들은 많으세요?" 서로가 충분히 침묵의 교감을 가졌다는 판단이 들자 조카딸이 물었다.

"한 명도 없는데." 프램튼이 말했다. "누님이 4년 전쯤 이곳, 교구 목사관에서 머무른 적이 있어. 그래서 이곳에 사는 몇 사람한테 소개장을 써주었거든."

분명히 후회하는 어조로 그가 마지막 말을 했다.

"그러시다면 우리 숙모님에 대해서는 사실상 아무것도 모르시겠네요?" 침착한 젊은 아가씨가 추궁했다.

"그분의 이름과 주소만 알고 있지." 방문객은 사실임을 인정했다. 그는 새플턴 부인이 유부녀인지 과부인지 궁금하긴 했다. 확실하지는 않지만, 방의 뭔가가 이곳이 남자가 사는 곳임을 암시하는 것 같았다.

"숙모님에게 큰 비극이 바로 3년 전에 일어났지요." 그 여자아이가 말했다. "그러니까 당신 누님이 이곳에 계실 때부터였겠군요."

"그녀에게 비극이라니?" 프램튼이 물었다. 왠지 이 평화로운 시골구석은 비극과 어울리지 않는 것 같았다.

"우리가 시월 오후에 유리문을 활짝 열어놓는 게 궁금하시죠." 조카딸이 잔디밭을 향해 열려있는 커다란 프랑스식 유리문을 가리키며 말했다.

"올해는 날씨가 꽤 따뜻한데." 프램튼이 말했다. "하지만 저 유리문이 비극과 무슨 관련이 있나?"

"꼭 삼 년 전에 저 유리문을 통해 숙모님의 남편과 숙모님의 두 남동생이 낮에 사냥을 나갔다가 다시는 돌아오지 못했거든요. 그들 셋이 무어 들판을 가로질러 자신들이 좋아하는 도요새 사냥터로 가던 중 위험한 늪에 빠졌거든요. 지독히 습한 여름이었고, 아시다시피, 다른 해에는 안전하였던 곳이 느닷없이 아무런 예고 없이 발아래가 꺼졌거든요. 그분들의 시체를 영영 찾지를 못했어요. 그건 무시무시한 비극의 일부에 지나지 않아요." 이 지점에서 아이의 목소리는 침착한 어조를 잃고 말을 더듬거리며 인간적이 되었다. "불쌍한 숙모님은 그분들이 언젠가는 돌아올 거라고, 함께 잃어버린 작은 갈색 스패니얼 개와 그분들이 예전처럼 저 유리문을 통해서 걸어들어올 거라고 늘 생각하시거든요. 그래서 저녁마다 완전히 어두워질 때까지 창문을 활짝 열어두는 거예요. 불쌍한 숙모님은 그들이 어떻게 나갔는지를 저한테 종종 말하지요. 흰색 방수 외투를 팔에 걸친 그녀의 남편과 '베티, 왜 껑충껑충 뛰는 거지?'라고 노래를 부르던 그녀의 막냇동생 로니에 관해서 자주 이야기해 주어요. 로니는 그런 말에 숙모님이 짜증을 낸다는 것을 알고 숙모님을 놀리려고 항상 그랬어요. 가끔 오늘처럼 바람 한 점 없는 조용한 저녁엔 저 열린 유리문을 통해 모두가 걸어 들어올 것 같아 오싹해집니다—"

그녀가 약간 몸서리치더니 말을 멈추었다. 늦게 나타난 숙모가 온갖 변명을 다 늘어놓으면서 서둘러 방에 들어오자 프램튼은 안심이 되었다.

"베라가 당신을 즐겁게 해 주었길 바랍니다." 그녀가 말했다.

"매우 재미있는 아이더군요." 프램튼은 말했다.

"창문을 열어놓은 것을 언짢아하지 않았으면 좋겠네요." 새플턴 부인이 활기차게 말했다. "남편과 남동생 둘이 사냥하러 갔는데 곧 집으로 올 거예요. 그리고 그들은 항상 이쪽으로 와요. 오늘은 습지에서 도요새 사냥을 하러 나갔는데 돌아오면 이 불쌍한 양탄자를 엉망진창으로 만들 거예요. 당신네 남자들이 그렇듯이, 안 그래요?" 그녀는 사냥과 얼마 안 되는 새들, 겨울철 오리 사냥에 관해 쾌활하게 계속 떠들어댔다. 프램튼에게 이 모든 것은 아주 끔찍했다. 그가 대화를 덜 소름 끼치는 주제로 돌리려고 무진 애를 썼지만 허사였다. 그는 여주인이 자신이 하는 말에 별반 귀를 기울이지 않는다는 것을 의식했다. 그리고 그녀의 눈은 끊임없이 그를 지나쳐 열린 유리창과 저 너머 잔디 쪽을 보았다. 그가 비극이 일어난 기일에 이곳을 방문한 것은 불행한 우연의 일치가 분명했다.

"의사들은 저한테 절대 휴식, 정신적으로 흥분하지 않기, 격한 육체적 운동을 피하라고 하는 데에 동의하더군요." 프램튼이 알려주었다. 그는 전혀 낯선 사람들과 우연히 알게 된 지인들이 자신의 가벼운 병과 질환, 병의 원인과 치료에 대해 아주 꼬치꼬치 캐묻는다는 꽤 막연한 망상에 시달려왔다.

"하지만 의사들은 식단에 관해서는 의견이 다르더군요." 그는 계속해서 말했다.

"서로 의견이 다르다고요?" 마지막 순간에 새플턴 부인이 하품을 대신하며 물었다. 그러다가 갑자기 얼굴이 밝아지더니 기민하게 주의를 기울였다. 그렇다고 프램튼이 하는 말에 주의를 기울이는 것은 아니었다.

"마침내 그들이 돌아오는군요!" 그녀가 큰 소리로 말했다. "차를 마실 시간에 딱 맞춰서. 눈까지 흙을 뒤집어썼군요!"

프램튼이 공포로 약간 몸을 떨며 공감하고 이해한다는 표정을 전하려고 조카딸 쪽으로 몸을 돌렸다. 조카딸은 공포에 질려 열린 창문을 통해 멍하게 밖을 응시하고 있었다. 말할 수 없는 싸늘한 공포에 사로잡힌 프램튼은 앉은 자리에서 몸을 빙 돌려 같은 방향을 바라보았다.

짙어가는 어스름 속에서 세 명이 잔디밭을 가로질러 창문을 향해 걸어오고 있었다. 모두가 총을 겨드랑이에 끼고 있었고 그중 한 사람은 거기에 추가하여 어깨에 흰 방수 외투를 걸치고 있었다. 피곤한 기색이 역력한 갈색의 스패니얼 개가 그들의 발뒤꿈치에 바짝 따라붙었다. 말없이 집에 이르자 한 젊은이가 쉰 목소리로 어스름 속에서 큰 소리로 반복했다. "내가 말했지, 버티, 왜 껑충껑충 뛰는 거지?"

프램튼은 지팡이와 모자를 미친 듯이 움켜쥐었다. 허겁지겁 도망갈 때 현관문, 자갈 진입로, 정문이 어렴풋이 보였다. 자전거를 타고 오던 사람이 그와 급박한 충돌을 피하려다 길가 울타리에 처박혔다.

"여보, 우리 왔소." 흰 방수 외투를 든 사람이 유리문을 통해 집 안으로 들어오며 말했다. "온통 진흙투성이지만, 대부분이 마른 진흙이야. 우리가 올라올 때 갑자기 달아난 저 사람 누구지?"

"아주 대단한 사람이더군요, 너틀 씨라는 분 말입니다." 새플턴 부인이 말했다. "자기 질병만 떠벌이다가 당신이 도착하니 작별 인사나 사과 한마디 없이 황급히 도망을 가다니. 누가 보면 그가 귀신을 본줄 생각하겠군요."

"저는 스파니엘 개인 줄 알았는데." 조카딸이 차분하게 말했다. "저한테 개를 엄청나게 무서워한다고 말했거든요. 한번은 갠지스 강둑의 묘지 어딘가에서 한 무리의 들개에 쫓기는 신세가 된 적이 있다고 말하더군요. 들개들이 바로 머리 위에서 으르렁거리고, 이빨을 드러내고, 거품을 물고 있어서 새로 판 무덤에서 하룻밤을 보내야만 했데요. 그런 일을 당하면 누구든 겁을 낼 거예요."

느닷없이 이야기를 꾸며내는 건 그녀의 특기였다.

이블린

제임스 조이스

그녀는 창가에 앉아 저물어가는 저녁 거리를 바라보고 있었다. 머리를 창문 커튼에 기대고 있어서 콧속으로 크레톤 천의 먼지 냄새가 들어왔다. 그녀는 피곤했다.

　지나가는 사람이 거의 없었다. 한 남자가 제일 끝 집에서 나와 귀가하기 위해 지나가고 있었다. 콘크리트 포장도로를 따라 터벅거리며 걷는 그의 발소리가 들리더니, 그다음에는 새로 지은 빨간 벽돌집들 앞 석탄재가 깔린 보도를 버석거리며 걷는 소리가 들렸다. 예전에는 거기에 공터가 있어서 그들은 저녁마다 다른 집 아이들과 놀곤 했었다. 그러다 벨파스트에서 온 어떤 남자가 이 공터를 사서는 거기에 집들을 지었다. 그들이 사는 것 같은 작은 갈색 집들이 아니라 지붕이 반짝이는 밝은 벽돌집들이었다. 그 거리에 살던 아이들은 이 공터에서 함께 놀곤 했다. 데빈네, 워터네, 던네 아이들, 절름발이 꼬마 키오, 그녀와 그녀의 형제자매들이 여기서 놀곤 했다. 그러나 어니스트 오빠는 같이 놀았던 적이 없었다. 너무 커버렸기 때문이다. 그녀의 아버지는 종종 가시나무 막대기를 휘두르며 아이들을 찾으려 공터로 왔는데, 대개는 꼬마 키오가 망을 보고 있다가 그녀의 아버지가 오는 것을 보면 소리를 질러주곤 했다. 그때까지는 그래도 행복했던 것 같다. 그때는 아버지도 그다지 포악하지 않았고, 어머니도 살아계셨다. 벌써 오래전 일이었다. 그녀와 형제자매는 모두 성인이 되었고 어머니는 돌아가셨다. 티지 던도 죽었고 워터네는 영국으로 돌아가 버렸다. 모든 것은 변하기 마련이다. 이제 그녀도 다른 사람들처럼 집을 떠나 멀리 가려 하고 있었다.

집이라! 그녀는 방을 둘러보았다. 자신이 그토록 여러 해 동안 매주 한 번씩 먼지를 털어온 낯익은 물건들을 모두 살펴보면서, 도대체 이 먼지가 다 어디서 오는지 궁금했다. 이 낯익은 물건들과 헤어지리라고는 꿈도 꾼 적이 없었는데, 어쩌면 이 물건들을 다시는 보지 못할 것이다. 하지만 그렇게 여러 해 동안 먼지를 털면서도 고장 난 풍금 위 벽에 걸려있는 누렇게 바랜 사진 속 신부의 이름은 알아내지 못했다. 그 사진 곁에는 성녀 마르가리타 마리아 알라코크에게 바치는 인쇄물인 채색한 서약문이 걸려있었다. 그는 아버지의 학교 친구였다. 아버지는 손님들에게 그 사진을 보여줄 때마다 지나가는 말로 한마디 했다.

"저 친구 지금은 멜버른에 있죠."

그녀는 집을 떠나 멀리 가기로 합의해놓았다. 현명한 일이었나? 그녀는 문제의 양면을 각각 저울질해 보려 애썼다. 어쨌든 이 집에 있으면 숙식은 해결되고, 평생 알고 지낸 사람들과 함께 지낼 수 있었다. 물론 집에서나 직장에서나 힘들게 일해야 했다. 그녀가 어떤 사내와 도망간 것을 알면 가게 사람들은 뭐라고 할까? 아마 바보라고 하겠지. 그리고 그녀의 자리는 구인광고를 통해 채워질 것이다. 개번 양은 좋아할 거다. 개번 양은 늘 그녀에게 날을 세웠고, 특히 듣는 사람이 있을 때는 더 그랬다.

"힐 양, 이 숙녀분들이 기다리고 계신 거 안 보여요?"

"활기차게 좀 굴어요, 힐 양, 제발."

가게를 떠나더라도 별로 서운하지 않을 것이다.

그러나 미지의 먼 나라에 있는 새로운 보금자리에서는 이렇지 않을 것이다. 그때는 그녀가 결혼했을 테니, 그녀 이블린이. 그때는 사람들이 그녀를 존중해줄 것이다. 그녀는 어머니처럼 대접받지는 않을 것이다. 열아홉 살이 넘은 지금까지도 그녀는 때때로 아버지가 주먹을 휘두를지도 모른다는 위험을 느낀다. 이 때문에 가슴이 두근거리는 병이 생겼다는 것을 그녀는 안다. 그들이 한창 자랄 때 아버지는 절대 해리나 어니스트 오빠에게 한 것처럼 그녀에게 손찌검하지는 않았다. 그녀가 딸이어서였다. 그러나 최근 들어 아버지는 그녀를 위협하면서, 죽은 어머니를 생각해서 봐준다고 했다. 이제 그녀를 보호해줄 사람은 아무도 없다. 어니스트 오빠는 죽었고, 교회 장식 일을 하는 해리는 거의 언제나 시골 어딘가에 내려가 있었다. 게다가 토요일 밤마다 어김없이 돈 때문에 말다툼이 벌어져서 그녀는 말할 수 없이 지치기 시작했다. 그녀는 자신이 받은 급료 7실링을 모두 아버지에게 내놓았고, 해리도 항상 최선을 다해 돈을 부쳤지만, 아버지한테서 돈을 타내는 일은 늘 어려웠다. 아버지는 그녀가 돈을 막 쓴다느니, 아무 생각이 없다느니, 자기가 힘들게 고생해서 번 돈을 그렇게 길바닥에 뿌리도록 줄 수는 없다느니 하였고, 그보다 더 심한 말도 했다. 토요일 밤이면 늘 아주 포악해졌기 때문이다. 결국 돈을 주면서도 아버지는 일요일 저녁거리를 사 올 생각이 없는 거냐고 다그쳤다. 그러면 그녀는 최대한 빨리 밖으로 뛰어나가 검은 가죽 지갑을 꼭 쥐 채 북적이는 사람들 틈을 팔꿈치로 헤쳐 가며 장을 본 후 식료품을 잔뜩 들고 늦게서야 집으로 돌아왔다. 그녀는 고된 살림살이를 하고 또 자신의 몫이 된 어린 두 동생이 제때 학교에 가고 제때 밥을 먹는지 살폈다. 고된 일이고, 고된 삶이었다.

그러나 이제 막상 집을 떠나려고 하니 그게 완전히 달갑지 않은 삶만은 아니었다는 생각이 들었다.

그녀는 프랭크와 다른 삶을 모색해볼 참이었다. 프랭크는 매우 다정하고 남자답고 솔직했다. 그녀는 그와 함께 밤 배를 타고 멀리 가서 그의 아내가 되어, 그녀를 기다리고 있는 그의 집이 있는 부에노스아이레스에서 함께 살 예정이었다. 그녀는 그를 처음 만난 때를 아주 잘 기억하고 있다. 그는 그녀가 자주 드나들던 중앙로에 자리 잡은 어느 집에서 묵고 있었다. 몇 주 전쯤의 일인 것 같다. 그는 문 앞에 서 있었는데, 챙 달린 모자를 머리 뒤로 젖혀 써서 구릿빛 얼굴 위로 헝클어진 머리카락이 흘러내려 와 있었다. 그때부터 그들은 서로 알게 되었다. 그는 저녁마다 가게 밖에서 그녀를 만나 집으로 데려다주곤 했다. 그는 그녀에게 〈보헤미안 소녀〉를 구경시켜주었는데 그녀는 좀처럼 와보지 못한 극장에 그와 함께 앉아 있자 으쓱해지는 느낌이 들었다. 그는 음악을 무척 좋아하고 노래도 좀 하는 편이었다. 그들이 사귀고 있다는 것이 사람들에게 알려졌다. 그가 선원을 사랑한 아가씨에 대해 노래할 때면 그녀는 늘 기분 좋게 얼떨떨했다. 그는 재미 삼아 그녀를 꼬마 아가씨라고 부르곤 했다. 무엇보다 그녀는 남자가 생겼다는 사실에 들떴고 그러다 그를 좋아하기 시작했다. 그는 먼 나라 이야기를 했다.

그는 캐나다로 가는 앨런 선박회사의 배에서 한 달에 1파운드를 받고 갑판 사환으로 일하기 시작했다고 했다. 그는 그녀에게 자기가 탔던 배의 이름과 여러 직책의 이름을 말해주었다. 그는 마젤란 해협도 배를 타고 통과했다고 하며 무시무시한 파타고니아 사람들 이야기도 들려주었다. 그는 부에노스아이레스에서 자리를 잡게 되었고, 고국에 건너온 것은 단지 휴가를 즐기기 위해서라고 했다. 물론 아버지는 두 사람 사이를 알아챘고 그와는 말도 섞지 말라고 그녀에게 금지령을 내렸다.

"저런 뱃놈들이 어떤지 내가 알지." 아버지가 말했다.

어느 날 아버지가 프랭크와 다투었고 그 후 그녀는 연인을 몰래 만나야 했다.

거리에 저녁이 더 깊어졌다. 그녀의 무릎 위에 올려놓은 두 통의 하얀 편지가 흐릿하게 보였다. 하나는 해리에게 보내는 편지이고 다른 하나는 아버지에게 보내는 것이었다. 그녀는 어니스트 오빠를 제일 좋아했지만, 해리도 좋아했다. 최근 들어 아버지는 부쩍 늙어가고 있었다. 아버지는 그녀를 그리워할 것이다. 가끔 아버지가 꽤 잘해줄 때도 있다. 얼마 전에 그녀가 아파서 온종일 누워있었을 때는 유령 이야기를 읽어주고 난로에서 토스트를 만들어 주기도 했다. 아직 어머니가 살아계시던 어느 날인가는 모두가 호스 언덕으로 소풍을 간 적이 있었다.

아버지가 아이들을 웃기려고 어머니의 보닛 모자를 썼던 일이 기억났다.

떠나야 할 시간이 얼마 남지 않았지만, 그녀는 창문 커튼에 머리를 기대고 크레톤 천의 먼지 냄새를 들이마시며 창가에 계속 앉아 있었다. 저 멀리 길 아래서 손풍금 소리가 들려왔다. 그녀가 아는 곡이었다. 이상하게도 그 곡을 듣자 바로 그날 밤 어머니에게 했던 약속, 최선을 다해 집안을 지키겠다고 했던 약속이 떠올랐다. 어머니가 아파서 돌아가신 마지막 밤이 기억났다. 그때도 그녀는 현관 맞은편에 있는 답답하고 어두운 방에 있었고 밖에서는 우울한 이탈리아 곡이 들려왔다. 손풍금 연주자는 6펜스를 받고 멀리 쫓겨났다. 아버지가 병자의 방으로 거들먹거리며 돌아오면서 말했던 기억이 났다.

"빌어먹을 이탈리아 놈들! 여기까지 오다니!"

곰곰이 생각하자 어머니의 불쌍한 삶, 하잘것없는 희생을 하다가 끝내 미쳐 버리는 삶의 모습이 마법처럼 그녀의 존재의 핵심을 건드렸다. 끊임없이 어리석을 정도로 끈질기게 말하는 어머니 목소리를 다시 떠올리자 그녀는 몸을 떨었다.

"데레바운 세라운! 데레바운 세라운!"[1]

---

1 정확한 의미는 알 수 없으나, '쾌락의 끝은 고통이다'라는 뜻의 게일어로 추측된다. 또는 단지 미친 사람이 내는 외마디 소리로 볼 수도 있다.

그녀는 갑작스럽게 공포에 사로잡혀 벌떡 일어섰다. 탈출! 그녀는 탈출해야만 한다! 프랭크가 그녀를 구원해줄 것이다. 그가 그녀에게 삶을, 어쩌면 사랑도 줄 것이다. 정말이지 그녀는 살고 싶었다. 왜 그녀가 불행해야만 하는가? 그녀는 행복할 권리가 있다. 프랭크가 그녀를 팔로 안고 감싸줄 것이다. 그가 그녀를 구원해줄 것이다.

* * * * * * * * *

그녀는 노스월 부두 역에서 몰려드는 군중 사이에 서 있었다. 그는 그녀의 손을 잡고 있었고, 그녀는 그가 배편에 대해 뭔가를 몇 번이고 거듭해서 말하고 있다는 것을 알고 있었다. 그 부두 역은 갈색 배낭을 멘 군인들로 꽉 차 있었다. 화물창고의 널따란 문을 통해 그녀는 현창(舷窓)에 불이 켜진 채 부두 벽 옆에 정박해 있는 커다란 덩치의 검은 배를 흘낏 보았다. 그녀는 아무 대답도 하지 않았다. 뺨이 창백해지고 차가워지는 느낌이 들었다. 번민의 미로 속에서 그녀는 신에게 자신이 갈 길을 알려달라고, 자신의 도리가 무엇인지 알려달라고 기도했다. 안개 속에서 길고 구슬픈 뱃고동이 울렸다. 그녀가 지금 떠난다면, 내일이면 프랭크와 함께 부에노스아이레스를 향해 가는 배 위에 있을 것이다. 그들은 배표를 이미 끊어놓았다. 그가 그녀를 위해 이 모든 일을 다 해놓았는데 이제 와서 뒷걸음칠 수 있을까? 심한 번민으로 몸 안에서는 구토가 일어났고 그녀는 소리 내지 않은 채 계속 입술을 움직이며 간절하게 기도했다.

종소리가 뎅그렁 하며 그녀의 가슴으로 울려 퍼졌다. 그녀는 그가 손을 잡는 것을 느꼈다.

"이리 와요!"

세상의 모든 파도가 그녀의 심장 주위에서 곤두박질쳤다. 그가 그녀를 파도 속으로 끌고 들어가고 있었다. 그는 그녀를 익사시킬 것이다. 그녀는 양손으로 철제 난간을 움켜잡았다.

"이리 와요!"

안 돼! 안 돼! 안 돼! 그럴 수는 없어. 그녀는 미친 듯이 철제 난간을 꽉 움켜잡았다. 바다를 향해 그녀는 고뇌에 찬 비명을 질렀다.

"이블린! 이비!"

그는 개찰구를 지나 급히 달려가면서 그녀에게 따라오라고 외쳤다. 사람들이 그에게 빨리 가라고 소리쳤지만, 그는 여전히 따라오라며 그녀를 불렀다. 그녀는 무력한 동물처럼 수동적으로, 하얗게 질린 얼굴로 그를 바라보았다. 그를 바라보는 그녀의 눈에는 사랑도, 작별도, 알았다는 표시도 전혀 나타나지 않았다.

브릴 양

캐서린 맨스필드

자르댕 쀠블리끄 공원에 뿌려진 백포도주처럼 푸른 하늘에 황금빛 큰 점들이 온통 흩뿌려져 있는 찬란하게 화창한 날이었지만, 브릴 양은 모피 목도리를 두른 게 좋았다. 바람 한 점 없지만 입을 벌리면 얼음물이 담긴 유리잔에서 물을 마시려고 할 때 느껴지는 차가운 기운 같은 약한 냉기가 느껴졌다. 이따금 하늘로부터 어디선가 나뭇잎이 날리며 내려앉았다. 브릴 양은 손을 들어 모피를 어루만졌다. 예쁘기도 해라! 모피를 다시 만지니 좋았다. 오늘 오후에 보관함에서 꺼내 좀약 가루를 털어내고, 정성스레 빗질한 후 잘 닦아서 탁해진 작은 눈에 생기를 부어주었다. "내게 무슨 일이 있었어요?" 그 슬프고 작은 눈이 물었다. 붉은색 오리털 이불에 앉아 목도리가 그녀의 목에 다시 똑딱 하며 걸쇠가 걸리는 걸 느끼는 게 정말 좋았다!······ 그러나 까만 코는 단단하지 않았다. 어디에 부딪혔었나 보다. 걱정할 필요 없어, 때가 되면, 정말 필요할 때가 되면, 까만 봉랍을 좀 문질러 주면 되니까…… 귀여운 장난꾸러기! 그렇다, 모피 목도리에 대한 그녀의 감정이 정말 그랬다. 귀여운 장난꾸러기가 그녀의 왼쪽 귀 옆에서 자기 꼬리를 물고 있다. 그 녀석을 풀어서 무릎 위에 놓고 쓰다듬어 줄 수도 있다. 손과 팔이 저렸다. 걸어서 그런 거로 생각했다. 숨을 들이쉬자 뭔가 가볍고 슬픈 것이, 아니 딱히 슬프다고는 할 수 없는, 뭔가 부드러운 것이 그녀의 가슴으로 들어 온 것 같았다.

오늘 오후에는 사람들이 많이 나왔다. 지난주 일요일보다 훨씬 많다. 악단의 연주가 더 우렁차고 즐거웠다. 시즌이 시작됐기 때문이다. 악단은 일 년 내내 일요일마다 쉬지 않고 연주하지만, 시즌이 아닐 때는 상당히 다르다. 가족만 앉혀놓고 연주하듯이 연주한다. 낯선 사람이 듣지 않을 때는 연주에 신경을 쓰지 않는다. 지휘자도 새 코트를 입은 거 아냐? 새 코트가 확실했다. 그는 발을 쓱쓱 문지르더니 수탉이 울 때 홰를 치듯이 두 팔을 펄럭였다. 녹색 원형 홀에 앉은 단원들은 볼이 터져라 악기를 불어대며 눈을 부릅뜨고 악보를 보았다. 짧은 "플루트 연주"는 맑은 물방울이 조르륵 흘러내리듯이 아주 예쁜 소리를 냈다. 이 부분을 다시 연주할 거라 확신했다. 그랬다. 그녀는 고개를 들고 미소를 지었다.

그녀가 앉은 '특별한' 자리에 같이 앉은 사람은 단둘이었다. 벨벳 코트를 입은 멋진 할아버지가 큰 지팡이의 조각이 새겨진 머리 부분을 두 손으로 꼭 쥔 채 앉아 있고, 몸집이 큰 할머니는 수를 놓은 앞치마 위에 뜨개실 뭉치를 놓은 채 꼿꼿이 앉아 있다. 그들은 말이 없었다. 이러면 실망스럽다. 브릴 양은 항상 대화를 기대하고 있기 때문이다. 그녀는 안 듣는 척하면서 엿듣고 주변 사람들의 이야기를 통해 잠시 그들의 삶 속으로 들어가 보는 것에 자신이 전문가라고 생각했다.

브릴 양은 늙은 부부를 곁눈으로 흘끗 보았다. 늙은 부부는 아마도 곧 자리를 뜰 것이다. 지난 일요일도 재미없기는 마찬가지였다. 어느 영국인 남자와 그의 아내가 앉았는데, 남자는 형편없는 파나마모자를 쓰고 여자는 단추를 채우는 부츠를 신고 있었다. 여자는 앉아 있는 내내 안경을 어떻게 써야 하는지에 관해서만 이야기했다. 안경이 필요하다는 건 아는데, 어떤 안경이든 안경을 사는 건 쓸데없는 짓이고, 안경은 깨지기 마련이고, 늘 흘러내린다고. 남자는 꽤 인내심이 있었다. 그는 이런저런 제안을 했다. 금테를 써보는 게 어떠냐고, 귀 뒤로 둥근 테는 어떠냐고, 코 닿는 부분에 작은 패드를 대보는 것도 좋겠다고. 아니, 아무것도 그녀의 마음에 들지 않았다. "늘 콧잔등에서 흘러내린다고요!" 브릴 양은 여자를 세게 흔들어주고 싶었다.

늙은 부부는 마치 석상처럼 고요히 벤치에 앉아 있다. 전혀 신경 쓰지 마, 구경할 사람들은 언제든지 있으니까. 꽃밭과 밴드가 있는 원형 홀 앞으로 사람들이 오갔다. 사람들이 쌍쌍이 그리고 무리를 지어서 행진했고, 가던 길을 멈추더니 이야기를 하고, 인사를 하고, 난간에 큰 통을 고정해 놓고 꽃을 파는 늙은 거지에게서 꽃 한 다발을 샀다. 어린아이들이 사람들 사이로 뛰어내리고 웃으면서 뛰어다녔다. 어린 남자아이들은 턱 밑에 크고 흰 실크 나비넥타이를 매고, 어린 여자아이들은 작은 프랑스 인형처럼 벨벳과 레이스 옷을 잘 차려입었다. 가끔 어린아이 하나가 갑자기 나무 밑에서 뻥 뚫린 광장으로 아장아장 걸어 나와 멈춰 서더니, 사람들을 쳐다보다가 또 갑자기 "털썩" 소리를 내며 주저앉으면, 몸집이 작은 엄마가 어린 암탉처럼 다리를 높이 쳐들면서 아이를 구하러 야단치며 급하게 달려온다. 다른 사람들은 벤치와 녹색 의자에 앉아 있다. 일요일마다 늘 똑같다. 브릴 양은 거의 모든 사람들에게 재미있는 면이 있다는 점을 종종 깨닫는다. 사람들은 이상했고, 조용했고, 거의 모두 나이를 먹었다. 그리고 그들은 마치 작고 어두운 방에서, 심지어—심지어 벽장에서 방금 나온 사람들인 듯이 그런 눈으로 바라보았다.

원형 홀 뒤에는 가느다란 나무들이 있는데 노란 잎들이 축 처져 있었다. 나무들 사이로는 바다의 수평선이 보이고, 그 위로는 황금빛 구름이 떠 있는 푸른 하늘이 보였다.

빰-빰-빰 빠라-밤! 빠라-밤! 빰 빠라-밤 빰 바! 악단의 연주 소리가 들렸다.

빨간 옷을 입은 젊은 여자 둘이 왔다, 파란 제복을 입은 젊은 병사 둘이 여자들을 만났다, 그들은 웃으며 짝을 맞춰 팔짱을 끼고 가버렸다. 우스꽝스러운 밀짚모자를 쓴 농촌 아낙네 둘이 잘생긴 잿빛 나귀를 끌고 진지하게 지나갔다. 차가운 인상의 창백한 수녀가 서둘러 지나갔다. 아름다운 여인이 오더니, 제비꽃 한 묶음을 떨어뜨렸다. 작은 남자아이가 뒤따라 달려오더니 꽃을 집어서 여자에게 건네주었다. 꽃을 받은 여자는 꽃에 독이라도 묻은 양 그것을 던져 버렸다. 세상에! 브릴 양은 이런 장면에 감탄해야 할지 말지 갈피를 잡을 수 없었다. 브릴 양 바로 앞에서 흰담비 털모자를 쓴 여자와 회색 옷을 입은 신사가 만났다. 남자는 키가 크고, 뻣뻣하고, 위엄이 있어 보였다. 여자는 노란색 머리를 지녔던 시절에 산 흰담비 털모자를 쓰고 있다. 지금은 모든 것이, 그녀의 머리, 얼굴, 심지어 눈동자까지도 다 낡은 흰담비와 같은 색이 되어버렸다. 깨끗한 장갑을 끼고 입술을 문지르기 위해 올린 그녀의 손은 작고 노르스름한 앞발이었다. 아, 그녀는 남자를 만나서 너무 좋았고―기뻤다! 여자는 그날 오후에 남자를 만날 거라는 생각을 어느 정도 했었다. 여자는 그녀가 다녀온 곳에 관해 얘기했다, 바닷가를 따라 여기저기 그녀가 다녀온 모든 곳을. 그날 날씨는 너무 매력적이었다―남자는 그렇게 생각하지 않나? 그렇지 않을까, 아마도……? 그러나 남자는 고개를 저었다. 그는 담배에 불을 붙이고서 천천히 여자의 얼굴에 깊고 크게 담배 연기를 뿜었다. 여자가 여전히 말을 하면서 웃고 있는데도 남자는 성냥개비를 손가락으로 튕겨버리더니 계속 걸어갔다. 흰담비 털모자를 쓴 여자는 혼자 남았다. 여자는 좀 전보다 더 밝게 웃었다. 악단도 그녀의 감정을 아는 듯이 더 부드럽고 섬세하게 연주했고 드럼도 "두둑, 두둑" 계속 연주했다. 여자는 어떻게 할까? 이제 무슨 일이 벌어질까? 브릴 양이 이런 생각을 하고 있는데 흰담비 털모자를 쓴 여자는 몸을 돌려 마치 좀 전의 남자보다 훨씬 더 멋진 사람이 바로 저기에 나타난 듯이 손을 들더니 후다닥 가버렸다. 악단은 그 어느때 보다 더 빠르고 신나게 연주했다. 브릴 양과 같은 벤치에 앉아 있던 늙은 부부도 일어나 행진하듯 걸어갔다. 수염이 긴 아주 재미있게 생긴 노인이 음악에 맞춰 비척대며 걷다가 나란히 걸어오는 네 명의 소녀와 부딪혀서 거의 넘어질 뻔했다.

아, 얼마나 멋진가! 브릴 양은 매우 즐거웠다! 여기 앉아서 이 모든 것을 바라보는 게 얼마나 즐거웠나! 마치 연극과 같다. 맞다, 꼭 연극 같다. 저 뒤에 있는 하늘도 누군가가 그려놓은 것일 수도 있지 않나? 조그마한 갈색 개가 마치 "극 중"의 약을 먹은 작은 개처럼 거드름 피우듯 왔다가 천천히 가버리자, 브릴 양은 비로소 모든 것이 이렇게 재미난 이유를 깨달았다. 모두가 무대 위에 있는 것이다. 그들은 구경만 하는 관중이 아니라 연기를 하고 있는 거다. 브릴 양 자신도 맡은 역할이 있어서 일요일마다 오는 거다. 그녀가 오지 않는다면 누군가가 분명히 알아차릴 거다. 그녀도 연극의 일부분인 것이다. 전에는 이런 생각을 하지 못했다니 정말 이상했다! 매주 일요일 그 시간에 집을 나서는 게 왜 그렇게 중요했는지 설명이 되었다. 공연에 늦지 않기 위해서였던 거다. 그리고 그녀가 가르치는 영어 수업을 듣는 학생들에게 일요일 오후를 어떻게 보냈는지 말할 때마다 기분이 이상하고 부끄러운 이유도 설명이 된다. 당연했다! 브릴 양은 하마터면 소리 내어 웃을 뻔했다. 그녀는 무대 위에 있는 거였다. 일주일에 네 번씩 오후에 그녀가 신문을 읽어주는 병든 늙은 신사 생각이 났다. 늙은 신사는 그녀가 신문을 읽는 동안 정원에서 잠을 잤다. 면 베개에 기댄 그 허약한 머리, 퀭한 눈, 벌린 입과 높이 솟은 코에 그녀는 꽤 익숙해졌다. 그가 그렇게 잠을 자다가 죽더라도 몇 주 동안 알아차리지 못했을 거다. 그런 건 신경 쓰지 않았을 거다. 그런데 갑자기 그 늙은 신사가 여배우를 시켜서 신문을 읽게 한 것을 깨달았다! "여배우라!" 늙은 머리를 들었다. 그의 늙은 눈에서 두 개의 빛이 흔들렸다. "당신—여배우요?" 그러자 브릴 양은 신문이 그녀의 대본인 양 가지런히 펴더니 조용히 "네, 오랫동안 여배우였어요."라고 말했다.

악단의 연주가 잠시 멈추더니 이제 다시 시작했다. 연주는 따뜻하고, 햇살처럼 환했으나 여전히 희미하게 쌀쌀한 느낌이 있었다. 그런데 뭐지? 슬픔은 아니고, 아니 슬픔이 아니라 뭔가 노래를 부르고 싶게 만드는 그런 게 있었다. 곡조가 높아지고 또 높아지고, 빛이 비친다. 그래서 브릴 양에게는 한순간에 모든 사람이, 이 모든 사람이 노래를 부르기 시작할 것 같았다. 함께 몰려다니며 웃는 젊은이들이 먼저 시작할 거고, 강렬하면서 씩씩한 목소리를 가진 남자들도 동참할 것 같았다. 그러고 나서 그녀도, 그녀도, 그리고 벤치에 앉은 다른 이들—그들도 반주를 넣듯이 합류할 것이다—은 그다지 올라가거나 내려가지 않는 낮으면서 매우 아름답고 감동적인 ……. 그러자 브릴 양 눈에 눈물이 고였고 그녀는 다른 동료들을 바라보며 미소를 지었다. 그래, 우리는 알지, 알아라고 그녀는 생각했다—비록 그들이 알고 있는 게 무언지 알지는 못했지만.

바로 그때 젊은 남녀가 오더니 늙은 부부가 앉았던 자리에 앉았다. 옷을 멋지게 잘 차려입은 젊은이들이었다. 그들은 사랑하는 사이였다. 남자 주인공과 여자 주인공이 남자 주인공 아버지의 요트에서 내려 이제 막 도착한 게 분명했다. 브릴 양은 여전히 소리 내지 않으면서 노래 부르고, 여전히 감동에 젖어 떨리는 미소를 지으며 그들의 대화에 귀 기울일 준비를 했다.

"안 돼, 지금은 안 돼, 여기선 안 된다고, 안 된다니까," 여자가 말했다.

"왜? 저쪽 끝에 앉아 있는 멍청하게 생긴 늙은 거 때문에?" 남자가 물었다. "저 여잔 왜 여기 온 거야, 누가 원한다고? 왜 멍청한 늙은 낯짝을 들고 나다니는 거지?"

"저 여자, 저 모—피, 되게 웃겨," 여자가 킥킥댔다. "꼭 튀겨놓은 대구 같아."

"아, 저리 가라고!" 남자가 성난 목소리로 나지막하게 말했다. 그러고 나서, "말해봐, 내 귀여운 사랑—"

"안 돼, 여기선 안 돼," 여자가 말했다. "아직 안된다니까."

……집으로 오는 길에 브릴 양은 빵집에 들러서 허니 케이크 한 조각을 사 들고 오곤 했었다. 일요일마다 누리는 그녀만

의 특별한 기쁨이었다. 케이크 안에 아몬드가 한 알 들어 있을 때도 있고 그렇지 않을 때도 있다. 그런데 아몬드 한 알이 있고 없고는 꽤 큰 차이였다. 아몬드가 들어 있을 때는 마치 작은 선물을 들고 집에 가는 것 같았다. 그것이 없어도 이상할 것 없는 그런 뜻밖의 선물과 같았다. 그렇게 아몬드가 들어 있는 일요일엔 서둘러 집에 돌아와 급히 불을 붙여 주전자를 데웠다.

그런데 오늘은 그녀가 빵집을 그냥 지나쳤고 계단을 올라 작고 어두운 방—마치 벽장 같은 방—으로 들어갔다. 그리고는 붉은색 오리털 이불 위에 앉았다. 그렇게 한참을 앉아 있었다. 모피 목도리를 꺼냈던 상자가 침대에 놓여있다. 털목도리의 고리를 재빨리 끌렀다. 보지도 않고 재빨리, 그리고 목도리를 상자 속에 넣었다. 상자 뚜껑을 덮을 때 무언가 우는 소리를 들은 것 같았다.

차 한 잔

캐서린 맨스필드

로즈메리 펠은 딱히 아름답지는 않다. 그렇다, 그녀가 아름답다고 할 수는 없다. 예쁘긴 한가? 글쎄, 이목구비를 하나하나 뜯어보면…… 하지만 얼굴을 뜯어볼 정도로 잔인해야 할 필요가 있을까? 그녀는 젊고, 똑똑하고, 매우 현대적이고, 옷을 아주 멋지게 입었다. 최근에 출판된 책들의 내용을 놀랍도록 잘 알고 있으며, 그녀가 여는 파티는 정말로 중요한 인사들과 예술가들이 가장 맛깔스럽게 어우러진 최고의 파티였다. 예술가들은 그녀가 발굴해 낸 별난 사람들이었는데 말로 할 수 없을 정도로 끔찍한 사람들도 있고, 꽤 버젓하고 재미있는 사람들도 있었다.

로즈메리는 결혼한 지 2년이 됐고, 끔찍이 사랑하는 아들이 하나 있었다. 그 아이 이름은 피터가 아니라 마이클이다. 남편은 그녀라면 껌뻑 죽을 정도였다. 그들은 엄청난 부자였다.

할머니 할아버지 집처럼 고루하게 물건이 촘촘히 들어찼다거나 그저 편안하게 잘 사는 그런 정도가 아니었다. 당신이나 내가 물건을 사러 본드가(街)로 간다면 그녀는 파리로 간다. 꽃을 사려면 리전트가(街)에 있는 흠 잡을 데 없이 멋진 꽃집 앞에 차를 댄다. 상점 안에서 로즈메리는 눈부신 듯한 다소 이국적인 눈빛으로 바라보며 이렇게 말한다. "이거랑 저거, 저 꽃들 주세요. 저 꽃은 네 다발요. 그리고 저 항아리에 담긴 장미는 다 줘요. 맞아요, 항아리에 담긴 장미 다요. 아니, 라일락은 말고. 난 라일락은 싫어. 모양이 없거든." 종업원은 굽신거리며 라일락을 보이지 않는 곳으로 치운다. 이 말이 정말 맞는 말인 듯이. "저 땅딸막한 작은 튤립들 주세요. 저기 빨간색과 흰색 튤립들도요." 그러면 몸이 마른 점원은 긴 옷에 둘러싸인 아기처럼 큼지막한 흰 종이에 싼 꽃다발을 한 아름 안고 뒤뚱거리며 차가 서 있는 곳으로 로즈메리의 뒤를 따라간다 ……

어느 겨울 오후에 로즈메리는 커즌가(街)에 있는 작은 골동품상점에서 물건을 사고 있었다. 그녀가 좋아하는 상점이었다. 우선은 상점을 혼자 독차지할 수 있어서 그곳을 좋아했다. 게다가 가게 주인이 그녀에게 물건 파는 것을 우스울 만큼이나 좋아한다. 그녀가 문을 열고 들어올 때마다 그는 환한 미소로 반겼다. 손을 꽉 움켜잡고는 너무 만족스러워 말도 제대로 하지 못했다. 아첨이라고, 물론이지. 그렇긴 해도, 뭔가가 있긴 하다 …….

"저, 부인," 그는 점잖고 낮은 목소리로 말하곤 했다. "저는 제 물건들을 아낀답니다. 제 물건의 가치를 알아보지 못하는 안목 없는 사람한테 파느니 차라리 제가 소장하는 편이 낫지요. 그런데 그런 섬세한 안목을 지닌 분들은 매우 드물어요." 그리고는 깊게 숨을 들이마시며 사각 모양의 작은 푸른색 벨벳 천을 유리 진열대 위에 풀어 놓고 그것을 그의 창백한 손끝으로 지그시 눌렀다.

오늘은 작은 상자였다. 그녀를 위해 간직하고 있었던 거다. 아직 누구에게도 보여준 적이 없는 물건이었다. 아주 정교한 작은 에나멜 상자인데 유약의 광택이 너무나 수려해서 크림 속에서 구워낸 거 같았다. 뚜껑에는 정밀하게 조각된 남자가 꽃이 핀 나무 아래에 서 있고 그보다 더 미세한 여자가 남자의 목에 두 팔을 두르고 있었다. 제라늄 꽃잎만 한 여자의 모자가 나뭇가지에 걸려 있었다. 모자에 녹색 리본까지 달려 있었다. 두 남녀의 머리 위로 수호천사 같은 분홍빛 구름이 떠 있었다. 로즈메리는 긴 장갑을 벗었다. 이런 물건을 살펴볼 때면 언제나 그녀는 장갑을 벗었다. 그래, 이 물건이 상당히 마음에 들었다. 사랑스러웠다. 정말 앙증맞다. 꼭 사야겠다. 크림색 상자를 돌려보고, 뚜껑을 열었다 닫았다 하면서 로즈메리는 푸른 벨벳 천을 배경으로 놓인 자기 손이 아주 매력적이라는 걸 느끼지 않을 수 없었다. 상점 주인도 마음의 어떤 어둑한 동굴에서 감히 같은 생각을 품었었나 보다. 왜냐하면 연필을 들고 진열대 위로 몸을 구부리면서 "제가 감히 부인께 말씀드리자면, 이 작은 숙녀의 보디스에 달린 꽃을 좀 보세요."라고 부드러운 소리로 중얼거릴 때 창백하고 핏기없는 그의 손가락이 장미처럼 발그레 빛이 나는 로즈메리의 손가락 쪽으로 슬며시 다가오는 것이었다.

"매력적이야!" 로즈메리는 그 꽃들을 보고 감탄했다. "그런데 가격은?" 그 순간 상점 주인은 듣지 못한 듯했다. 이내 중얼거리듯이 "28기니입니다, 부인"이라는 소리가 들렸다.

"28기니." 로즈메리는 아무런 내색도 하지 않았다. 작은 상자를 내려놓고 장갑 단추를 다시 채웠다. 28기니. 아무리 부자라도……. 그녀의 표정이 모호해 보였다. 그녀는 상점 주인 머리 위쪽에 놓인 통통한 암탉 같은 둥글둥글한 찻주전자를 바라보았다. 그녀는 꿈꾸는 듯한 목소리로 대답했다. "절 위해 따로 보관해 두세요, 그러실 거죠? 제가 ……"

그녀를 위해 이 물건을 따로 보관하는 것은 누구나 바라는 일이라는 듯 상점 주인은 벌써 고개를 숙였다. 물론 그녀를 위해서라면 이 물건을 영원히 지킬 것이다.

조용하고 묵직한 문이 철컥 소리를 내며 닫혔다. 로즈메리는 상점 계단 위에 서서 겨울 오후의 모습을 바라보았다. 비가 내리고 있었고, 내리는 비와 더불어 어둠도 재처럼 빙글빙글 돌며 내려오는 것 같았다. 공기가 매섭게 차고 이제 막 켜진 등불들은 슬퍼 보였다. 길 건너편 집에서 새어 나오는 불빛들도 슬펐다. 그 불빛들은 뭔가를 후회하는 듯이 희미하게 타올랐다. 사람들은 볼썽사나운 검은 우산 속에 몸을 감춘 채 서둘러 지나갔다. 로즈메리는 낯설고 이상한 고통을 느꼈다. 그녀는 털토시를 가슴에 꼭 안았다. 그 작은 상자라도 있어 꼭 끌어안을 수 있으면 좋으련만. 물론 그녀의 차가 그곳에서 기다리고 있다. 인도를 가로질러 가기만 하면 된다. 그러나 그녀는 여전히 움직이지 않았다. 살다 보면 자신의 보금자리에서 나와 바깥세상을 바라볼 때 바깥세상의 모습이 끔찍해 보이는 그런 무서운 순간들이 있는 법이다. 그것들에 지면 안 되지. 집으로 돌아가서 아주 특별한 차를 한 잔 마셔야 해. 이런 생각을 하고 있는데 마르고 새까맣고 그림자처럼 보이는 ―어디서 왔지?― 젊은 여자가 로즈메리의 팔꿈치 근처에서 거의 흐느끼는 듯한, 한숨 같은 소리를 내쉬며 말했다. "부인, 잠시 말씀 좀 드려도 될까요?"

"나한테 말을?" 로즈메리는 돌아보았다. 몹시 지친 왜소한 여자인데, 꽤 젊어 자기 나이 정도 되어 보이고 눈이 큼직했다. 그녀는 벌건 손으로 코트 깃을 움켜잡은 채 지금 막 물에서 나온 사람처럼 덜덜 떨고 있었다.

"부, 부인," 더듬거리며 말했다. "차 한 잔 마실 돈을 주실 수 있으세요?"

"차 한 잔?" 여자의 목소리는 뭔가 솔직하면서도 진실했다. 전혀 구걸하는 사람의 목소리는 아니었다. "그럼, 돈이 하나도 없어요?" 로즈메리가 물었다.

"네, 부인."

"이런 일이 있나!" 로즈메리는 어둠 속을 응시했고 젊은 여자는 그녀를 마주 바라보았다. 이런 기이하기 짝이 없는 일이! 그러자 로즈메리에게 이 상황이 갑자기 굉장한 모험으로 보였다. 어스름 녘에 이루어지는 이런 만남을 도스토옙스키 소설에서 읽은 적이 있다. 여자를 집으로 데려간다면? 책이나 무대에서 늘 읽고 보던 것들을 실천해 본다면 어떤 일이 벌어질까? 감동적일 거야. 그리고 후에 놀라워하는 친구들 앞에서 이렇게 말하는 자신의 목소리가 들려왔다. "그냥 집으로 데려왔지, 뭐." 그러면서 로즈메리는 앞으로 다가서며, 생기 없는 그 여자에게 "나랑 우리 집에 가서 차 한잔해요,"라고 말했다.

여자는 깜짝 놀라서 뒷걸음질을 쳤다. 심지어 몸을 떨던 것도 잠시 멈추었다. 로즈메리는 손을 내밀어 그녀의 팔에 대며 웃으며 말했다. "진심이에요." 자신의 미소가 정말 티 없이 친절하다는 생각이 들었다. "왜요? 그렇게 해요. 내 차로 우리집에 같이 가서 차 마셔요."

"부인, 진심이 아니시죠,"라고 말하는 여자의 목소리는 고통스럽게 들렸다.

"아니, 진심이에요." 로즈메리는 큰 소리로 말했다. "그러면 좋겠어요. 그럼 내가 기쁠 거예요. 같이 가요."

여자는 손가락을 입에 댄 채 로즈메리를 뚫어져라 쳐다봤다. "부인, 저를 경찰서로 데려가려는 건 아니시죠?" 더듬거리며 말했다.

"경찰서요!" 로즈메리는 소리를 내어 웃었다. "내가 왜 그렇게 잔인하게 굴어요? 아니에요, 그저 당신을 따뜻하게 해주고, 무슨 얘기든 당신이 하고 싶은 얘기를 들어주고 싶어서예요."

허기진 사람들은 쉽게 이끌리는 법이다. 기사가 차 문을 열어놓고 있었고 잠시 후에 그들은 어스름 녘 속으로 미끄러져가고 있었다.

"자!" 로즈메리가 말했다. 벨벳 손잡이를 잡으면서 그녀는 승리의 기분이 들었다. 자신의 그물에 잡힌 이 작은 여자를 보면서 "이제 잡았다"라고 말할 뻔했다. 물론 좋은 뜻으로, 아, 그 이상으로 말이다. 로즈메리는 살아가다 보면 근사한 일들이 정말 일어나고 요정 대모도 존재하고 부자들도 마음이 따뜻하고, 여자들은 다 자매나 매한가지라는 사실을 이 여자에게 보여줄 참이었다. 로즈메리는 갑자기 몸을 돌리더니 "무서워하지 말아요. 나랑 같이 가는 게 뭐 어때서요? 우린 여자잖아요. 내가 돈이 더 많다면, 당신은 당연히 기대해도……"

로즈메리가 그다음 말을 어떻게 연결해 매듭지어야 할지 모르던 그 순간에 다행히 차가 멈췄다. 초인종을 누르고 문이 열리자 로즈메리는 여자를 보호하듯이, 거의 껴안듯이 하며 사랑스러운 몸짓으로 그녀를 현관 안으로 끌어들였다. 따뜻함과 부드러움, 빛, 달콤한 향, 이런 것들은 로즈메리에게는 너무도 당연한 거라서 신경도 쓰지 않았는데, 여자가 이 모든 것들을 받아들이는 모습을 보니 마치 가득한 선물 상자들을 풀고, 장난감으로 꽉 찬 놀이방 장들을 하나씩 열어보는 부잣집 소녀 같았다.

로즈메리는 "자, 위층으로 올라가요."라고 말하면서 이제부터 너그러워지고 싶었다. "내 방으로 와요." 불쌍한 이 여자를 하녀들의 눈길로부터 보호해주고도 싶었다. 벨을 눌러 잔느를 부르지 않고 혼자 옷을 벗어야겠다고 마음을 먹으며 계단을 올랐다. 위대한 일은 자연스러워야 하는 법이니까!

로즈메리가 다시 "여기!"라고 큰 소리로 말했다. 그곳에는 커튼이 쳐져 있고, 고급스러운 래커 가구에 벽난로 불빛이 어른거리고, 황금빛 쿠션과 앵초꽃이 있으며 푸른색 러그가 깔린 커다란 침실이 있었다.

여자는 방문 안으로 겨우 들어와 섰다. 눈이 부신 모양이었다. 로즈메리는 개의치 않았다.

"와서 이 편한 의자에 앉아요," 로즈메리는 커다란 의자를 벽난로 쪽으로 끌고 오면서 말했다. "와서 몸 좀 녹여요. 몹시 추워 보이는데요."

"제가 감히 어떻게요, 부인," 여자는 말하면서 조금 뒤로 물러섰다.

"오, 그러지 말고," 로즈메리는 여자 쪽으로 오며 말했다. "무서워하지 말아요, 그러지 말아요, 정말로. 앉아요, 옷 좀 갈아입을게요. 그러고 나서 우리 옆방으로 가서 편하게 차 마셔요. 왜 두려워하지요?" 여자의 마른 몸을 부드럽게 밀어서 깊은 요람 같은 크고 편한 의자에 그녀를 앉혔다.

그러나 여자는 대답이 없었다. 두 손을 양옆으로 떨구고 입은 약간 벌린 채, 앉혀진 자세 그대로 있었다. 솔직히 말하자면 그녀는 좀 모자라 보였으나 로즈메리는 이런 점을 인정하고 싶지 않았다. 여자 쪽으로 몸을 굽히며 로즈메리가 말했다. "모자 벗지 않을래요? 예쁜 머리가 온통 다 젖었네. 모자를 벗으면 훨씬 더 편하잖아요, 안 그래요?"

"네, 그러지요, 부인,"이라고 말하는 것 같은 작은 소리가 들렸다. 그리고 여자는 구겨진 모자를 벗었다.

"코트 벗는 것도 내가 도와줄게요,"라고 로즈메리가 말했다.

여자는 의자에서 일어났다. 그러나 그녀는 한 손으로 의자를 꽉 붙들고 서서는 로즈메리가 코트를 잡아당기도록 내버려 뒀다. 이런 상태에서 코트를 벗긴다는 건 꽤 힘든 일이다. 여자는 로즈메리를 전혀 도와주지 않았다. 마치 어린아이처럼 뒤뚱거리고 있으니, 사람이 도와주면 조금이라도 반응을 해야 하는 게 아닌가, 아주 조금이라도 말이야, 아니면 도와주는 게 아주 힘들어지잖아. 이런 생각이 로즈메리에게 들었다. 그런데 이 코트를 어떻게 한담? 로즈메리는 여자의 코트를 바닥에 두었다. 모자도 함께. 선반에서 담배를 한 개비 꺼내려던 참이었는데 여자가 빠르게 그리고 아주 가볍고 이상하게 말했다. "죄송합니다만, 부인, 저 쓰러질 거 같아요. 뭘 좀 먹지 않으면 정신을 잃을 것 같아요, 부인."

"이런, 이렇게 정신이 없을 수가!" 로즈메리는 서둘러 벨을 눌렀다.

"차! 당장 차를 가져와! 브랜디도, 당장!"

하녀가 나가자 여자는 거의 울부짖듯이 말했다. "아니요, 브랜디는 필요 없어요. 브랜디는 못 마셔요. 차 한 잔이면 됩니다, 부인." 여자는 눈물을 터뜨렸다.

끔찍하면서도 매력적인 순간이었다. 로즈메리는 여자가 앉은 의자 옆에 무릎을 꿇고 앉았다.

"울지 말아요, 이런 불쌍하기도 해라, 울지 말아요." 그리고 여자에게 레이스 손수건을 건넸다. 로즈메리는 형언할 수 없는 감동이 느껴졌다. 새처럼 왜소한 여자의 마른 어깨를 팔로 감싸 안았다.

마침내 여자는 부끄러움을 잊고, 그들이 여자라는 사실 외의 다른 모든 것을 잊고는 헐떡거리며 말을 쏟아냈다. "이런 식으론 더 살 수가 없어요. 버틸 수가 없어요. 견딜 수가 없어요. 죽어버릴 거예요. 더는 버틸 수가 없어요."

"그럴 필요 없어요. 내가 돌봐 줄게요. 이제 울지 말아요. 날 만난 게 얼마나 잘된 일인지 모르겠어요? 자, 차 마신 후에 다 얘기해 봐요. 내가 해결해 줄게요. 약속해요. 이제 그만 울라니까. 울면 기운 빠져요. 자!"

여자가 때마침 울음을 그쳐서 로즈메리는 다행히도 하녀가 차를 들여오기 직전에 일어날 수 있었다. 여자와 자기 사이에 탁자를 놓게 했다. 로즈메리는 이 불쌍하고 작은 여자에게 샌드위치며 버터 바른 빵과 이것저것을 권했다. 찻잔이 빌 때마다 잔을 채워주고 크림과 설탕을 넣어주었다. 사람들은 늘 설탕이 매우 영양가 좋다고들 말한다. 그럼 로즈메리는, 설탕을 먹지 않는다. 그녀는 담배를 피우면서 요령껏 다른 곳을 보아 여자가 편하게 먹을 수 있게 했다.

조촐한 식사의 효과는 정말로 놀라웠다. 차탁을 치우고 나니, 새로운 사람이, 헝클어진 머리에 짙은 입술과 환하고 깊은 눈을 지닌 가볍고 연약한 여자가, 불길을 그윽하게 바라보며 달콤하게 나른한 상태로 큰 의자에 뒤로 기대어 누워있었다. 로즈메리는 담배를 새로 피워 물었다. 이제 이야기를 시작할 때다.

"그런데 마지막 끼니를 먹은 게 언제예요?" 그녀는 상냥하게 물었다.

그 순간 방문 손잡이가 돌아갔다.

"로즈메리, 들어가도 되겠소?" 필립이었다.

"그럼요."

필립이 방으로 들어왔다. "아, 실례했군," 이라고 말하면서 그는 그 자리에 멈춰서 빤히 쳐다봤다.

"천만에요," 로즈메리는 웃으면서 말했다. "여긴 내 친구인
......."

"스미스입니다, 부인,"이라고 힘없는 여자가 말했는데 그녀
는 이상하게도 조용하고 두려움이 없었다.

"스미스 양이에요, 우리 얘기 좀 하려고요." 로즈메리가 말
했다.

"아, 그렇군, 좋아,"라고 말하며 필립은 바닥에 던져져 있는
코트와 모자를 보았다. 그는 벽난로로 가더니 난로 쪽으로 등
을 돌렸다. "날씨가 아주 험악한 오후요," 필립은 여전히 그 기
운 없는 사람과 그 사람의 손과 장화를, 그리고 로즈메리를 쳐
다보며 호기심에서 말했다.

"맞아요, 그렇죠?" 로즈메리는 열정적으로 말했다. "끔찍
해."

필립은 매력적인 미소를 띠었다. "실은 말이야, 당신이 서
재로 잠시 건너왔으면 좋겠는데. 그래 주겠소? 스미스 양이 양
해를 좀 해주시려나?"

스미스의 큰 눈이 필립을 올려 봤다. 그러나 로즈메리가 그
녀 대신 대답했다. "당연히, 양해하지." 그리고 그들은 같이 방
을 나갔다.

필립은 그들이 단둘이 있게 되자 물었다. "자, 설명해 봐요.

저 여자는 누구요? 이 상황이 다 뭐요?"

로즈메리는 웃으며 방문에 기대어서 말했다. "커즌가에서 우연히 만났어요. 정말로. 오가다 만났다니까요. 차 한 잔 값을 달라고 하더라고요, 그래서 내가 집으로 데려왔지요."

"도대체 저 여자를 어떻게 하려고?" 필립이 큰 소리로 말했다.

"잘해 주려고요," 재빨리 로즈메리가 대답했다. "무지 잘해 주려고요. 돌봐 주고, 어떻게 할지는 모르지만. 아직 얘기를 못 했어요. 그래도 저 여자에게 보여주고…… 대해주고…… 느끼도록 해주고……"

"여보, 완전히 미쳤군, 그런 일은 있을 수 없소."

"당신이 그렇게 말할 줄 알았어요. 왜 안 돼요? 내가 원하는데. 그러면 되는 거 아니에요? 게다가, 책에서 보면 늘 이런 일들이 있잖아요. 난 결심했어요……"

"그런데," 필립이 천천히 말을 꺼내면서 담배 끄트머리를 잘라냈다. "그 여자 놀랄 정도로 예쁘던데."

"예뻐?" 로즈메리는 너무 놀란 나머지 얼굴이 붉어졌다. "그렇게 생각해요? 난…… 난 그렇게 생각한 적이 없는데."

"세상에!" 필립은 성냥에 불을 붙였다. "그 여자 정말 사랑스러워. 다시 봐 봐요, 여보. 방금 당신 방에 들어갔을 때 깜짝 놀랐었다니까. 어쨌든…… 내 생각에 지금 당신 엄청난 실수를 하고 있는 거요. 내가 너무 노골적이거나 그렇다면 미안해요, 여보. 내가 《밀리너즈 가제트》[1]를 좀 보고 나면 스미스 양이 우리와 저녁 식사를 같이 할 수 있는지 알려줘요."

"어처구니없는 사람 같으니!" 로즈메리는 서재에서 나왔지만, 침실로 돌아가지 않았다. 자기 집필실로 가서 책상 앞에 앉았다. 예뻐! 정말 사랑스러워! 충격을 받았다고! 그녀의 심장이 무거운 종처럼 뛰었다. 예뻐! 사랑스러워! 그녀는 수표책을 꺼냈다. 아니, 수표는 소용이 없어, 물론이지. 서랍을 열어 파운드 지폐 5장을 꺼내서 바라보더니 두 장은 도로 집어넣고 세 장을 손에 꾸겨 쥐고는 침실로 돌아왔다.

반 시간 후 로즈메리가 돌아왔을 때 필립은 여전히 서재에 있었다.

"그냥 알려주려고," 로즈메리는 또 방문에 기대어 서서 그녀의 황홀한 이국적인 눈길로 필립을 바라보며 말했다. "스미스 양이 우리와 저녁을 할 수 없다네."

필립은 신문을 내려놓았다. "아, 무슨 일인데? 선약이라도?"

로즈메리가 와서 그의 무릎에 앉았다. "간다고 하기에, 가여운 그 여자한테 돈을 좀 줬어요. 싫다는데 붙잡을 수 없잖아,

---

1 노동자 계급 여성들 사이에서 유명한 싸구려 잡지.

안 그래요?" 부드러운 목소리로 말했다.

방금 전에 로즈메리는 머리를 새로 만지고, 눈 화장을 조금 더 짙게 고치고, 진주 목걸이를 했다. 손을 들어 필립의 뺨을 만졌다.

"당신 나 좋아해?"라고 말하는 그녀의 달콤하면서도 허스키한 목소리에 필립은 흔들렸다.

"끔찍이 좋아하지," 로즈메리를 더 꼬옥 껴안으면서 말했다. "키스해 줘."

잠시 이야기가 끊겼다.

그러더니 로즈메리가 꿈을 꾸듯이 말했다. "오늘, 정말 근사한 작은 상자를 하나 봤어요. 가격이 28기니인데. 사도 돼요?"

필립은 그녀를 번쩍 안아 자기 무릎에 앉혔다. "사도 돼, 이런 귀여운 낭비꾼 같으니라고."

그러나 로즈메리가 하고 싶은 말은 따로 있었다.

"필립," 로즈메리는 필립의 머리를 가슴에 대고 꼭 껴안으며 속삭이듯 말했다. "나 예뻐요?"

라뺑과 라삐노바

버지니아 울프

두 사람은 결혼했다. 웨딩마치가 크게 울려 퍼졌다. 비둘기들이 공중으로 날아올랐다. 이튼 학교 교복을 입은 작은 소년들이 쌀을 던졌다.[1] 폭스테리어 개가 어슬렁거리며 길을 건너갔다. 어니스트 소번은 신부를 데리고 그가 전혀 모르는 작은 무리의 사람들을 지나 자동차가 있는 곳을 향해 갔다. 런던 거리에는 항상 호기심 많은 사람들이 다른 사람들의 행복이나 불행을 즐기기 위해 모여든다. 어니스트는 확실히 잘 생겨 보였고 신부는 수줍어 보였다. 소년들은 쌀을 더 던졌고, 신혼부부를 태운 차는 떠났다.

이 일은 화요일에 있었다. 오늘은 토요일이다. 로질린드는 어니스트 소번의 아내라는 사실에 익숙해지려고 애를 써야만 했다. 아마도 그녀는 자신이 어니스트 아무개 아내라는 사실에

---

1 결혼식 끝날 무렵 신랑과 신부에게 던진 쌀은 땅을 비옥하게 하는 비의 상징.

절대 익숙해질 수 없을 것으로 생각했다. 그녀는 지금 호수와 멀리 있는 산들이 내다보이는 호텔의 활모양 창가에 앉아서 아침 식사하기 위해 내려올 남편을 기다리고 있었다. 어니스트라는 이름은 익숙해지기 어려운 이름이었다. 그녀가 선택하고 싶은 그런 이름도 아니었다. 오히려 티모시, 앤토니, 아니면 피터를 더 원했을 것이다. 또한 그에겐 어니스트[1]라는 이름이 어울리지 않았다. 어니스트 이름에서 떠오르는 것은 앨버트 공의 기념비,[2] 마호가니 찬장, 가족에 둘러싸인 앨버트 공의 동판화와 같은 것─간단히 말하자면 포체스터 테라스[3]에 있는 시어머니의 식당과 같은 것이었다.

지금 여기에 남편이 있다. 다행히 그는 어니스트처럼 보이지 않았다─그렇다. 그러면 그는 무엇처럼 보이지? 그녀는 곁눈질로 남편을 힐끗 봤다. 토스트를 먹고 있는 그는 토끼처럼 보였다. 오똑한 코에 파란 눈, 입을 굳게 다문 이 건장한 근육질의 젊은 남자에게 작고 겁 많은 토끼와 닮은 점을 찾아낸 사람은 지금까지 아무도 없었을 것이다. 그렇기 때문에 더욱 재

---

1 어니스트는 성실한(earnest)에서 파생됨.

2 켄싱턴 가든에 있는 1876년에 건립된 빅토리아 여왕의 부군인 앨버트 공의 기념비.

3 웨스트 런던의 고급 주택가.

미있었다. 그가 음식을 먹을 때 코를 아주 약간 씰룩거렸다. 마치 로잘린드가 기르는 토끼가 그러하듯이. 그녀가 씰룩거리는 남편의 모습을 계속 지켜보다가, 아내의 시선을 눈치챈 남편이 웃는 이유를 묻자 로잘린드는 설명해야 했다.

"어니스트, 당신이 토끼 같기 때문이지요" 그녀가 말했다. "산토끼 말이죠." 그를 쳐다보며 덧붙였다. "사냥하는 토끼, 토끼 왕, 다른 모든 토끼를 다스리는 토끼 말이에요."

어니스트는 자신이 토끼가 되는 것에 전혀 이의를 제기하지 않았다. 어니스트는 자기가 코를 씰룩거린다는 사실을 전혀 몰랐지만, 그의 코가 씰룩거리는 걸 보고 그녀가 즐거워하니까 이제는 일부러 씰룩거렸다. 그녀는 웃고 또 웃었으며, 그도 따라 웃었다. 그래서 숙녀들과 낚시꾼과 기름때 묻은 검은 재킷을 입은 스위스 웨이터들 모두가 두 사람의 행복을 확신했다. 그러나 부부의 행복이 언제까지 지속될까? 그들은 마음속으로 이런 질문을 했고, 각자 저마다의 경험에 비추어 답을 했다.

점심때, 호수 옆에 있는 히스 덤불 위에 앉아 "토끼 씨, 상추 드실래요?" 로잘린드가 말했다. 삶은 달걀과 함께 내온 상추를 내밀며, "자, 내 손에 있는 걸 가져다 드세요." 덧붙여 말했다. 그는 손을 내밀어 상추를 야금야금 먹으며 코를 씰룩거렸다.

"착한 토끼, 귀여운 토끼." 집에서 키우고 있는 애완용 토끼를 쓰다듬어 주듯이 그를 쓰다듬으며 말했다. 그러나 이건 얼토당토않은 말이다. 그는 누가 뭐래도 애완용 토끼가 아니었다. 로잘린드는 토끼(rabbit)를 프랑스어로 바꾸어보았다. "라뺑(lappin)" 그녀는 그를 그렇게 불렀다. 하지만 뭐라 해도 그는 프랑스 토끼가 아니다. 그는 어디로 보나 순전히 영국산이다. 포체스터 테라스에서 태어나 럭비 학교[1]에서 교육을 받았고, 현재는 관공서에서 일하는 공무원이다. 그 때문에 그녀는 다음에 "버니"라고 불러보았지만 "라뺑"보다 못했다. "버니"는 통통하고 부드럽고 익살맞은데, 그는 마르고 딱딱하고 진지하기까지 하다. 그래도 그는 여전히 코를 씰룩거렸다. "라뺑" 그녀가 갑자기 소리쳤다. 그리고 그녀가 찾던 바로 그 단어를 제대로 발견한 듯 작게 소리쳤다.

"라뺑, 라뺑, 라뺑 왕" 그녀는 반복해서 불러보았다. 그 이름이 그에게 꼭 어울리는 것 같았다. 그는 어니스트가 아니라 라뺑 왕이다. 그런데 왜인지? 이유는 알 수가 없었다.

그들이 긴 산책길에 새삼스럽게 할 이야기가 없을 때, 그리고 모두가 비가 올 것이라고 그들에게 경고한 대로 비가 내리거나, 저녁에 추워서 난로 앞에 앉아 있을 때, 처녀들과 낚시하러 온 손님들이 모두 떠나고, 불러야만 오는 웨이터만 남아있

---

1 영국 워릭셔 주에 소재한 유명한 남자 사립학교.

을 때면 그녀는 상상력으로 라뺑 일족에 관한 이야기를 지어내
곤 했다. 로잘린드의 손에는 바느질감이 있었고, 그는 신문을
읽고 있었다. 라뺑 일족에 관해 꾸며진 이야기는 매우 현실적
이고, 생생하고, 흥미로웠다. 어니스트는 읽고 있던 신문을 내
려놓고 그녀를 도와주었다.

그 이야기에는 검은 토끼들과 빨간 토끼들이 등장했다. 적
군 토끼와 아군 토끼도 있었다. 토끼들이 사는 숲이 있고 주변
에는 초원과 늪지가 있었다. 무엇보다도 라뺑 왕이 있었는데,
그는 코를 씰룩거리는 재주만이 아니라 날이 갈수록 진짜 위대
한 동물이 되어갔다. 로잘린드는 항상 그에게서 새로운 특징을
찾아내었다. 그가 위대한 사냥꾼이라는 것이다. "그런데 오늘
왕께서는 무엇을 하셨지요?" 로잘린드는 신혼여행 마지막 날
에 물었다.

사실 그날 그들은 온종일 등산을 해서 그녀의 발뒤꿈치에
물집이 생겼다. 그러나 그녀는 그런 의도로 한 말은 아니었다.

"오늘 산토끼를 쫓고 있었지." 어니스트는 코를 씰룩거리
며 담배의 끄트머리 부분을 뜯어내면서 말했다. 말을 멈추고
성냥에 불을 붙이고 또다시 코를 씰룩거렸다.

"여자 산토끼였지." 그가 덧붙였다.

"하얀 토끼!" 로잘린드는 이런 일을 예측이나 했듯이 소

리쳤다. "작은 산토끼, 은회색 털의 크고 빛나는 눈을 가진 토끼?"

"맞아," 어니스트는 로잘린드가 자신을 보는 표정과 똑같은 표정으로 그녀를 바라보며 말했다. "조금 작은 토끼지. 눈이 튀어나오고 작은 두 앞발이 달랑거리고." 이 모습은 바로 두 손에 바느질감을 들고 달랑거리며 앉아 있는 그녀의 모습이었다. 그리고 크고 빛나는 그녀의 눈은 확실히 약간 튀어나와 있었다.

"아아, 라삐노바야"

로잘린드가 속삭였다.

"그게 그녀의 이름인가?" 어니스트가 물었다. "진짜 로잘린드의 이름인가?"

그는 그녀를 바라보았다. 그는 그녀를 매우 사랑하고 있다고 느꼈다.

"맞아요, 라삐노바. 그것이 제 이름이지요." 로잘린드가 말했다.

그리고 그날 밤 그들이 잠자리에 들기 전에 모든 것이 정해졌다. 그는 라뼁 왕이고, 그녀는 라삐노바 여왕이었다. 그들은 서로 아주 달랐다. 그는 용감하고 의지가 강했지만, 그녀는 조심성이 많고 의지가 약했다. 어니스트는 분주한 토끼의 세계를 지배했고, 로잘린드는 달빛 속에 황량하고 신비로운 곳을 주로 다녔다. 두 사람은 왕과 여왕이었던 것이다.

이제 신혼여행에서 돌아와 그들만의 세계를 갖게 되었다. 이곳에는 하얀 산토끼 한 마리를 제외하고는 집토끼들만 살고 있다. 그런 세계가 있다는 것을 아무도 짐작조차 못 했을 것이다. 그리고 그 사실이 재미를 더해 주었다. 그런 모든 것이 다른 젊은 부부들보다 자신들이 주변 세계에 맞서 더 굳게 연대해 있다고 느끼게 해주었다. 종종 사람들이 토끼나 숲이나 덫이나 사냥에 관해 이야기할 때면 그들은 몰래 시선을 주고받았다. 아니면 메리 아주머니가 토끼 요리가 나오면 참을 수 없다고, 꼭 그것이 갓난아기처럼 보인다고 말했을 때 그들은 식탁 너머로 몰래 윙크했다. 또는 스포츠를 좋아하는 어니스트 형인 존이 그해 가을 월트셔에서 가죽과 내장을 포함해 토끼가 얼마에 팔리고 있는지에 대해 말할 때도 마찬가지였다. 이따금 사냥터 관리인이나 밀렵꾼이나 영주가 필요할 때 친구들에게 그 역할을 배정해주면서 두 사람은 즐거워했다. 예를 들어 어니스트의 어머니인 레지날드 소번 부인은 완벽할 정도로 대지주의 역할에 맞았다. 그러나 그것은 둘만의 비밀이었다. 그게 가장 중요한 점이다. 그들 외에는 아무도 그런 세계가 존재한다는 것을 몰랐다.

로잘린드는 그 세계가 없었다면 어떻게 그 겨울을 지낼 수 있었을까 궁금했다. 예를 들어, 금혼식 파티가 있었는데, 소번가 사람들 모두가 결혼 50주년 기념일을 축하해 주기 위해 포체스터 테라스에 모였다. 이 결혼으로 어니스트 소번이 세상에 태어나지 않았는가? 많은 결실을 가져온 결혼이었다. 어니스트 말고도 9명의 자녀가 태어났고, 또한 이 중 여럿이 결혼해서 그들의 후손을 번성시키지 않았는가? 그녀는 파티가 두려웠다. 하지만 피할 수가 없었다. 이 층으로 올라가면서 자신은 형제자매도 없으며, 심지어 부모도 없는 고아처럼 느끼며 비통해했다. 즉 빛나는 새틴 벽지와 윤기 나는 가족 초상화가 있는 넓은 거실에 모인 소번 가의 사람들 사이에 자신은 한 방울의 물에 불과하다는 기분이 들었다. 지금 살아 있는 소번 가 사람들은 그린 입술이 아니라 실제 입술이라는 것 외에는 초상화의 인물들과 똑 닮았다. 그들의 입술에서 농담이 흘러나왔다. 교실에 관한 농담과 가정교사가 의자에 앉으려고 할 때 의자를 어떻게 빼냈는지에 관한 농담과 그리고 그들이 처녀들의 하얀 침대 시트 사이에 개구리를 몰래 집어넣었는지에 관한 농담이었다. 그녀 자신은 침대 시트를 애플파이 모양으로 만드는 그런 장난조차 해본 적이 없었다. 로잘린드는 손에 선물을 들고 노란 새틴 드레스를 차려입은 시어머니와 노란 카네이션을 가슴에 단 시아버지를 향해 걸어갔다. 테이블과 의자 위에는 온통 금빛 선물들이 쌓여 있었다. 몇몇 선물은 솜털에 싸여 있었고, 다른 선물은 눈부시게 빛을 내며 길게 쭉 뻗어 있었다. 촛대와 담뱃갑과 체인 등이며, 이 모든 것에 진짜 순금이라는 것을 증명하는 도장이 찍혀 있었다. 그러나 그녀의 선물은 구멍이 뚫린 구리 합금의 값싼 작은 상자에 지나지 않았다. 그것은 18세기의 유물인 모래 뿌리는 상자로, 젖은 잉크가 종이에 번지지 않도록 모래를 뿌리기 위해서 사용했던 것이었다. 압지를 쓰는 요즘에는 쓸모없는 선물이다. 그녀가 모래 상자 선물을 내밀었을 때, 그녀는 바로 앞에서 그들이 약혼했을 때 시어머니가 건넨 "내 아들이 너를 행복하게 해주기를 바라며"라고 쓴 뭉툭하고 검은 필체의 글을 떠올렸다. 아니, 그녀는 행복하지 않았다. 전혀 행복하지 않았다. 어니스트를 바라보았다. 그는 막대기처럼 뻣뻣하게 서 있으며, 그의 코는 가족 초상화의 코와 똑같았다. 절대로 씰룩거리지 않는 코.

그런 다음 저녁 식사를 하러 아래층으로 내려갔다. 그녀는 크고 동그란 모양의 빨갛고 금빛이 도는 꽃잎을 달고 있는 풍성한 국화 다발 뒤에 반쯤 가려져 있었다. 모든 것이 금빛이었다. 테두리를 금색으로 장식하고 금색 이니셜을 박아 놓은 카드에는 그들 앞에 내놓을 요리 이름이 적혀 있었다.

그녀는 맑은 국물 요리 접시에 스푼을 넣었다. 바깥의 자욱

하고 싸늘한 흰 안개가 램프 불빛을 받아 금빛 망사로 변해 접시 가장자리를 흐릿하게 만들고 파인애플의 거친 껍질을 금빛으로 만들어 놓았다. 결혼식 때 입었던 하얀 웨딩드레스를 입고 튀어나온 눈으로 앞을 빤히 바라보는 그녀만이 녹지 않은 고드름처럼 보였다.

그러나 만찬이 무르익자 실내는 음식의 열기로 뿌옇게 되었다. 남자들의 이마에는 구슬 같은 땀방울이 맺혀 있었다. 그녀는 고드름 같았던 자신이 물로 변하고 있는 것을 느꼈다. 그녀는 녹아내리고, 흩어지고, 용해되어 없어져 곧 기절할 것이다. 그때 머릿속이 요동치고 귀가 먹먹해지는 한 여인의 외치는 소리를 들었다.

"하지만 자손들이 잘 번성하고 있지!"

소변 가는 그렇다. 자손이 번성하고 있지. 그녀는 이 말을 되풀이했다. 로잘린드는 자신을 압도한 현기증으로 인해 두 개로 보이는 둥글고 붉은 얼굴들, 또한 그들에게 후광을 부여한 금빛 안개 때문에 확대된 얼굴들을 바라보았다. "자손들이 잘 번성하고 있지!" 이때 존은 이렇게 소리쳤다.

"작은 악마 녀석들!…… 총으로 쏴! 큰 장화로 짓밟아 버려! 그게 유일한 방법이야…… 토끼 녀석들이란!"

그 말에, 그 마법의 말에 그녀는 생기를 찾았다. 국화 사이로 그녀는 어니스트의 코가 씰룩거리는 것을 보았다. 잔주름이 일면서 코는 계속 씰룩거렸다. 그러자 소번 가 사람들에게 신비한 재난이 발생했다. 황금색 식탁은 가시금작화가 만발한 황무지가 되었다. 사람들의 왁자지껄한 소리는 하늘에서 울려 나오는 종달새의 아름다운 노랫소리로 바뀌었다. 파란 하늘에는 구름이 한가로이 떠다니고 있었다. 그런데 소번 가 사람들 모두가 변했다. 그녀는 콧수염을 염색한 교활하고 체구가 작은 시아버지를 바라보았다, 그는 수집광이라는 약점을 지녔다. 도장, 에나멜 상자, 18세기 화장대에서 나온 것 같은 소소한 물건을 아내 몰래 자신의 책 서랍에 몰래 숨기는 나쁜 습관이 있다. 이제 그녀는 그의 진짜 모습을 보았다. 시아버지는 밀렵꾼이었다. 꿩과 메추라기를 외투 속에 몰래 숨겨 연기가 자욱한 작은 오두막에 들어가 삼발이가 달린 깊은 솥에 몰래 집어넣었다. 시아버지는 그런 사람이다. 그는 밀렵꾼이었다. 그리고 결혼하지 않은 딸인 셸리아는 항상 다른 사람들의 비밀 즉 그들이 숨기고 싶어 하는 작은 비밀을 캐고 다녔다. 그녀는 분홍빛 눈의 하얀 족제비로 땅 밑 냄새를 맡고 파냈기 때문에 코에는 흙이 묻어있었다. 셸리아의 삶은 사냥꾼의 어깨에 매달린 그물망 속에 들어갔다가 구덩이 아래로 냅다 던져지는 비참한 그런 삶이었다. 하지만 결코 셸리아의 잘못은 아니다. 그래서 그녀는 셸리아를 바라보았다. 그러고 나서 그녀는 소변 가 사람들이 대지주라는 작위를 수여한 시어머니를 바라보았다. 벌겋게 상기되고 천박한 폭군—이것이 시어머니의 본 모습이다. 그녀는 일어서서 초대된 손님들에게 감사하다고 말하고 있다. 이제 라삐노바인 로잘린드는 시어머니를 다르게 보았다. 시어머니와 그 뒤로 벽의 석회가 다 벗겨진 쇠퇴한 저택을 보았다. 그리고 그녀를 미워하는 자손들에게, 이제 더는 존재하지 않은 세계 때문에 고마움을 표하는 시어머니의 목소리에서 흐느끼는 울음소리를 들었다. 갑자기 침묵이 흘렀다. 모두가 일어나 잔을 들고 술을 마셨다. 그리고 금혼식 파티는 끝이 났다.

"오오, 라삥 왕!"

안개를 헤치며 집으로 돌아가는 길에 그녀는 외쳤다. "그 순간 당신의 코가 씰룩거리지 않았더라면 아마 나는 덫에 걸리고 말았을 거예요!"

"하지만 당신은 안전하잖아."

라삥 왕은 라삐노바의 앞발을 누르며 말했다.

"아주 안전하죠." 그녀가 대답했다.

그리고 습지와 안개와 금작화의 향내가 퍼진 황야의 왕과 왕비인 그들은 하이드 파크를 지나 집으로 돌아왔다.

그래서 시간은 일 년, 이 년 이렇게 흘렀다. 그리고 어느 겨울밤, 우연히도 금혼식 날과 같은 날 밤이었다. 레지날드 소번 부인은 죽었고 그 저택은 임대할 계획이라 관리인만 거주했다. 어니스트가 사무실에서 집으로 돌아왔다. 두 사람은 아담한 작은 집에 살고 있었다. 사우스 켄싱턴의 마구 가게 위층 반 채를 사용했으며, 지하철역에서 멀지 않았다. 추운 날씨에 안개도 자욱했다. 로잘린드는 난롯가에서 바느질하고 있었다.

"오늘 내게 무슨 일이 일어났는지 아세요?" 그녀는 어니스트가 앉아서 벽난로 불길 가까이 다리를 쭉 뻗으며 앉자마자 말했다. "내가 시냇물을 건너가고 있는데—."

"어느 시냇물인가?" 어니스트가 그녀의 말을 가로막았다.

"우리의 숲과 검은 숲이 만나는 지점에 있는 저 아래 시냇물요." 그녀는 설명했다.

어니스트는 잠시 완전히 멍해 보였다.

"도대체 무슨 말을 하고 있는 거야?" 그가 물었다.

"여보, 어니스트!" 그녀는 실망스러운 표정으로 말했다.

"라뺑 왕."

그녀는 작은 두 앞발을 벽난로의 불빛 속에 달랑거리며 말했다. 그러나 그의 코는 씰룩거리지 않았다. 사람의 손으로 변한 그녀의 손은 쥐고 있던 바느질감을 더 세게 꽉 잡았다. 그녀의 두 눈은 얼굴에서 거의 튀어나올 정도였다. 어니스트 소번이 라뺑 왕으로 변하는데 적어도 5분은 걸렸다. 기다리는 동안 그녀는 누군가 목덜미를 쥐어짜고 있기라도 한 것처럼 그녀의 목덜미가 뻐근해 오는 것을 느꼈다. 마침내 그는 라뺑 왕으로 변했다. 그는 코를 씰룩거렸다. 그리고 그들은 여느 때처럼 숲 속을 거닐며 저녁 시간을 보냈다.

그러나 그녀는 그날 밤 잠을 설쳤다. 한밤중에 그녀는 뭔가 이상한 일이 일어나고 있는 느낌이 들어 잠에서 깼다.

그녀는 몸이 굳어 있었고 차가웠다. 결국 그녀는 불을 켜고 곁에 누워 있는 어니스트를 바라보았다. 그는 깊이 잠들어 있었다. 그는 코를 골았다. 그러나 코를 고는데도 그의 코는 절대 움직이지 않고 가만히 있었다. 마치 씰룩거려 본 적이 없는 것처럼 보였다. 그가 진짜 어니스트인가? 정말로 그녀가 어니스트와 결혼했는가? 시어머니댁 거실의 환영이 그녀 앞에 펼쳐졌다. 거기에 늙은 시어머니와 어니스트가 찬장 앞 동판화 아래에 앉아 있는 것이다…… 그날은 그들의 금혼식 날이었다. 그녀는 그 사실을 견딜 수 없었다.

"라뺑, 라뺑 왕!" 그녀가 속삭이자 잠시 그의 코가 저절로 씰룩거리는 것 같았다. 그러나 그는 여전히 잠을 자고 있었다. "일어나요, 라뺑, 일어나요!" 그녀가 외쳤다.

어니스트는 깨어났다. 그리고 그의 곁에 상체를 꼿꼿이 세우고 앉아 있는 그녀를 보고 그는 물었다.

"무슨 일이야?"

"토끼가 죽어버린 것 같아요!" 그녀는 훌쩍거리며 말했다.
어니스트는 화가 났다.

"로잘린드, 그런 헛소리 하지 마," 그가 말했다. "누워서 잠
이나 자요."

그는 돌아누웠다. 이내 깊이 잠들어 코를 골았다.

그러나 그녀는 잠을 잘 수가 없었다. 그녀는 침대 한쪽에 마
치 산토끼처럼 몸을 웅크린 채 누워 있었다. 불은 꺼졌지만, 거
리의 가로등이 천장을 희미하게 비추고 있었다. 바깥의 나무
들이 천장 위에서 레이스 그물망을 만들어내었다. 그래서 마치
천장 위에 숲이 있는 것처럼 보였다. 그녀는 그 숲속을 돌아다
니며, 몸을 돌리며 비틀어도 보고, 들락날락하며, 빙글빙글 돌
고, 쫓고 쫓기고, 사냥개와 뿔피리의 소리를 듣고, 날아다니며,
도망치곤 했다…… 하녀가 커튼을 걷고 부부의 아침 차를 들여
올 때까지.

다음날 그녀는 아무 일도 할 수가 없었다. 어떤 것을 잃어버
린 기분이었다. 몸이 오그라든 것 같았다. 몸은 작아지고 검고
딱딱해졌다. 관절도 굳은 것 같았다. 집 안을 여기저기 돌아다
니며 여러 번 거울을 들여다보았는데, 그때마다 그녀의 눈이 롤

빵 안의 건포도처럼 얼굴에서 불쑥 튀어나올 것만 같았다. 또한 방들도 오그라든 것 같았다. 커다란 가구들이 이상한 각도로 튀어나와 있어 그녀는 가구들에 부딪혔다. 결국 로잘린드는 모자를 쓰고 집 밖을 나갔다. 크롬웰 거리를 따라 걸었다. 지나가다가 들여다본 집의 방은 식당과 같았다. 그곳에서 사람들이 동판화 아래에 앉아 식사하고 있었다. 그 식당에는 두꺼운 레이스 장식이 달린 커튼과 마호가니 찬장이 있었다.

마침내 그녀는 자연사박물관에 도착했다. 어렸을 때부터 이 박물관을 좋아했었다. 그러나 들어서자 처음 본 것은 인공 설 위에 핑크빛 유리 눈을 하고 서 있는 박제된 산토끼였다. 그것을 보자 그녀는 온몸에 전율을 느꼈다. 아마 저녁이 되면 더 나아질 것이다. 그녀는 집에 가서 불을 켜지 않고 난롯가에서 앉아 불을 쬐면서 자신이 혼자 황야에 나와 있다고 상상해보려고 애썼다. 거세게 흐르는 시냇물이 있고, 그 냇물 건너편에는 검은 숲이 있다. 그러나 냇물에서 더는 갈 수가 없었다. 어쩔 수 없어 그녀는 젖은 풀밭 위 강둑에 쪼그리고 앉았다. 두 손은 빈 채로 달랑거리며 의자에 웅크리고 앉았다. 벽난로 불빛에 비친 그녀의 두 눈은 유리 눈 같았다. 그때 총소리가 났다…… 그녀는 총에 맞은 것처럼 놀랐다. 그러나 그 소리는 다름 아니라 어니스트가 문 열쇠를 돌리는 소리였다. 그녀는 떨면서 기다렸다. 그가 들어와서 스위치를 눌러 불을 켰다. 키가 크고 잘생긴 그는 추위에 빨개진 손을 비비며 서 있었다.

"왜 어둡게 하고 앉아 있어?" 그가 말했다.

"오오, 어니스트, 어니스트!" 그녀가 의자에서 일어서며 소리쳤다.

"왜, 무슨 일이야?" 그가 두 손에 불을 쬐며 활기찬 소리로 물었다.

"라삐노바가……" 아주 놀란 눈으로 그를 뚫어져라 쳐다보며 그녀는 말을 더듬었다. "어니스트, 라삐노바가 가버렸어요. 그녀를 잃어버렸어요!"

어니스트는 눈살을 찌푸렸다. 그는 입술을 굳게 다물었다. "아, 그게 문제였구나?"

그는 아내를 향해 이해할 수 없는 미소를 지으며 말했다. 10초 정도 말없이 그는 거기에 서 있었다. 그녀는 자신의 목덜미를 조여 오고 있는 손을 느끼며 기다렸다.

"그랬구나," 그가 마침내 입을 열었다. "불쌍한 라삐노바가……" 그는 벽난로 위의 거울을 보며 넥타이를 고쳐 매었다. "덫에 걸려 죽었구나."

어니스트는 이렇게 말하고 앉아서 신문을 읽었다. 그것이 그 결혼의 끝이었다.

유품

버지니아 울프

"시시 밀러에게." 길버트 클랜던은 아내 거실의 작은 탁자 위에 아무렇게나 올려놓은 여러 개의 반지와 브로치 중에서 진주 브로치 하나를 집어 들었다. 브로치에는 "시시 밀러에게, 내 사랑을 담아"라는 글귀가 새겨져 있었다.

그녀의 비서였던 시시 밀러까지 챙긴 건 지극히 안젤라다운 일이지만 이상한 점이 하나 있었다. 클랜던은 한 번 더 생각해 봤다. 마치 자기 죽음을 예견이나 한 듯 그녀는 모든 것들을 그토록 깔끔하게 준비—뭐가 됐든 친구 한 명 한 명에게 작은 선물을 하나씩 남기고 떠났다—를 해놓았다. 6주 전 그날 아침 집을 나설 때만 해도 그녀의 건강에는 아무 이상이 없었다. 피커딜리 가의 연석에 서 있다가 찻길로 걸어 들어갔고 차가 그녀를 치었고 그녀는 죽었다.

그는 시시 밀러를 기다리고 있었다. 집으로 와달라고 미리 연락해놨었다. 오랜 시간 동안 그녀가 자신과 아내를 위해 일을 해준 걸 생각하면 이 정도의 배려는 당연하다고 생각했다. 하지만 아내의 거실에 앉아 시시를 기다리는 동안에도 그는 생각을 멈출 수 없었다. 모든 것들을 그토록 깔끔하게 준비해 놓고 갔다니, 여전히 이상했다. 그녀의 친구 한 명 한 명에게 작은 것이긴 해도 애정의 징표 하나씩을 다 남겨 놓았다. 반지, 목걸이, 중국 장식함—그녀는 조그마한 장식함을 무척 좋아했다—마다 받을 사람의 이름이 적혀 있었다. 모든 것들이 그한테는 추억이 있는 것들이었다. 이것은 그가 그녀에게 사줬던 것이다. 이것—에나멜 돌고래로 눈알은 루비로 만든 것—을 예전에 그녀가 베네치아의 뒷골목에 있는 가게에서 충동적으로 집어 들고는 너무 기뻐 작은 목소리로 외치던 모습이 생각났다. 정작 그에게 남겨 놓은 것은 일기장 말고는 특별할 게 없었다. 녹색 가죽으로 제본한 15권의 작은 일기장이 그녀의 서탁 뒤편에 세워져 있었다. 결혼 때부터 그녀는 계속 일기를 써왔다. 그나마 가끔 있었던 다툼—그는 이를 다툼이라 부를 정도가 아니라고 생각해 그저 입씨름 정도로 불렀다——의 이유도 일기였던 적이 많았다. 그녀가 일기를 쓰고 있을 때 그가 방에 들어오면 그녀는 늘 일기장을 손으로 가리거나 일기장을 아예 덮어버리곤 했다. "안 돼요, 안 돼요, 안된다니까요." 그에게 하던 말이었다. "내가 죽은 다음이라면 모를까." 이 말대로 일기장은 그녀가 그에게 남긴 유품이 되었다. 생전 그들이 공유하지 않았던 유일한 것이 바로 일기장이었다. 그는 항상 그녀가 자신보다 당연히 더 오래 살 거로 생각했었다. 단 몇 초라도 멈춰서서 그녀가 무엇을 하고 있는가를 좀 더 생각했더라면 그녀는 아직 살아있었을 것이다.

그녀가 인도의 연석을 넘어 갑자기 도로로 걸어 들어 왔다고 사고를 낸 운전사가 경찰의 신문(訊問)에서 진술했다. 브레이크를 밟을 틈조차 없었다…… 밖에서 나는 소리 때문에 생각이 중단됐다.

"밀러 양입니다." 시시가 도착했음을 하녀가 알렸다.

그녀가 들어왔다. 그는 지금껏 그녀와 단둘이서 방에 있어 본 적이 없었다. 게다가 그녀가 눈물을 흘리는 것을 본 적도 없었다. 그녀는 몹시 슬퍼했다. 안젤라는 그녀를 집안일을 하도록 고용한 사람 이상으로 대했었다. 그녀는 아내의 친구이기도 했다. 그녀에게 앉으라고 권하면서 그는 생각했다. 그가 생각하기에 그녀는 그의 집에서 일하는 여러 사람 중 눈에 띄던 사람은 아니었다. 시시 밀러와 같은 사람—검은 옷을 입고 서류 가방을 들고 다니는 키 작은 평범한 여성들—은 많았다. 타인에 대한 공감 능력을 타고났던 안젤라의 눈에는 시시 밀러의 여러 장점이 보였었다. 그녀는 입이 매우 무거웠고 말 수도 무척 적어서 속내를 털어놓거나 등등을 할 수 있을 정도로 신뢰할 수 있는 사람이었다.

처음에는 밀러 양의 입이 떨어지지 않았다. 그저 손수건으로 눈물을 훔치고만 있을 뿐이었다. 한참을 그러고 난 후 그녀가 어렵사리 입을 뗐다.

"용서해주세요, 클랜던 씨." 그녀가 말했다.

그는 잠시 당황했다. 물론 이해는 됐다. 지극히 자연스러운 일이었다. 그녀가 자신의 아내에게 얼마나 의미 있는 사람이었던가를 헤아릴 수 있었다.

"이 집에서 일하는 동안 무척 행복했었습니다." 주위를 둘러보면서 그녀가 말했다. 그녀의 시선은 그의 뒤쪽에 있는 서탁에 머물러 있었다. 거기서 그들—그녀와 안젤라—은 일을 함께 했다. 유력한 정치인의 아내인 안젤라가 감당해야 할 것들이 많았다. 그녀는 그의 정치활동에 큰 조력자였다. 시시가 그녀와 서탁에 나란히 앉아 그녀가 불러 주는 편지를 다이핑하는 모습을 그는 종종 봤었다. 의심의 여지 없이 밀러 양도 그 모습을 떠올리고 있을 것이다. 이제 그는 자기의 아내가 그녀에게 남겨 놓은 브로치를 전해주기만 하면 된다. 마지막 선물로 브로치라, 아무리 생각해도 좀 생뚱맞다. 오히려 얼마간의 돈이나 일할 때 쓰던 타자기를 남겨주는 것이 더 나았을 텐데. 하지만 지금 그 앞에는 "시시 밀러에게, 내 사랑을 담아"라고 적힌 브로치가 놓여있다. 그는 브로치를 그녀에게 주면서 미리 준비해 둔 말을 몇 마디 보탰다. 이 브로치를 매우 소중하게 간직할 거라는 것을 그는 잘 알고 있다고, 그의 아내가 가끔 이 브로치를 달았었다고. 브로치를 건네받으면서 그녀 역시 미리 준비한 듯한 말을 했다. 브로치를 보물처럼 소중하게 간직할 것이라고. 그녀에게는 지금 입고 있는 옷 말고 이 진주 브로치가 잘 어울릴만한 다른 옷이 있을 거라고 그는 생각했다. 그녀는 지금 그녀와 유사한 일을 하는 사람들이 입는 제복처럼 보이는 작은 검은색 코트와 치마를 입고 있었다. 그녀 역시 지금 상중이라는 사실이 생각났다. 그녀에게도 비극적인 일이 벌어졌었다. 안젤라보다 단지 한 주나 두 주 전에 그녀가 무척이나 사랑하는 오빠가 죽었다. 무슨 사고 때문이라고 했지? 기억이 나지 않았다. 그 소식을 안젤라한테서만 들었기 때문이다. 뛰어난 공감 능력을 타고난 안젤라는 몹시 애통해했었다. 이런 생각을 하는 사이 시시 밀러는 일어서서 장갑을 끼고 있었다. 그를 더 방해해서는 안 된다고 생각하고 있는 것이 분명했다. 그로서는 앞으로 어떻게 살아갈 것인가를 그녀에게 묻지 않고 그녀를 보낼 수는 없는 일이었다. 앞으로 어쩔 계획인지? 혹시 도와줄 일은 없는지?

그녀는 서탁을 응시하고 있었다. 그녀는 서탁에 앉아서 타자를 쳤었다. 서탁 위에 일기장이 놓여있었다. 그녀는 안젤라와의 일을 회상하느라 도와줄 일이 있으면 말해보라는 그의 제안에 선뜻 답을 하지 못했다. 잠시 그녀는 그가 무슨 말을 했는지를 모르는 듯했다. 그가 재차 물었다.

"밀러 양, 앞으로 어떤 계획이시지요?"

"계획이요? 오, 괜찮습니다, 클랜던 씨." 그녀가 큰 소리로 대답했다. "신경 쓰지 마세요." 그는 이런 그녀의 대답을 금전적인 도움이 필요하지 않다는 의미로 여겼다. 그런 제안은 편지로 하는 편이 나았을 거라고 그는 생각했다. 그녀에게 해줄 수 있는 것은 그녀의 손을 꼭 잡고 "잊지 말아요, 밀러 양, 도움을 드릴 수 있다면 제겐 큰 기쁨입니다……"라고 말하는 게 전부였다. 이 말을 하고 그는 방문을 열어 주었다. 그녀는 문을 나서기 전 갑자기 무슨 생각이 난 듯 잠시 멈췄다.

"클랜던 씨." 그녀는 처음으로 그를 똑바로 바라보며 말했다. 그는 동정적이면서도 무언가를 갈구하는 듯한 그녀의 표정을 보고 놀랐다. "기억해 주세요. 언제든 제 도움이 필요하시면 알려주세요. 부인을 위한 일이라면 어떤 일이든 기꺼이 돕겠습니다……."

이 말을 남기고 그녀는 떠났다. 그녀의 말과 표정은 뜻밖이
었다. 마치 그에게 그녀가 필요할 것이라고 확신했었거나 아니
면 그러기를 바랐던 것 같았다. 의자로 돌아오면서 궁금하면서
한편으로는 엉뚱한 생각이 문득 떠올랐다. 그가 집안에서 그녀
의 존재를 좀처럼 인식하지 못했던 지난 몇 년 동안 흔히 소설
에 나오는 것처럼 혹 그녀가 그에게 연정을 품고 있었던 것은
아닌가? 거울 앞을 지나치면서 그는 거울에 비친 자신의 모습
을 힐끗 보았다. 쉰이 넘은 나이였지만 거울에 비친 그는 여전
히 활기가 넘쳐 보인다는 점을 인정하지 않을 수 없었다.

"가여운 시시 밀러!" 그는 가볍게 미소를 지으며 이렇게 말
했다. 이런 엉뚱한 농담을 아내하고 나누면 얼마나 좋을까! 본
능적으로 그의 시선은 일기장을 향했다. 그는 무작정 아무 쪽이
나 펼쳐 읽기 시작했다. "길버트는 엄청나게 잘생겼다……" 이
문장은 그가 했던 질문의 대답이었던 것 같다. 당연히, 당신은
여자들에게 무척이나 매력적이에요, 라고 그녀가 그에게 말하
는 듯했다. 물론 시시 밀러도 그렇게 느꼈을 것이다. 계속 읽었
다. "그의 아내라는 것이 나는 무척 자랑스럽다!" 그도 그녀의
남편이라는 것이 자랑스럽다. 어느 한 식당에서 외식할 때 맞은
편에 앉아 있는 아내를 바라보며 그녀가 지금 이곳에서 가장 사

랑스러운 여인이라고 자신에게 말하던 때가 얼마나 많았었던
가. 계속 읽어 내려갔다. 하원의원 선거에 나갔던 첫해였다. 그
들은 함께 유세를 다녔다. "길버트가 자리에 앉자 박수 소리가
엄청났다. 청중 모두가 일어나서 '그는 무척이나 괜찮은 녀석
이지'를 제창했다. 감동적이지 않을 수 없었다." 그 역시 그 일
을 기억하고 있었다. 그때 그녀는 바로 그 옆에 앉아 있었다. 그
는 그녀가 그를 쳐다보던 눈길을 여전히 기억할 수 있었다. 그
녀의 눈에는 눈물이 가득했다. 그다음엔? 그는 쪽을 넘겼다. 그
들은 베네치아에 갔다. 선거가 끝나고 떠났던 그 달콤한 휴가
가 생각났다. "우리는 플로리안즈에서 아이스크림을 먹었다."
그는 미소를 지었다. 그녀는 여전히 아이 같았고 아이스크림을
무척 좋아했었지. "길버트가 베네치아 역사를 재미있게 설명
해 주었다. 그는 총독들이…… 했다고 말해주었다." 그녀는 이
와 관련된 모든 내용을 여학생 필체로 적어 놨다. 안젤라와 함
께 여행할 때 좋은 점 하나는 그녀가 모든 것을 열정적으로 배
우려 한다는 것이다. 종종 그녀는 그것이 그녀의 여러 매력 중
하나인 것을 모르기나 하는 것처럼 자기는 아는 것이 너무 없다
고 말하곤 했다. 그다음은? 그는 다음 권을 펼쳤다. 런던으로 돌
아왔을 때다. "나는 좋은 인상을 주려고 결혼식 때 입었던 드레
스를 입었다." 그는 나이가 지긋한 에드워드 경 옆자리에 앉아

있던 그녀의 모습을 떠올렸다. 그의 상사인 그 난공불락의 노인의 마음을 얻으려고 애쓰고 있었다. 급히 쓰느라 미처 끝내지 못한 문장들에서 묘사하고 있는 장면 장면을 연결해가면서 그는 빠른 속도로 계속 읽어 내려갔다. "하원에서 식사했다……러브그로브즈에서 열린 저녁 파티에 참석했다. L 부인이 내게 물었다. 길버트의 아내로서의 의무를 잊지 않고 계시지요?" 그다음은 몇 년이 흐른 후의 이야기였다. 그는 다른 권을 집어 들었다. 그는 자기의 일에 시간을 더 많이 할애했다. 당연히 그녀는 혼자 있는 시간이 많아졌다. 둘 사이에 아이가 없어서 그녀가 무척 슬퍼했던 것은 분명하다. 이런 문장이 있다. "길버트에게 아들이 있으면 얼마나 좋을까!" 이상하게 들릴지 모르지만, 그는 아들이 없는 것을 한 번도 아쉬워 해본 적이 없었다. 물질적으로도 여유가 있고 그의 삶에서 부족한 것은 하나도 없었다. 그해에 그는 정부에서 작은 자리 하나를 맡았다. 대단한 자리는 아니었지만 그래도 그녀는 다음과 같이 적었다. "나는 그가 언젠가는 총리가 될 것이라고 확신한다!" 글쎄, 일이 다르게 풀렸었다면 그렇게 될 수도 있었을 것이다. 그는 만일 그렇게 됐으면 어땠을지 잠시 생각해 봤다. 돌아보니 정치라는 것은 도박과 같은 것이었다. 하지만 게임은 아직 끝나지 않았다. 아직 쉰 살이지 않은가. 그는 그녀의 삶에서 일어났던 별것도 아닌 사소한 일들, 특별한 것 없는 소소한 일상의 일들을 적은 부분은 건너뛰듯 빠른 속도록 읽어 내려갔다.

그는 다른 권을 집어서 그냥 손에 잡히는 쪽을 펼쳤다. "나는 정말로 겁쟁이다! 기회를 또 흘려버리다니. 안 그래도 고민이 많은 그이에게 내 문제로 신경을 쓰게 한다는 것은 너무 이기적인 행동이다. 우리는 저녁도 좀처럼 하기 힘든데 말이다." 무슨 일을 언급하고 있는 거지? 오, 여기 설명이 있군. 이스트엔드에서 했던 일을 말하고 있군. "있는 용기, 없는 용기 다 끌어모아 비로소 길버트에게 말했다. 그는 너무나 선하고 너무나 훌륭한 사람이다. 그는 반대하지 않았다." 그때 나눴던 대화가 생각났다. 그녀는 자신이 너무 나태하고 쓸모없는 삶을 살고 있다는 생각이 들어서 자신만의 일을 하고 싶다고 했었지. 누군가를 돕는 일을 하고 싶어 했었어. 바로 저 의자에 앉아서 그런 말을 했지. 붉게 상기된 얼굴이 어찌나 귀엽던지. 사실 그는 그녀를 조금 놀렸었다. 살림하면서 그를 내조하는 것만으로는 충분치 않았나? 그녀가 기뻐한다면 당연히 지금도 그는 반대하지 않을 것이다. 무슨 일을 한다고 그랬었지? 어느 지역에서? 어느 위원회에서? 건강을 해치지 않겠노라는 약속만 해준다면야. 그래서 수요일마다 화이트채플에 갔던 것 같다. 그녀가 그런 데를 갈 때 입었던 옷을 끔찍이도 싫어했던 일이 생각났다. 그녀는 그 일을 매우 진지하게 생각했던 것 같다. 일기장에는 "존스 부인을 만났다…… 그녀는 아이가 열 명이다…… 남편은 사고로 한쪽 팔을 잃었다…… 릴리에게 일을 구해주려고 최선을 다했다." 이런 것과 동일한 내용이 꽤 많이 언급돼있다. 그는 문장을 건너뛰면서 읽었다. 그의 이름이 언급되는 횟수가 줄었다. 흥미가 떨어졌다. 어떤 문장은 도무지 이해할 수 없었다. 가령, "B. M.과 사회주의에 관해서 격한 논쟁을 벌였다." B. M.은 누구지? 이름의 첫 글자만으로는 누군지 알 수 없었다. 그녀가 참여하는 위원회에서 알게 된 한 여자였겠지. "B. M.이 상류 계급을 신랄하게 비난했다…… 회의가 끝난 후 집으로 가는 길에 B. M.을 설득해보려고 했다. 하지만 그는 너무나 속이 좁은 남자였다." B. M.이 남자라는 것이 분명해졌다. 의심할 것도 없이 B. M.은 자신을 스스로 "지성인"입내 하는 과격하면서 안젤라가 말한 것처럼 속이 좁은 "지성인" 그런 부류 중의 한 명이겠지. 그녀가 그를 집으로 초대했었네. "B. M.을 저녁 식사에 초대했다. 놀랍게도 그가 하녀인 미니와 악수를 했다!" 미니와 악수하는 그 사람을 보고 그녀가 감탄했었다는 것 때문에 그의 심사가 뒤틀렸다. 아마 B. M.은 하녀에 익숙하지 않은 게지. 아마도 그 사람은 여성이 모여 앉은 응접실에서 자신의 견해를 뽐내거나 별 볼 일 없는 노동자 중 한 명일거야. 그런 유형의 사람들을 잘 알고 있는 길버트로는 B. M.이 누구였든 이런 사람들을 안 좋아했다. 이 사람이 또 등장한다. "B. M.과 런던 타워에 갔다. 그는 혁명은 일어날 수밖에 없다고 말했다…… 그는 우리가 바보들의 천국에 살고 있다."라고 말했다. 딱 B. M. 같은 사람이 할 이야기군. 길버트는 B. M.이 하는 말을 직접 듣는 듯했고 그의 생김새 역시 눈에 선했다. 거친 턱수염을 기른 작고 땅딸막한 한 남자가 빨간색 타이를 매고 있고, 평생 단 하루도 정직한 일을 해 본 적 없는 사람들이 항상 입는 방식대로 트위드로 만든 옷을 입고 있었다. 그의 속내를 꿰뚫어 볼 수 있는 인지 능력이 안젤라에게 있기라도 한 것인가? 계속 읽어 내려갔다. "B. M.이 ○○○를 안 좋게 이야기했다." 그 사람이 누구인지 모르도록 이름을 펜으로 지워놨다. "나는 그에게 ○○○에 관한 험담은 절대 하지 말아 달라고 말했다. 이번에도 그 사람의 이름은 펜으로 꼼꼼하게 지워져 있었다. 그것이 그의 이름이었기 때문일까? 그가 방에 들어왔을 때 안젤라가 급히 일기장을 덮었었는데 이것 때문이었나? 이런 생각을 하니 B. M.이 점점 더 싫어졌다. 뻔뻔하게도 그 작자가 바로 이 방에서 그를 평하고 있었다. 안젤라는 왜 그에게 아무 말도 하지 않았을까? 무엇인가를 숨기는 것은 그녀답지 않았다. 그녀는 솔직함 그 자체였지 않은가. 그는 쪽을 넘겨 가면서 B. M.이 언급되는 모든 부분을 하나도 놓치지 않았다. "B. M.이 자신의 어린 시절 이 야기를 들려줬다. 그녀의 어머니는 남의 집 일을 했다…… 엄 마를 생각할 때마다 내가 지금 이처럼 사치스럽게 사는 것이 견딜 수 없을 정도로 싫소…… 그까짓 모자 하나에 내가 3기니 씩이나 쓰고 있단 말이오!" 그녀가 이해하기 너무나 어려운 문 제로 골머리 썩지 말고 그와 상의를 했었다면! 그는 그녀에게 책을 빌려줬었다. 카를 마르크스가 쓴 《혁명의 도래》였다. B. M. B. M. B. M.이라는 이니셜이 그의 머릿속을 떠나지 않았다. 왜 그 남자의 이름을 이니셜로만 적어 놨을까? 격식을 따지지 않는 절친한 사이에서나 이름을 이니셜로 부르는 법인데 이는 안젤라답지 않았다. 안젤라는 그 앞에서도 그 사람을 B. M.으 로 불렀을까? 그는 계속 읽어 내려갔다. "저녁을 먹고 난 다음 이었는데 B. M.이 예고도 없이 불쑥 찾아왔다. 다행히 집에는 나뿐이었다." 일 년밖에 안 된 일이군. "다행히"…… 왜 다행 이란 말이지?…… "집에는 나뿐이었다." 그날 밤에 어디 갔었 지? 일정표를 찾아봤다. 맨션하우스에서 만찬이 있었던 날이었 다. 그나저나 그날 밤 안젤라와 B. M. 단둘이서 저녁 시간을 같 이 보냈다고? 그는 그날 저녁의 기억을 되살리려고 애썼다. 그 녀가 그의 귀가를 기다리기는 했었던가? 방은 평상시와 다름 없나? 탁자에 술잔이 놓여있었나? 의자는 붙어 있었나? 기억이 잘 나지 않았다. 기억나는 것은 맨션하우스 만찬에서 그가 연설을 했었다는 것뿐이었다. 그의 아내가 홀로 그가 모르는 남자와 같이 있었던 그 전체 상황이 이해되지 않았다. 혹시 다음 권에 나와 있겠지. 그는 서둘러 그 권의 마지막 부분을 펼쳤다. 그녀는 마지막 부분을 끝내지 못하고 죽었다. 빌어먹을 그놈이 첫 장에 또 등장했다. "B. M.과 단둘이서만 식사를 했다. 그는 엄청나게 초조해했다. 그는 우리가 서로의 처지를 이해해줄 수 있을 때가 됐다고 말했다…… 내 말을 좀 들어보라고 했지만, 그는 들으려고 하지 않았다. 오히려 그는 나를 협박했다. 내가…… 하지 않으면" 그다음부터는 펜으로 직직 그어 놔서 읽을 수가 없었다. 그녀는 쪽 전체에 "이집트. 이집트. 이집트"라고 적어 놨다. 그는 한 단어도 도무지 이해할 수 없었지만 어떤 상황이었는지는 대충 감이 왔다. 그 건달 놈이 자신의 애인이 될 것을 요구하고 있었다. 단둘이 그의 방에서! 길버트 클랜던은 피가 거꾸로 솟는 듯했다. 그는 황급히 쪽을 넘겼다. 그녀는 뭐라고 대답했을까? 이니셜은 여기까지였다. 그다음부터는 단순히 "그"로만 돼 있었다. "그가 다시 나를 찾아왔다. 나는 어떤 결정도 내릴 수가 없다고 그에게 말했다…… 제발 가달라고 그에게 간청했다." 바로 이 집에서 감히 그놈이 그녀를 협박했었다. 하지만 그녀는 왜 그에게 아무 말도 하지 않았을까? 그런 일을 당하고 우물쭈물 있을 수 있었단 말인가. 그다음이다. "그에게 편지를 보냈다." 그다음은 쭉 빈칸이다가 한참 뒤에 이 말이 나온다. "답장이 없다." 한동안 계속 빈 쪽이 이어지다가 이 말이 나온다. "그는 내게 협박해 왔던 그 일을 저지르고야 말았다." 그다음, 그다음엔 어찌 되었지? 그는 여러 쪽을 넘겼다. 그러다가 그녀가 죽기 바로 전날 일기에 이런 말이 적혀 있다. "그런 일을 할 용기가 내게도 있을까?" 이게 마지막이었다.

길버트 클랜던은 일기장이 바닥으로 미끄러져 떨어지는 것을 그냥 바라보고만 있었다. 그는 자신 앞에 서 있는 그녀를 바라보았다. 그녀는 지금 피커딜리가의 연석 위에 서서 어딘가를 응시하고 있다. 그녀는 주먹을 꽉 움켜쥐었다. 그러고 난 후 차가……

그는 더는 참을 수가 없었다. 진실을 알아야만 했다. 전화기로 성큼성큼 다가갔다.

"밀러 양 바꿔주세요!" 침묵이 흘렀다. 방에서 움직이는 소리가 났다.

"시시 밀러입니다." 드디어 그녀가 받았다.

"도대체 B. M.이 누구요?" 천둥이 치듯 큰 소리로 물었다.

그는 그녀의 벽난로 선반에 놓여있는 싸구려 시곗바늘이 움직이는 소리를 들을 수 있었다. 그다음 긴 한숨 소리. 드디어 그녀가 입을 뗐다.

"제 오빠입니다."

"제 오빠였었죠. 자살한 그 오빠입니다." 시시 밀러가 그에게 무언가를 요청하는 말이 들렸다. "제가 설명을 좀 드려도 될까요?"

"필요 없소." 그가 소리쳤다. "필요 없다고."

그는 그에게 남겨진 유품을 받았다. 그녀는 그에게 진실을 알려준 것이었다. 그녀는 연인이 있는 곳으로 가기 위해 연석에서 내려섰던 것이었다. 그에게서 벗어나기 위해 연석을 넘어섰던 것이었다.

필경사 바틀비

허먼 멜빌

나는 나이를 제법 먹은 사람이다. 내 직업 특성상 지난 삼십 년간 흥미롭고 다소 특이해 보이는 사람들과 자주 지내게 되었다. 이들은 다름 아닌 필경사로서 소위 법조문을 옮겨 쓰는 사람을 말하는데, 내가 아는 바로는 아직 이들에 대한 글이 한 번도 출판된 적이 없다. 직업상으로나 개인적으로나 나는 많은 필경사를 알고 지냈기에, 내가 이야기하고 싶다면 마음 선한 독자들은 미소를 지을 수 있는, 그리고 감상적인 독자라면 아마 눈물을 보일 수 있는 그런 이야기를 전해줄 수 있다. 하지만 나는 바틀비라는 인물 이야기를 위해 다른 필경사들의 이야기는 다 접어두련다. 그는 내가 본, 아니 내가 들어본 모든 필경사 중에서도 가장 독특한 사람이었기 때문이다. 여느 필경사들이었다면 내가 그들의 삶 전체를 기록할 수도 있었겠지만, 바틀비의 경우에는 불가능했다. 그건 그의 삶을 충실하게 다룬 만족할만한 자료가 없기 때문이다. 마치 훌륭한 작품 소재를 놓친 것 같아 아쉬울 뿐이다. 그는 일차적인 자료를 통하지 않고서는 아무것도 확인할 수 없는 그런 사람 가운데 한 명이었다. 그나마 그것도 거의 없었고, 있는 거라곤 내 두 눈으로 확인한 충격적인 그의 모습과 뒤에 언급할 출처가 모호한 보고서 하나가 있을 뿐이다.

처음 내 앞에 나타난 바틀비의 모습을 소개하기에 앞서 우선 나와, 내 직원들, 내가 하는 일, 내 사무실, 주위 환경부터 소개하는 것이 순서일 듯하다. 내가 소개하고자 하는 인물을 제대로 이해하려면 필히 이런 일이 선행되어야 하기 때문이다.

우선, 나는 젊은 시절부터 가장 손쉬운 삶이 최고의 인생이라는 확신을 갖고 살아온 사람이다. 그러기에 나는 소위 분주하면서도 긴장도 해야 하고, 심지어 가끔은 야단법석을 떨어야 하는 그런 직업에 종사하지만, 직업 일로 해서 내 평화로운 시간이 방해받는 그런 부류의 사람은 아니다. 또한, 배심원들에게 적극적으로 변론한다거나, 대중들로부터 칭찬을 받아내려고 하는 그런 야망 있는 변호사도 아니다. 난 그저 차분한 가운데 아늑한 사무실에 앉아 돈 많은 사람들의 증권이나 저당증서, 권리증서 등을 처리하는 일을 한다. 지인들은 나를 두고 유별나게 무사한 일만 추구하는 사람이라고들 말한다. 고인이 된

존 제이콥 아스터 씨[1]는 시적인 열정은 전혀 없으셨던 분이었지만 내 최고 장점이 신중함이고, 두 번째가 체계성이라고 서슴없이 말씀하시곤 했다. 자랑하고픈 허영심에서 이 말을 하는 게 아니다, 다만 나도 그분의 일을 맡아서 했었다는 사실을 알려주고 싶어서이다. 그분 성함에서는 동글동글한 발음이 나기에 듣기 좋고 마치 금괴가 울리는 소리가 나는 것 같아 좋다. 그분이 내게 호의적인 발언을 했다는 사실이 마음에 들어 이 말을 덧붙이는 것으로 독자들은 이해해주길 바란다.

이 짧은 이야기가 시작되는 시점보다 얼마 전 내 사업이 상당히 번창했던 적이 있었다. 지금은 뉴욕주에서 사라진 형평법 법원의 주사직이 내게 주어졌는데, 이 자리는 일이 그리 고되지 않으면서 수입은 적잖게 보장되는 자리였다. 나는 좀처럼 화를 내는 사람도 아니고, 잘못되거나 분개할 일에도 좀처럼 도 넘게 흥분하는 사람은 아니지만, 이 시점에서는 내가 흥분할 수밖에 없음을 이해해주기 바란다. 새롭게 제정된 헌법이 예고도 없이 난폭하게 형평법 법원의 주사직을 폐지해버리는 결정을 내리고 만 것인데, 이는 매우 성급한 결정이었다. 내가 평생의 수입으로 여긴 일이었는데, 결국 몇 년의 혜택만 받고 끝나고 만 것이었다. 독자들이여, 이 이야기는 여담으로 받

---

1   John Jacob Astor(1763~1848):모피 무역과 부동산 등으로 성공한 미국의 부호.

아주기를 바란다.

내 사무실은 월가 ○○번지 위층에 위치하고 있었다. 사무실 한쪽은 안쪽의 흰 벽을 마주하고 있었는데, 거기에는 건물 꼭대기에서 바닥까지 빛이 관통하는 널찍한 통로가 있었다. 이 광경은 소위 풍경 화가들이 "생기"가 부족하다고 부르는 다소 지루한 풍경이었을 것이다. 다른 한쪽은 이와는 정반대 모습이긴 했지만, 별반 크게 다르지 않았다. 내 창문은 그쪽을 향하고 있었는데 바로 눈앞에 높은 벽돌 건물 한 채가 마주하고 있었다. 낡고 늘 응달이 져서 거무칙칙한 건물이었다. 그 건물 벽에 있는 뭔가 멋진 것을 보기 위해 망원경으로 살펴볼 정도로 떨어진 게 아니라, 근시안도 볼 수 있을 정도로 유리창에서 3m 이내로 바싹 붙어 있었다. 내 사무실이 이 층이고, 주위 건물들이 워낙 고층이기에, 이들 벽과 내 사무실 간의 공간이 마치 정방형의 큼지막한 물탱크 같아 보였다.

바틀비가 사무실에 나타나기 직전까지, 나는 두 명의 필경사와 사무실 잡무를 보는 일로 장래가 촉망되는 젊은 아이를 고용하고 있었다. 첫째는 터키,[2] 둘째는 니퍼스,[3] 셋째는 진

2　Turkey: 칠면조, 멍청이.

3　Nippers: 집게.

저 넛[1]으로, 전화번호부에서 좀처럼 찾아보기 힘든 이름이었다. 사실, 이 이름들은 세 명이 서로에게 부쳐 준 별명으로 각자의 외모나 성격을 제대로 보여준다고 여겨졌다. 터키는 내 나이 또래로, 말하자면 머지않아 예순 살이 되는, 뚱뚱하고 작달막한 영국인이었다. 아침에는 얼굴빛이 혈색 좋게 빛나고, 식사 시간인 정오가 지나면 마치 성탄절 석탄이 가득한 쇠살대처럼 이글거리다가, 여섯 시나 대략 그 무렵이 될 때까지 서서히 식어갔다. 그 시간이 지나면 그 얼굴의 주인은 다시는 보이지 않는다. 마치 정오 즈음에 정점에 오르는 해처럼 빛나다가 저녁 해와 같이 저물고, 다음날 다시 떠오르는 해처럼 규칙적으로 매일 똑같이 빛을 발하는 그런 얼굴이었다. 살아가면서 나는 이상하게도, 특이한 우연의 일치를 많이 봐왔는데, 그 가운데 하나가 바로 터키의 벌겋게 달아오른 얼굴이 최대한으로 빛을 발하는 바로 그때, 그 결정적인 순간부터, 그의 작업 능력이 심각하게 저하되는 하루 일정이 시작한다는 것이다. 완전히 게을러진다거나 하던 일에 싫증을 낸다는 것이 아니다. 전혀 아니다. 문제는 지나치게 힘이 넘치곤 한다는 것이다. 그의 주변에는 이상하리만치 너무 들뜨고 허둥대고 무모할 정도로 변덕이 심한 활기가 있었다. 정오가 지나면 잉크병에 펜을 담그는

---

1   Ginger Nut: 생강 쿠키.

것조차 허둥대다가 서류에 잉크 얼룩을 떨어뜨리기 일쑤였다. 오후에는 허둥대다가 안타깝게도 얼룩을 묻히기도 하고, 어떤 날은 상태가 더 심해져 꽤 시끄러웠다. 그럴 때면 역시나 그의 얼굴은 마치 무연탄 위에 활활 타는 촉탄을 쏟아부은 것처럼 벌겋게 달아올랐다. 그는 의자로 불쾌한 소리를 내기도 하고, 모래주머니[2]를 흘리기도 하고, 펜을 고친다고 덤비다가 부서뜨리곤 별안간 화를 내면서 바닥에 팽개치기도 했다. 그러다가 의자에서 일어나 책상 위로 몸을 구부려, 볼썽사납게 서류를 쳐서 뒤섞이게 하곤 했는데, 나이가 지긋한 터키가 그런 짓을 하는 모습을 보면 안쓰러울 정도였다. 하지만 여러 면에서 나에게 소중한 사람이었고, 특히 정오 이전에는 그 누구보다도 빠르고 확실하게 일을 처리해주기에 그가 이상한 행동을 해도 눈감아주곤 했다. 그렇지만 이따금 부드럽게 나무랐는데, 그 이유는 아침에는 온순한 데다 부드럽고 점잖은 사람이지만, 오후에는 자극만 받으면, 말이 조금씩 험해지면서 공격적으로 변했기 때문이다. 그런데 그가 하는 오전 일들이 소중하고, 그를 잃고 싶지도 않았지만, 동시에 정오 이후에 흥분된 채 일하는 방식 때문에 불편했고, 편하게 사는 것을 좋아하는 데다가 자칫 터키를 나무라다가 볼썽사납게 대드는 꼴이 보기 싫어서,

---

2 sand-box: 잉크를 말리기 위해 뿌리는 모래를 넣은 모래주머니.

어느 토요일 날 오후—토요일이면 그의 증상이 가장 심했다—
이제 나이도 있으니 일하는 시간을 줄여 열두 시가 되면 사무
실에 나오지 말고 티타임까지 집에서 쉬는 것이 어떠냐고 넌지
시 의사를 물었다. 하지만 터키는 단칼에 내 제안을 거절하면
서 오후에도 작업에 헌신하겠다고 고집을 부렸다. 터키는 벌겋
게 달아오른 얼굴로, 자신이 아침에 하는 일이 유용하다면 오
후 작업 역시 필요할 것이라고 내게 웅변조로—긴 자로 사무실
저쪽 끝을 겨냥하는 포즈를 취하면서—말했다.

"변호사님, 외람된 말씀이지만," 터키가 말했다. "제가 변
호사님의 오른팔이잖습니까? 오전에는 부대원을 모으고 배치
하지만, 오후에는 제가 직접 선두에 서서 용감하게 적에게 돌
진합니다. 이렇게 말입니다." 그는 긴 자를 들고 세차게 찌르는
동작을 취했다.

"터키, 그렇지만 얼룩 자국이 너무 많잖아." 내가 슬쩍 의중
을 떠봤다.

"하지만, 변호사님, 외람된 말씀이지만 제 머리를 한번 보
세요! 저도 젊은 나이가 아니에요. 따뜻한 오후에 작업하다가
한두 방울 얼룩을 떨어뜨린다고 나이 먹은 사람을 심하게 몰아
붙이시면 안 되지요. 문서에 얼룩 자국을 낸다고 해도 나이 들
었다는 것은 존중받아야 마땅하다고 봅니다. 외람된 말씀이지

만, 변호사님이나 저나 우리 둘 다 나이를 먹고 있는 겁니다."

이렇듯 동료 의식에 호소하면 나도 어쩔 도리가 없다. 어쨌든 그는 일을 그만둘 생각이 전혀 없었다. 하는 수 없이 터키를 그냥 두기로 하고, 그래도 조심을 해야 하기에 오후에는 덜 중요한 문서를 다루게 했다.

두 번째 직원인 니퍼스는 구레나룻이 있고, 안색이 누렇고, 마치 해적처럼 생긴 스물다섯 살 젊은이였다. 나는 그 친구가 항상 야망과 소화불량이라는 두 가지 유해한 기운에 희생당하고 있다고 보았다. 그의 야망은 단지 문서를 옮겨 쓰는 필경사 일에 짜증이 나, 허락도 없이 법 문서 원본 작성과 같은 극도로 전문적인 작업을 하려들 때 드러난다. 소화불량은 그가 가끔 불안한 장운동과 이를 악물며 과민성을 드러낼 때, 혹 글을 옮기다 실수라도 하면 밖에 들릴 정도로 이를 북북 갈고 중얼대면서 욕을 해댈 때, 특히 책상 높이가 불만이라고 주절댈 때 드러난다. 그에게는 기계를 다루는 천재적인 재능이 있었지만 자기 마음에 들게 책상 높이를 맞추질 못했다. 책상 밑에 이런저런 나뭇조각이나 두꺼운 종이를 대기도 하고 다 쓴 압지를 접어 괴는 등, 정교하게 작업을 해댔지만 결국 소용이 없었다. 허리를 편안하게 할 요량으로 책상 뚜껑을 급격한 각도로 자기 턱 높이까지 올려 마치 네덜란드식 가파른 지붕을 책상으로 쓰는 사람처럼 작업하다가, 팔에 피가 통하지 않는다고 투덜대었다. 다시 허리 밴드까지 책상을 내려 구부리고 작업하다가 이제는 허리가 아프다고 떠들어 싼다. 한마디로 말해 니퍼스는 자기가 무얼 원하는지 모르는 게 문제였다. 진정 원하는 게 있다면 아마도 필경사 책상을 아예 치워버리는 것일 거다. 탈이 난 그의 야망을 잘 보여주는 예 가운데 하나가 허름한 복장을 한 정체불명의 사람들이 찾아오는 것을 니퍼스가 반긴다는 사실이다. 니퍼스는 그 사람들이 그저 고객일 뿐이라고 말한다. 사실 나는 니퍼스가 한때는 지역 정치가를 꿈꾼 적도, 이따금 법원에서 일해 본 적도, 툼즈[1] 인근에선 이미 알려진 사람이란 것도 알고 있었다. 하지만 내 사무실로 찾아와 무게를 잡는 니퍼스의 고객 가운데 한 명은 다름 아닌 빚쟁이고 그가 말하는 권리증서도 단지 청구서라고 확언할 만할 충분한 근거가 있었다. 이런 그의 문제점과 이로 인한 불편함에도 불구하고 동료 터키처럼 니퍼스 역시 내게는 유용한 사람이었다. 그는 신속하고 깔끔하게 글을 썼다. 자기가 내킬 때는 언제든지 신사처럼 행동했다. 게다가 항상 신사처럼 말끔한 복장을 하고 있기에 사무실의 품격을 높여주었다. 반면에 터키의 경우, 나에게 질책을 듣지 않도록 하기 위해 내가 애를 써야만 했다. 그의 옷에

---

1   Tombs: 1836년 맨해튼 남쪽에 건립된 뉴욕시 법원청사 및 구치소.

서는 기름때에 찌든 냄새, 싸구려 식당의 냄새가 났다. 여름에는 통 넓고 헐렁한 나팔바지를 입고 다녔다. 걸친 외투는 처참했고, 모자는 어찌지 못할 정도였다. 그나마 타고난 영국인다운 예절과 공손함으로 사무실에 들어오자마자 모자를 벗기 때문에 나에게 별문제가 없었지만, 외투는 달랐다. 외투 문제로 그와 따진 적도 있었지만 아무런 효과를 보지 못했다. 수입이 거의 없는 사람은 발그스름한 얼굴과 번지르르한 외투를 동시에 즐길 수 없는 게 진실일 거라고 나는 생각하기로 했다. 니퍼스가 한때 내게 귀띔해주었듯이, 터키의 수입 대부분은 적포도주 술값으로 들어갔다. 어느 겨울날 나는 패딩이 있고 점잖아 보이는 회색 외투 한 벌을 터키에게 주었다. 속이 따뜻할 뿐 아니라 무릎부터 턱까지 단추를 끼울 수 있는 외투였기에 터키가 내 호의에 고마워할 줄 알았고 그렇게 되면 점심 이후에 성급하고 시끄러운 모습이 줄어들겠지 하는 마음에서였다. 하지만 전혀 그렇지 못했다. 말에게 사료를 너무 많이 주면 문제가 생기듯이 터키가 푹신하고 담요 같은 외투를 걸치게 되면서 오히려 역효과가 난 게 분명했다. 고집 세고 성질 급한 말이 사료에 흥분하듯이 터키 역시 외투에 반응을 보였고 이전보다 더 건방을 떨었다. 풍요로움이 도리어 해가 되는 사람이었다.

자기 맘대로 하는 터키의 습성에 관해서는 이렇듯 내 나름

대로 짐작하는 바가 있지만, 니퍼스에 관해서는 다른 면에서 단점이 있을지 몰라도, 술에 관한 한 그는 절제하는 젊은이였다. 하지만 천성 자체가 양조업자 같다고나 할까, 그는 태어날 때부터 완전히 예민한 성격에 불같은 성미를 지녔기 때문에 술이 필요치 않았다. 적막이 흐르는 사무실에서 니퍼스는 성질을 부리며 가끔 자리에서 벌떡 일어나 테이블 위로 몸을 기울이고는, 양팔을 벌려 테이블 전체를 잡아 흔들곤 했다. 테이블이 마치 고의로 자신을 괴롭히는 자라도 되듯, 가차 없이 바닥에 대고 갈아대는 모습을 접할 때마다, 나는 니퍼스에게는 물을 탄 브랜디조차 전혀 필요치 않을 거라고 확신했다.

니퍼스가 짜증을 내거나 신경질을 부리는 주원인인 소화불량 현상은 대개 오전에 일어나는 반면에 오후에는 비교적 온순해져서, 그나마 다행이었다. 터키의 발작적인 행동이 오직 정오 이후에 오기 때문에, 두 명의 특이한 기행이 동시에 벌어지지 않았다. 마치 경비가 교대하듯 두 사람의 발작도 교대하는 셈이었다. 니퍼스의 발작이 시작되면 터키는 끝이 나고, 그 반대도 마찬가지였다. 이는 어쩔 수 없는 상황에서 그나마 자연스러운 배치였다.

세 번째 직원인 진저 넛은 열두 살 정도 먹은 아이였다. 마부였던 그의 아버지는 자기가 죽기 전에 아들이 마차 일이 아니라 법조 일을 하길 열망했다. 그래서 아들을 법률 연구생으로 내 사무실로 보내 한 주에 1달러를 받고, 심부름과 청소를 하고 있었다. 그에게 조그만 책상을 주긴 했지만, 별반 사용하질 않았다. 한번 열어봤더니 서랍에는 다양한 견과 껍데기들이 진열되어 있었다. 이 명석한 아이에게는 법이라는 고상한 학문이 단지 견과 껍질 속에 담겨 있는 셈이었다. 진저 넛이 하는 일 중에서 가장 중요하고, 신속히 처리해야 하는 일은 터키와 니퍼스에게 과자와 사과를 공급해주는 일이었다. 법 문서를 옮겨 적는 일은 단조롭고 무미건조한 일인지라, 두 필경사는 이곳 세관과 우체국 근처의 수많은 가게에서 살 수 있는 스피천버그 품종 사과로 자주 입을 축이고 싶어 했다. 또한, 진저 넛을 시켜 작고 둥글납작한데 매운맛이 나는 독특한 과자를 사 오게 했는데, 바로 이 과자 이름을 따라 아이를 부르게 된 것이었다. 하는 일도 따분한 어느 추운 아침에 터키는 1페니에 예닐곱 개 주는 과자를 마치 얇은 비스킷 먹듯 씹어 먹곤 했는데 입 안에서 부서지는 과자 소리와 펜 사각거리는 소리가 뒤섞여 들리곤 했다. 터키가 오후에 성급하게 굴다가 사고를 쳐 낭패를 당한 일 가운데 하나는, 저당문서에 봉인 대신 입속에 든 생강 과자를 붙인 적도 있었다. 그 일 때문에 터키를 거의 해고할 뻔했다. 그러나 터키가 동양식으로 내게 인사하며, "외람된 말씀이지만,

제 비용으로 사무실 문구를 제공한 셈이니 제가 관대하죠." 하고 말해 내 성미를 누그러뜨리는 바람에 그냥 넘어갔다.

이제 나의 원래 업무인 부동산 양도 취급 업무와 부동산 증서 추적 업무, 그리고 온갖 종류의 난해한 문서 수합 업무 등이 법원 주사 자리를 맡는 바람에 상당히 늘어났다. 이제 필경사들도 할 일이 많아졌다. 지금 있는 필경사들을 다그쳐야 할 뿐 아니라 인력충원이 더 필요했다.

어느 날 아침 고용 광고를 본 한 젊은이가 차분한 모습으로 사무실 문 앞에 서 있었다. 여름이라 문이 열려 있었기에 그 모습이 한눈에 들어왔다. 창백한 깔끔함, 애처로운 단정함, 그리고 치유될 수 없을 정도의 고독함! 바로 바틀비였다.

몇 가지 자격 조건을 확인한 후, 즉시 고용했다. 유달리 성격이 차분한 사람을 필경사 팀에 고용하는 것이 성급한 성격의 터키와 불같은 성미의 니퍼스에게 긍정적으로 작용할 것으로 생각돼 기쁜 마음으로 바틀비를 고용했다.

미리 말했어야 했지만, 어쨌든 내 사무실은 필경사들이 있는 구역과 내가 쓰는 구역이 반투명 유리로 된 접이식 문으로 나누어져 있었다. 기분에 따라 어떤 날은 열어두기도 하고 닫아 두기도 했다. 나는 사소한 일을 시켜야 할 때 이 조용한 사람을 쉽게 호출하기 위해서, 바틀비에게 접이식 문 바로 옆 구석을 할당하였다. 바틀비의 책상 가까이에 조그만 옆 창문이 있었다. 그 창문을 통해 원래는 지저분한 뒷마당과 벽돌 옆면이 보였지만 건물을 더 올리는 바람에 빛만 조금 들어올 뿐 아무것도 보이지 않았다. 창문 바로 1m 앞에 벽이 있어서, 마치 돔 천장의 구멍에서 빛이 들어오는 것처럼, 높다란 두 건물 사이로 저 위에서 빛이 들어왔다. 더더욱 만족할 만한 배치를 위해, 나는 높다란 녹색 접이식 칸막이를 구해 내 소리는 들을 수 있지만 내 모습은 보이지 않게 했다. 그렇게 해서 그럭저럭 사생활 보호와 원활한 소통을 동시에 취할 수 있었다.

일을 시작하자, 바틀비는 엄청난 양의 글쓰기 작업을 해냈다. 마치 문서 필사 작업에 굶주렸던 사람처럼, 문서를 게걸스럽게 먹어 치우는 듯했다. 식사 후 소화시킬 틈도 없었다. 밤낮 가릴 것 없이 태양 아래서 아니면 촛불 아래서 필사 작업을 했다. 하지만 즐겁게 필사 작업을 했다면 그의 부지런함 때문이라도 잘 채용했다고 기뻐했을 텐데, 문제는 그가 아무 말 없이 창백한 표정으로 기계적으로 일한다는 것이었다.

필경사의 임무 중 가장 필수적인 일은 단어를 한 자 한 자 정확히 복사해야 한다는 점이다. 한 사무실에 둘 이상의 필경사가 있을 경우에, 한 사람은 필사본을 읽고 또 한 사람은 원본을 들고 확인하게 된다. 매우 지겹고 사람을 지치게 하는 맥 빠진 작업이다. 성격이 활달한 사람에게는 정말 견디기 어려운 일이라는 것을 쉽게 알 수 있다. 예컨대, 활기 넘치는 바이런 시인이 바틀비와 함께 쪼그려 앉아, 꼬불꼬불한 손으로 촘촘하게 쓴 법 문서 오백 쪽을 검토하는 장면은 상상조차 할 수 없을 거다.

일에 쫓길 때, 나는 이따금 터키나 니퍼스를 이런 목적으로 불러 짧은 문서들을 이들과 함께 직접 비교 검토하곤 했다. 바틀비를 칸막이 바로 뒤에 둔 이유도 이런 사소한 작업이 있으면, 편리하게 그의 도움을 받기 위해서였다. 그가 출근한 지 삼 일째 되던 날이었다. 그때까지는 바틀비가 자신의 필사본을 검토할 필요가 아직은 없었다. 그날은 사소하지만 신속하게 처리해야 할 일이 있어, 불쑥 그를 호출했다. 경황이 없고 바틀비가 당연히 대답하리라고 여기며, 나는 책상 위에 있는 원본에 고개를 묻고는 필사본을 든 오른손을 다소 신경질적으로 쭉 뻗었다. 내 부름에 은신처에서 바틀비가 곧바로 나와 지체 없이 문서를 낚아채고 작업에 착수할 것을 기대했다.

이런 기대감으로, 바틀비가 해야 할 일—즉 나와 함께 짧은 문서를 검토하는 것—이 무엇인지를 급히 알려주려고, 그를 불렀다. 하지만 그 친구가 자리에서 꿈적도 안 한 채 특유의 차분하면서도 단호한 목소리로 "하고 싶지 않습니다."라고 대답했다. 그 대답에 내가 얼마나 놀랐을지, 아니 질겁했을지 짐작해 보시라.

놀란 가슴을 쓸어내리느라 나는 한동안 말없이 앉아 있었다. 혹시 내 귀가 잘못 들었거나, 아니면 바틀비가 내 말을 잘못 알아들었다는 생각이 순간적으로 떠올랐다. 될 수 있는 한 가장 분명한 어조로 내 부탁을 되풀이했다. 하지만 이전처럼 분명한 대답이 왔다. "하고 싶지 않습니다."

"하고 싶지 않다고." 너무 흥분한 나머지 자리에서 일어나 한걸음에 사무실을 가로질러가 그의 말을 되풀이했다. "대체 무슨 소리야? 정신 나간 거 아냐? 이 문서 대조하는 일 도와달라니까. 자, 받으라고." 그런 후 바틀비 쪽으로 문서를 내밀었다.

"하고 싶지 않습니다." 그가 말했다.

나는 바틀비를 똑바로 바라봤다. 얼굴은 야위고 침착했고, 회색 눈은 어렴풋이 차분했다. 바틀비는 일말의 동요도 보이지 않았다. 조금이라도 당황해하거나, 화를 내거나, 초조해하거나, 주제넘거나 하는 모습을 봤다면, 아니 조금이라고 평범한 인간적인 모습을 보였다면 그 자리에서 당장 바틀비를 해고해버렸을 것이다. 하지만 이런 상황에서는 차라리 키케로 흉상 석고 상을 문밖으로 내치는 것이 더 나은 게 아닌가 하는 생각이 들 정도였다. 바틀비는 자기가 하던 필사 작업을 계속해 나갔고 나는 한참 그런 모습을 쳐다보며 서 있다가 결국 내 책상으로 돌아와 앉았다. 이건 정말로 이상한 일이네, 라고 나는 생각했다. 대체 어떻게 해야 최선이지? 그러나 내 할 일이 바빠, 당분간 접어 두고 나중에 한가할 때 다시 생각해 보기로 했다. 하는 수 없이 다른 방에 있던 니퍼스를 불러와 서류 검토를 신속하게 끝냈다.

이 일이 있은 지 며칠 후 바틀비는 장문의 서류, 네 통을 필사했는데, 그건 고등 법원에서 한 주 간 내 앞에서 행해진 증언이었다. 이 서류들을 검토해야만 했다. 중요한 소송이었고 정확성이 필수적이었다. 문서를 다 준비한 다음 내가 원본을 읽으면 네 명이 각자 서류를 검토할 생각으로 옆방에서 터키, 니퍼스 그리고 진저 넛을 불러들였다. 이에 따라 세 명은 자기 서류를 들고는 한 줄로 앉았다. 그런 다음 이 흥미로운 팀에 동참하라고 바틀비를 불렀다.

"서둘러, 바틀비. 기다리고 있잖아."

맨바닥에 의자가 서서히 끌리는 소리가 들리더니 자기 은신처 입구에 서 있는 바틀비의 모습이 보였다.

"뭐가 필요하시죠?" 그가 부드럽게 말했다.

"필사본 말이야, 필사본." 내가 서둘러 답했다. "다 같이 검토하려고 해"—그런 다음 네 번째 필사본을 그에게 내밀었다.

"하고 싶지 않습니다." 바틀비는 그렇게 답하고는 칸막이 뒤로 사라졌다.

한순간 나는 내 앞에 한 줄로 앉아 있는 필경사들 앞에서 마치 소금기둥이 된 것처럼 꼼짝없이 서 있었다. 그러다가 정신을 차리고는 칸막이 쪽으로 다가가 왜 그렇게 이상하게 구는지 이유를 캐물었다.

"**왜** 하기 싫다는 건데?"

"하고 싶지 않습니다."

만약 다른 사람이 그랬다면 그 순간 감정이 폭발해 더 이상 말할 것도 없이 망신을 줘서 내가 있는 곳에서 내쫓았을 것이다. 하지만 바틀비에게는 이상스럽게도 나를 무장 해제시킬 뿐 아니라 동시에 날 감동시키면서도 당혹스럽게 하는 무언가가 있었다. 나는 이런 상황에 대해 그와 따져보기로 했다.

"지금 검토하려는 문서는 자네가 필사한 것일세. 한 번에 검토하면 네 통을 다 검토할 수 있어서 자네 일도 덜어주는 것이네. 보통 다 이렇게 한다네. 필경사들은 서로의 필사본을 검토해주어야 하는 건세. 그렇지 않나? 말 좀 해보게나. 대답 좀 해보라고."

"하고 싶지 않습니다." 바틀비가 플루트 소리 같은 톤으로 대답했다. 그는 내가 그에게 하는 모든 말을 조심스럽게 곱씹고 있는 듯 보였다. 무슨 말인지 다 알아듣는 듯 보였고 그냥 저항할 수만도 없는 결론도 부정하지 않는 듯 보였다. 하지만 어떤 중요한 고려사항 때문에 어쩔 수 없이 이렇게 대답하는 듯했다.

"그럼, 내 요청에 동의하지 못하겠다고 결정한 건가? 우리가 일상적으로 하는 상식적인 요청인데도 말이지?"

바틀비는 이런 내 판단이 논리적으로 옳다는 것을 자신도 이해한다고 짧게 말했다. 하지만 이미 내린 그의 결정을 뒤집지는 않았다.

전혀 예상치 않게 또는 정말 말도 안 되는 방식으로 압박을 당할 때 흔히들 사람들은 자신이 따르던 가장 명백한 신념조차 흔들리게 된다. 말하자면 정의나 이성이 제아무리 훌륭하다고 해도, 그 모든 것이 상대방을 편들고 있는 건 아닌가 하는 의혹을 어렴풋하게나마 품게 되는 것이다. 따라서 아무 이해관계도 없는 사람이 현장에 있어도, 흔들리는 자신의 신념을 다지기 위해서 그들에게 도움을 청하게 된다.

"터키, 자네는 이 상황을 어떻게 생각하나? 내가 뭐 잘못한 거라도 있나?" 내가 물었다.

"외람된 말씀이지만," 터키가 그중 유순한 톤으로 대답했다. "선생님이 옳다고 봅니다."

"니퍼스," 내가 물었다. "자넨 어떻게 생각하나?"

"저자를 사무실에서 쫓아내야 한다고 봅니다."(이해가 빠른 독자라면 아침 시간이므로 터키가 예절 바르고 잔잔한 어투로 대답하고, 니퍼스는 짜증스럽게 대답한다는 것을 알아차릴 것이다. 앞 문장을 반복하자면, 니퍼스의 험악한 기분 상태는 작동 중이고, 터키는 꺼진 상태이다.)

"진저 넛," 조금이라도 더 내 편을 보강할 마음으로 아이까지 불렀다. "넌 어떻게 생각하니?"

"선생님, 저분은 약간 맛이 갔어요." 진저 넛이 웃으며 대답했다.

"자네, 이 사람들 하는 소리 들리나." 칸막이 쪽을 향해 내가 말했다. "자 나와서 각자 맡은 일을 하자고."

하지만 바틀비는 아무런 대답도 하지 않았다. 당황한 나머지 나는 잠시 머뭇거렸다. 하지만 저번처럼 당면한 일에 밀려 여유가 없었다. 한가할 때 이 곤혹스러운 문제를 다시 생각해 보기로 마음먹었다. 힘은 약간 더 들었지만 우리는 바틀비 없이 검토 작업을 마무리 지었다. 터키는 한두 쪽 검토할 때마다 이런 식으로 하는 건 상식에 어긋나는 일이라고 정중하게 의견을 밝혔다. 반면에 니퍼스는 소화불량으로 인한 신경질 때문인지 의자에서 몸을 비틀며 이따금 이를 박박 갈면서 칸막이 뒤의 고집스러운 멍청이에게 저주를 퍼부어댔다. 그리고 그(니퍼스)로서는 돈도 안 받고 다른 사람의 일을 해주기는 이번이 처음이자 마지막이었다.

그러는 동안 바틀비는 자신만의 별난 작업 외에 모든 것에 무관심한 채 자신의 은신처에 앉아 있었다.

며칠이 지났다, 바틀비는 다시 한번 장문의 문서 작업을 하고 있었다. 최근에 보인 놀랄만한 행동 때문에 나는 그의 행태를 주의 깊게 살펴보았다. 그는 식사도 하지 않고 아무 데도 나가지 않았다. 여태껏 바틀비가 사무실 바깥으로 나가는 걸 본 적이 한 번도 없었다. 그는 마치 귀퉁이 자리를 지키는 붙박이 보초 같았다. 하지만 아침 11시경이 되면 내가 앉은 곳에서는 잘 안 보이지만 손짓으로 불렀는지 진저 넛이 바틀비가 있는 칸막이 입구 쪽으로 가곤 한다는 것을 알았다. 그런 다음 소년은 동전을 흔들며 사무실을 나섰다가 한 움큼 생강 과자를 들고 와, 은신처로 과자를 전해주고는 수고 대가로 과자 몇 조각을 받았다.

나는 바틀비가 생강 과자만 먹고 산다고 생각했다. 정확히 말해 제대로 된 식사를 전혀 하지 않는 셈이다. 그렇다면 그는 틀림없이 채식주의자인가, 그러나 아니다, 그는 채소조차 먹지 않고, 단지 생강 과자만 먹는다. 그러자 내 머릿속은 생강 과자만 먹고 살면 인체에 무슨 영향이 있을까 하는 망상으로 가득 찼다. 생강 과자는 특이한 성분 중 하나가 생강이고 최종적으로 생강 냄새가 나기에 그렇게 불린다. 근데, 생강이란 게 어떤 거지? 맵고, 신랄한 맛이 있지. 그렇다면 바틀비가 맵고 신랄한 성격인가? 전혀 그렇지도 않은 걸 보니, 생강은 아무런 영향도 미치지 않은 거다. 아마 바틀비도 생강이 자기에게 아무런 영향도 미치지 않기를 바랐을 거다.

수동적인 저항만큼이나 진지한 사람을 화나게 하는 것은 없다. 만약에 저항을 받는 사람도 몰인정한 성격이 아니고, 저항하는 사람의 수동적인 태도에도 전혀 악의가 없다면, 그때 전자가 기분이 좋으면, 자신의 이성적 판단력으로는 해결할 수 없다고 판명된 것을 자신의 상상력으로 관대하게 이해하려고 애쓸 것이다. 대부분의 경우, 나는 그런 식으로 바틀비와 그의 행태를 주시했다. 불쌍한 친구! 하고 나는 생각했다. 악의도 전혀 없고 무례하게 굴지도 않잖아. 이런 걸 보면 그의 기이한 행동 역시 본의 아니게 나오는 거야. 내게는 유용한 사람이니, 같이 잘 지낼 수 있을 거야. 내가 내쫓아버리면 아마 아량 좁은 주인을 만나 거친 대접을 받을 게 뻔하고 그러다 보면 비참하게 굶어 죽게 될 거야. 그래. 달콤한 자기 긍정을 싼 맛에 사는 거로 생각하자. 바틀비와 잘 지내고, 이 친구의 별난 고집에 비위를 맞춰주는 데에 돈이 드는 것도 아니잖아. 반면에 나는 결국 조금이나마 내 양심을 위해 달콤한 양식이 될 걸 내 영혼 속에 쌓아두는 거야. 하지만 내 기분이 항상 이런 것만은 아니었다. 이 친구의 수동적인 태도가 때때로 나를 짜증이 나게 했다. 이상하게도, 나는 이 친구를 새롭게 적대적인 관계로 대하고 싶은 충동을 느낄 때가 있다. 그래서 내가 화를 내는 만큼 이 친구도 화를 내게 만들고 싶었다. 하지만 차라리 원저 비누 조각을 주먹으로 쳐서 불꽃을 만드는 편이 나았을 것이다. 그러던 어느 날 오후 내 안에서 사악한 충동심이 발동하여 다음과 같은 소동이 벌어졌다.

"바틀비," 내가 말했다. "저 서류들 필사가 끝나면 내가 자네와 검토하겠네."

"하고 싶지 않습니다."

"어째서? 설마 그런 고집스러운 기행을 계속하려는 건 분명 아니겠지?"

대답이 없었다.

나는 접이식 문을 활짝 열어젖힌 다음, 흥분한 모습으로 터키와 니퍼스를 향해 외쳐댔다.

"바틀비가 벌써 두 번째로 서류 검토를 거부하네. 터키, 자네 어떻게 생각하나?"

오후 시간대라는 걸 명심하도록 하자. 마치 놋쇠 보일러처럼 상기된 채 앉아 있던 터키였다. 벗어진 머리에서는 김이 오르고 있고 얼룩진 서류 위에서 양손이 버둥대고 있었다.

"어떻게 생각하다니요?" 터키가 버럭 성을 냈다. "저 칸막이 뒤로 그냥 걸어가서 저 녀석 눈퉁이를 후려칠 겁니다!"

그렇게 말하고는, 벌떡 일어나더니 마치 권투선수나 된 것처럼 자기 팔을 휘둘러댔다. 그리고는 약속을 지키기라도 하려는 듯 성급히 나섰다. 괜스레 오후 시간에 터키의 호전성을 건드렸나 싶은 놀란 마음에 벌떡 일어나 그를 막아섰다.

"터키, 앉게나. 그리고 니퍼스가 뭐라 하는지 들어나 보세. 니퍼스, 자네 생각은 어때? 저 친구를 즉시 해고한다고 해서 부당한 건 아니겠지?" 내가 말했다.

"미안하지만, 그 문제는 선생님이 결정할 일이고요. 제가 봐도 저 친구 행동은 비정상이에요, 터키나 나와 비교해 봐도, 정말 부당합니다. 하지만 그냥 지나가는 변덕일 수도 있지요."

"오호." 내가 감탄해서 말했다. "자네도 이상스러울 정도로 마음이 변했구먼—저 친구를 두고 이제 아주 점잖게 말하네."

"다 맥주 덕이지요." 터키가 말했다. "점잖아진 건 다 맥주 덕이에요—오늘 니퍼스와 같이 식사했거든요. 자, 제가 한결 점잖아진 게 보이시죠. 그럼 제가 가서 저 녀석 눈퉁이를 한 대

후려칠까요?"

"바틀비를 두고 말하는 거 같은데. 아닐세, 터키, 오늘은 그만두게나." 내가 말했다. "제발, 주먹을 거두게."

나는 문을 닫고, 다시 바틀비에게 다가갔다. 내 운명에 도전해보고 싶은 유혹을 느꼈고, 다시 한번 퇴짜 맞고 싶은 마음이 끓어올랐다. 바틀비가 절대 사무실 밖을 나가지 않는다는 사실이 기억났다.

"바틀비." 내가 불렀다. "진저 넛이 나가고 없는데, 우체국에 가서 뭐가 와 있는지 알아봐 주겠나?" (걸어서 3분 걸리는 거리였다.)

"하고 싶지 않습니다."

"하지 **않겠다는** 건가?"

"하고 싶지 **않아요.**"

나는 비틀거리며 내 책상으로 돌아가 자리에 앉아 골똘히 생각해 보았다. 나의 맹목적인 고집이 속에서 꿈틀거렸다. 혹시 이 깡마르고 돈 한 푼도 없는 녀석—내가 고용한 이 녀석—에게 비참하게 퇴짜를 맞을 수 있는 게 또 뭐 없을까, 하고 생각해 보았다. 분명 합리적임에도 불구하고 이 녀석이 뻔히 거부할 게 또 뭐 없을까?

"바틀비!"

대답이 없었다.

"바틀비." 더 큰 소리로 불렀다.

다시 답이 없었다.

"바틀비." 나는 고함을 질렀다.

마치 마술적인 주문에 따라 등장하는 그런 귀신처럼 나의 세 번째 호출에 바틀비가 은신처 입구에 모습을 드러냈다.

"옆방에 가서 니퍼스에게 나한테 오라고 해."

"하고 싶지 않아요." 그는 공손한 말투로 느릿느릿 말하고는 가만히 자기 은신처로 다시 사라졌다.

"좋았어, 바틀비." 어떤 끔찍한 복수를 흔들리지 않고 해내겠다는 의지를 내비치며, 차분하면서도 준엄한 말투로 내가 말했다. 그 순간에는 내가 어떤 조치를 취할 생각이 적잖이 있었다. 하지만 저녁 식사 시간이 다가오니, 오늘 일 때문에 심적으로 실망스럽고 당황스럽긴 했지만, 이만 모자를 쓰고 퇴근하는 것이 최선이라고 생각했다.

이대로 이걸 인정해야 하는 걸까? 이런 일련의 모든 일은 다음과 같은 모습이 내 사무실에서 기정사실화되었다는 거로 결론이 났다. 사무실에는 바틀비라는 창백한 안색의 젊은 필경사가 책상에 앉아 있다는 것. 한 장 (약 백 단어) 필사하는 데 평균 임금인 4센트를 받고 일하지만, 본인이 필사한 서류 검토 작업에서는 영원히 면제되고, 그 대신 의심할 바 없이 꼼꼼하다는 칭찬을 받는, 터키와 니퍼스에게 주어진다는 것. 게다가 이제부터 바틀비는 어떤 일이 있어도 하찮은 심부름조차 시킬 수 없다는 것. 혹 그런 일을 맡아달라고 요구받아도 자기가 "하고 싶지 않다"라는 말로, 다시 말하면 딱 잘라 거절한다는 것 등이었다.

시간이 흐르면서 나는 바틀비와 관계가 상당히 회복되었다. 항상 한결같고 방탕하지 않고, 부단하게 일하고 (망상에 젖어 칸막이 뒤에서 멍하니 서 있을 때를 빼고), 침착하고, 어떤 상황이 와도 변치 않는 태도가 그를 사무실의 소중한 자산으로 만든 것이다. 그중 가장 소중한 것은, **그가 항상 거기에 있다**는 것이었다. 아침부터 오후 내내 그리고 마지막으로 밤에도 거기에 있었다. 나는 특히 그의 정직함을 신뢰했다. 나의 소중한 문서들이 그의 손에 있을 때 나는 지극히 안전하다고 느꼈다. 물론 가끔은 참지 못하고 그 친구에게 느닷없이 발작하듯 화를 낼 때가 있다. 왜냐하면 내 사무실에 머물면서 보이는 무언의 약속이나 된 듯한 바틀비의 특이한 모습이나 특권적인 태도, 그리고 전대미문의 면제 사항들을 항상 마음속에 품고 지내기는 무척이나 어려운 일이기 때문이다. 이따금 당면한 일을 신속히 처리하기 위해 무심코 짧고 급한 어조로 바틀비를 호출하곤 했다. 예컨대 문서를 급하게 묶으면서 빨간 리본의 한쪽 끝을 잡아달라고 할 때처럼 말이다. 칸막이 뒤에서 여느 때와 다름없이 "하고 싶지 않습니다."라는 뻔한 대답이 들려왔다. 그럴 때면 타고난 나약함을 공유하는 인간인 이상 어찌 이런 비틀어진 상황, 아니 이런 말도 안 되는 상황에서 호통을 치지 않을 수 있겠는가. 하지만 이런 식의 거절이 매번 거듭되자 무심코 불쑥 호통을 치는 횟수도 점차 줄어들기 시작했다.

여기서 미리 말해 두어야 할 것은, 인구가 밀집해 있는 법무 건물에 사무실을 둔 법조인 대부분은 관례적으로 보통 사무실 열쇠를 여러 개 갖고 있다는 것이다. 하나는 건물 옥상에 거주하면서, 매주 사무실 바닥 청소를 하고 매일 먼지를 털고 바닥을 쓰는 아주머니가 갖고 있고, 또 하나는 그냥 편의상 터키가 갖고 있다. 세 번째 열쇠는 가끔 내가 호주머니에 넣고 다닌다. 네 번째 것은 누가 가졌는지 나는 몰랐다.

어느 일요일 아침 유명한 목사의 설교를 듣고자 트리니티 교회에 가게 되었는데, 좀 일찍 도착하는 바람에 잠시 내 사무실에 들러볼까 하는 생각이 들었다. 운 좋게 열쇠를 갖고 왔기에 자물쇠에 넣고 돌리는데 사무실 안쪽에서 뭔가를 끼워 넣었는지 열쇠가 들어가지 않았다. 깜짝 놀라 소리를 질렀더니, 놀랍게도 문 안쪽에서 자물쇠가 열리면서 야윈 모습의 바틀비가 유령처럼 나타났다. 셔츠 바람에 다 해진 이상한 복장으로 조금 열린 문을 잡고 있었다. 그는 작은 목소리로 죄송하다고 하면서 지금은 상당히 바쁜 일을 하고 있어서 나를 들여놓지 못하겠다고 했다. 내가 이 구역을 한두 번 돌고 오면 그동안 자기 일을 마무리할 수 있다고, 짧게 한두 마디 보탰다.

일요일 아침에 내 법조 사무실에 살고 있는 바틀비의 전혀 예상치 못한 등장과, 시체같이 창백하면서도 신사다운 **태연함** 그러면서도 확고하고 침착한 그의 모습에, 적잖이 놀란 나는 그가 원하는 대로 살며시 걸어서 즉시 사무실을 빠져나왔다. 하지만 도대체 이해할 수 없는 필경사의 온순하면서도 뻔뻔한 태도 앞에서 맥없이 물러난 것 때문인지 이래저래 마음이 불편했다. 정말로 바틀비가 보여준 놀라울 정도의 온순한 태도 앞에서 난 완전히 무장해제를 당했을 뿐 아니라 무기력한 남자가 돼버린 것이다. 왜냐하면, 자기가 고용한 사람에게 지시를 받고 그 지시에 따라 자기 사무실을 떠나는 사람은 얼마간 무기력해지는 게 당연하기 때문이다. 게다가 일요일 아침에 셔츠 바람에, 아니 셔츠 말고는 다 벗은 상태로 내 사무실에서 무얼 하고 있었는지에 대해 온갖 불안한 생각이 떠올랐다. 뭔가 잘못된 일이 벌어지고 있는 건 아닌지? 물론 그럴 리는 없다. 바틀비가 부도덕한 사람이라는 생각은 한순간도 들지 않았기 때문이다. 그러면 대체 무슨 짓을 하고 있는 걸까?—필사 작업? 그것도 아니다. 아무리 기이한 성격의 소유자라고 해도 바틀비는 유달리 예의범절을 잘 지키는 사람이었다. 그는 절대로 거의 벌거벗은 상태로 사무실 책상에 앉아 일할 사람이 아니었다. 게다가 일요일 아침에 바틀비가 세속적인 일로 안식일의 예법을 어길 거라는 생각은 도저히 할 수 없었다.

그렇지만 께름칙한 궁금증이 가라앉지 않고 뭔가 불안한 마음이 들기에 다시 사무실로 돌아갔다. 아무런 방해 없이 열쇠로 문을 열고는 사무실 안으로 들어갔다. 바틀비가 보이지 않았다. 궁금한 나머지 사방을 둘러보고 칸막이 뒤도 들여다보았지만, 바틀비는 이미 사라지고 없었다. 구석구석 살펴보니 바틀비가 분명 한동안 접시나 거울, 침대도 없이 이곳에서 먹고, 자고 지냈다는 생각이 들었다. 구석에 있는 삐걱대는 낡은 소파의 쿠션 위에는 야윈 사람이 누웠던 자국이 어렴풋이 남아 있었다. 바틀비의 책상 밑에는 뭔가 둘둘 말린 것이 있었는데 다름 아닌 담요였다. 텅 빈 벽난로 받침쇠 밑에는 검정 구두약 상자와 솔이, 의자 위에는 양은대야, 비누, 낡은 수건이, 그리고 신문지 속에 생강과자 부스러기와 치즈 한 조각이 있었다. 그렇다, 바틀비가 여기에서 생활한 것이 분명했다. 여기서 홀로 독신자 생활을 한 것이다. 그때 이런 생각이 스쳐 지나갔다. 친구 하나 없이 얼마나 외롭고 비참하게 지냈을까! 궁굼도 컸겠지만 외로움은 얼마나 끔찍했을까! 알다시피, 일요일 월가는 마치 페트라[1]같이 황폐하고 밤이 되면 아예 아무도 없는 곳이다. 이 건물 역시 낮에는 일과 활기로 넘쳐나지만, 밤이 되면 공허함만 메아리치고 일요일에는 아예 버림받은 느낌마저 드는 곳이다. 그런데 여기에서 바틀비가 거처를 틀고, 사람들로 들끓던 이곳이 고독한 곳으로 바뀌는 모습을 홀로 바라본 것이다. 마치 카르타고의 폐허 한가운데에서 생각에 잠긴 마리우스[2]가 순진무구한 모습으로 생환한 모습이라고나 할까!

난생처음 나를 압도하며 내 가슴을 후벼대는 우울한 마음에 사로잡혔다. 여태껏 나는 우울하지 않은 슬픔밖에 경험한 적이 없었다. 다 같은 인간이라는 감정에서 오는 끈끈함 때문인지 이번엔 어쩔 도리 없이 우울한 감정으로 이끌렸다. 형제애라는 느낌이 주는 우울감! 바틀비나 나, 모두 아담의 후손이 아니던가. 나는 그날 내가 보았던 고운 비단옷 차림에 활기가 넘치던 얼굴들이 떠올랐다. 마치 미시시피 강을 떠가는 백조처럼 축제 복장으로 브로드웨이를 미끄러져 나갔던 사람들의 모습이 창백한 얼굴의 필경사와 대비되어 떠올랐다. 행복은 빛을

---

1   Petra: 한때는 번성했지만, 지금은 쇠퇴해버린 요르단의 옛 도시.

2   Marius: 로마의 장군. 만년에 전쟁에 패해 카르타고로 피신하는 신세가 됨.

쫓기에 사람들은 세상이 밝다고 여기지만, 불행은 홀로 숨어있기에 사람들이 존재하지 않는다고 여기는 게 아닌가 하는 생각이 들었다. 이런 애잔한 망상들—정신 나간 어리석은 사람들이나 떠올릴 환상들—이 바틀비의 특이한 행동과 연결되면서, 더 이상한 다른 생각들로 이어졌다. 이상한 것들을 목격할 것 같은 예감이 내 주위를 감돌았다. 창백한 필경사의 모습이, 무심하게 그를 지켜보는 낯선 이들 가운데 수의에 쌓여 누워있는 섬뜩한 모습으로 내게 떠올랐다.

그때 문득 열쇠가 그대로 꽂힌 채 있는 바틀비의 닫힌 책상이 내 눈에 들어왔다.

나쁜 의도도 아니고 매정하게 호기심만 채우려고 한 것도 아니라고 스스로 위안하면서, 그리고 책상이나 그 내용물 모두 다 내 소유물이잖아, 하는 생각으로, 나는 마음을 굳게 먹고 그 안을 들여다보기로 했다. 서류들이 말끔하게 정리되어 있었다. 속이 깊은 분류함 속에서 서류 파일을 꺼내려고 구석구석을 뒤져보았다. 이내 뭔가 잡히기에 꺼내 보았더니, 묵직하고 매듭으로 묶인 반나나 손수건에 싸인 것이있는데, 매듭을 풀어보니 안에는 모아 놓은 돈이 있었다.

순간, 바틀비의 행동에서 내가 포착했던 이해할 수 없었던 장면들이 하나씩 떠오르기 시작했다. 그는 대답만 할 뿐 한 번도 먼저 말을 한 적이 없었다. 쉬는 시간에 오랫동안 혼자 있기는 해도 책을, 아니 신문지 한쪽이라도 읽는 모습을 본 적이 없었다. 그는 칸막이 뒤에 있는 희미한 창가에 서서 오랜 시간 멍하니 막다른 벽만 쳐다보곤 했다. 또한, 그는 큰 식당이나 밥집에 간 적이 한 번도 없었고, 창백한 흰 얼굴로 미루어보건대 터키처럼 맥주를 마신 적도, 여느 사람들처럼 심지어 차나 커피도 마시지 않았다. 게다가 내가 알 수 있는 어떤 특별한 곳에 간 적도 없었다. 당장 산책하러 나가는 경우가 아니라면 어디 나간 적도 없었다. 자기가 누군지, 어디에서 왔는지, 이 세상에 누구 아는 사람이라도 있는지 말하지도 않았다. 여윈 몸매에 창백한 얼굴이지만 어디 아프다고 한 적도 없었다. 그리고 무엇보다도 그에게서는 뭔가 알 수 없는 맥 빠진 모습—글쎄 뭐라고 표현하기 힘든—그런 맥없는 도도함, 아니, 금욕적으로 내성적인 모습을 보였는데, 이런 모습 때문인지 바틀비가 기이한 행동을 해도 나는 그저 가만히 받아들일 수밖에 없었다. 바틀비에게 정말 하찮고 흔한 심부름을 시키려 하다가, 두려운 마음에 그만두는 이유는, 그가 분명히 칸막이 뒤에서 멍하니 막다른 벽을 바라보며 생각에 잠겨 있다는 것을 내가 알고 있기 때문이었다.

이 모든 것을 숙고하고 있는데, 그가 내 사무실을 자기 숙소로 계속 사용해 왔다는 새로운 사실이 더해지면서 그의 병적인 우울함이 되살아났고, 불쑥 이 모든 것 때문에라도 앞으로 더 신중하게 행동해야겠다는 생각이 들었다. 맨 처음 떠오른 감정은 순전한 우울함과 진지한 동정심이었다. 하지만 내 상상 속에서 그의 쓸쓸한 모습이 점점 확대되면 될수록 우울함이 공포심으로, 동정심이 혐오감으로 변해갔다. 분명하면서도 무서운 사실은, 비참한 모습을 보거나 생각하면은 어느 정도까지 우리에게서 최상의 연모의 감정을 끌어내지만, 특별한 경우 정도를 지나치면 그렇지 않다는 것이다. 이런 현상이 어김없이 인간성에 내재하는 이기심 때문이라고 주장하는 것은 잘못이다. 이런 현상은 기질적 질환이 과도하게 진행되면 치유될 수 없다는 절망감에서 비롯되는 것이다. 예민한 사람에게, 연민은 고통과 거의 같다. 결국 이러한 연민이 실질적인 도움이 되지 못한다는 사실을 깨닫게 될 때, 상식에 따라 영혼은 연민을 포기할 수밖에 없다. 그날 아침 맞닥뜨린 모습으로 인해 나는 바틀비가 치료 불가능한 타고난 질환을 앓고 있다고 생각하게 되었다. 육체적 질환이라면 도움이라도 줄 수 있지만 아픈 것은 육체가 아니었다. 고통받는 것은 그의 영혼이었고 거기는 나도 어쩔 수 없는 영역이었다.

그날 아침 나는 트리니티 교회에 가려던 뜻을 이루지 못하고 말았다. 내가 목격한 광경으로 인해 당분간 교회에 나갈 자격을 박탈당한 것 같았다. 귀가하면서 계속 바틀비를 어찌해야 할지 고심하다가, 마침내 결정을 내렸다. 내일 아침 바틀비에게 그의 과거에 대해 차분하게 몇 가지 물어볼 것이고, 만약 바틀비가 터놓고 거리낌 없이 대답하길 거부한다면 (내 생각에 아마도 그는 대답을 안 할 것이 뻔하다) 그에게 줄 돈 외에 20달러 지폐 한 장을 보태주면서 이 사무실에서 그가 할 일이 없다고 통보할 것이고, 어떤 식으로든 내가 도울 방법이 있다면 기꺼이 그렇게 하겠노라고 말할 거야. 또한 고향이 어디든 간에 돌아갈 의사가 있다면 모든 비용도 부담해 줄 것이며, 집에 도착한 후에 언제라도 도움이 필요하다는 편지를 보내면 내가 답장을 하겠노라고 말할 거야.

다음 날 아침이 왔다.

"바틀비." 칸막이 뒤에 있는 그를 부드럽게 불렀다.

아무런 대답이 없었다.

"바틀비." 더 부드럽게 불렀다. "이리 좀 와 보시오. 당신이 원하지 않는 일을 시키려는 것이 아니라—단지 당신과 말 좀 하고 싶어서요."

이 말에 소리 없이 그가 나타났다.

"당신 태어난 곳이 어디인지 말해줄 수 없겠나?"

"하고 싶지 않습니다."

"자네에 관해 **무엇이든** 말해줄 수 없나?"

"하고 싶지 않습니다."

"반대하는 합당한 이유를 내게 말해줄 수 없겠나? 자네와 친해지고 싶어서 그러네."

이렇게 대화를 나누는 동안 그는 내게 시선을 주지 않았다. 그는 내가 앉아 있는 바로 뒤 내 머리 위로 15센티미터쯤 높이 있는 키케로 석고상만 쳐다보고 있었다.

"바틀비, 자네 대답이 뭔가?" 한참을 기다리다가 내가 물었다. 그동안 그는 아무런 표정 변화도 없이 다만 가늘고 창백한 입술을 가볍게 떠는 모습만 보였다.

"지금은 대답하지 않겠습니다." 그는 이렇게 말하고는 자기 자리로 돌아갔다.

내가 마음이 약해서 그렇기도 하겠지만, 이번에도 그의 태도가 내 화를 돋우었다. 그의 태도에는 말없이 나를 경시하는 투가 숨어있을 뿐 아니라, 그가 받은 부인할 수 없는 좋은 대우와 처우를 생각하면 제멋대로 하는 바틀비의 이런 태도는 배은 망덕하게 여겨졌다.

다시금 앉아 어떻게 해야 할지를 곰곰이 생각해보았다. 그의 행동에 수모감을 느끼고 사무실에 들어올 때 그를 해고하자고 마음먹었지만, 그런데도 무언가 미신 같은 힘이 내 속마음을 건드려 실행에 옮기지 못하게 막았다. 세상에서 가장 외로운 이 사람에게 해가 되는 말을 한마디라도 뱉는다면 나는 정말 천하에 나쁜 놈이 될 것처럼 느껴졌다. 마침내 친근한 듯 칸막이 뒤로 내 의자를 끌고 간 다음 앉아서 이렇게 말했다. "바틀비, 자네 과거 이력 건은 잊게나. 하지만 친구로서 요청하건대, 사무실의 관례는 제발 따라주기를 바라네. 내일이나 모레나 서류 검토를 도와주겠다고만 말해주게. 바틀비, 하루 이틀 후면 자네가 좀 더 이성적으로 움직일 거라고 짧게 말해줄 수 없겠나."

"지금은 조금도 이성적으로 되고 싶지 않습니다." 창백한 표정으로 그가 차분하게 대답했다.

바로 그때 접이식 문이 활짝 열리더니 니퍼스가 들어왔다. 그 어느 때보다 심한 소화불량으로 어젯밤 잠을 설친 모습이었는데, 바틀비의 마지막 말을 엿들은 모양이었다.

"그래, **하고 싶지 않다고**?" 니퍼스가 이를 갈 듯이 말했다. 그런 다음 내게 이렇게 말했다. "제가 사장님이라면, 저놈을 **하고 싶게** 만들 겁니다. 하고 싶게 해서, 저 고집불통 잡놈에게 선택하게 할 겁니다! 대체, 저놈이 지금 **하고 싶지** 않다는 게 뭡니까?"

바틀비는 꿈적도 하지 않았다.

"니퍼스 씨." 내가 말했다. "난 지금 당신이 물러났으면 싶네."

어쨌든 최근에 나도 모르게 '하고 싶다'라는 말을 적절치도 않은 온갖 상황에 쓰는 버릇이 생겼다. 이 사람과 같이 지내다 보니 내 사고방식이 이미 심각하게 영향받은 게 아닌가 생각하니 겁이 났다. 이러다가 더욱 심각한 어떤 정신적인 일탈이 생길지 모를 일이었다. 이런 우려가 바틀비에 대한 즉각적인 처분을 내리는 데 일조한 건 사실이다.

기분이 언짢은 뚱한 표정으로 니퍼스가 물러나자, 이번엔 터키가 붙임성 있게 정중한 모습으로 다가왔다.

"외람된 말씀이지만, 제가 어제 바틀비라는 자를 어떻게 해야 할까 고민해봤는데, 매일 맥주 1 *l* 를 마시고 싶게 만들면 이 사람 성격을 고치는 데 도움이 될 거고, 서류 검토 작업에도 도움이 될 겁니다."

"자네도 그 단어를 쓰는군." 다소 흥분된 채 내가 말했다.

"외람된 말씀이지만, 어떤 단어를 말씀하시는 건지요?" 터키가 다소 공손한 투로 물으며 칸막이 뒤 좁은 공간으로 들어오는 통에 나는 바틀비를 살짝 밀 수밖에 없었다. "어떤 단어를 두고 하시는 건지요?"

"여기에 혼자 있고 싶습니다." 자기만의 공간에 사람들이 들어오는 것에 기분이 상한 투로 바틀비가 말했다.

"바로 **저 단어**일세, 터키" 내가 말했다. "바로 저거라니까."

"아, '싫어 하다'라는 단어 말씀이시군요? 맞아요—이상한 말이죠. 전 그런 말 쓰지 않아요. 하지만, 사장님, 저자가 단지 —마시고 싶어 하기만 하면—"

"터키." 내가 말을 가로막았다. "제발 물러가 주게."

"아, 네, 사장님께서 제가 물러나기를 원하고 싶으시다면."

터키가 접이식 문을 열고 나가려 할 때, 탁자에서 일을 보던 니퍼스가 나를 흘끗 보면서, 어떤 서류를 푸른 종이에 아니면 흰 종이에 필사하고 싶은 건지 내게 물었다. 일부러 짓궂은 마음에서 '싶다'에 힘을 주어 말한 것은 아니지만 분명 니퍼스도 무심결에 이 단어를 말한 것이다. 나는 혼잣말로 이제야말로 정신이 이상한 이 친구를 확실히 사무실에서 내보내야겠다고 마음먹었다. 나와 필사 동료들의 머리까지는 아니어도, 이미 혀를 어느 정도 이상하게 만들었기 때문이었다. 하지만 해고를 단번에 공표하지 않는 것이 신중하다고 생각했다.

다음날 역시 하는 일 없이 그저 막다른 벽만 바라보며 생각에 잠겨 있는 바틀비의 모습이 눈에 띄었다. 왜 필사를 하지 않느냐고 내가 묻자, 그 즉시 자기는 더는 필사를 하지 않기로 마음먹었다고 내게 알려주었다.

"뭐라고, 지금은? 다음은?" 내가 놀라서 물었다. "더는 필사를 안 하겠다고?"

"더는 안 합니다."

"무슨 이유인가?"

"그 이유를 모르시다니요?" 아무렇지도 않은 듯 그가 대답했다.

나는 그를 뚫어지게 쳐다보았고 멍한 그의 눈빛이 흐릿해 보인다는 걸 알게 되었다. 순간 혹시 오자마자 몇 주를 어두운 창문 옆에서 너무 많이 필사 작업을 하는 통에 일시적으로 그의 시각에 손상이 온 것이 아닌가 하는 생각이 들었다.

가슴이 뭉클해졌다. 나는 바틀비에게 몇 마디 위로의 말을 했다. 잠시 필사 작업을 멈춘 건 현명한 처사였다고 넌지시 말하면서, 이번 기회에 밖에 나가 운동도 하면서 건강을 회복할 기회로 삼으라고 했다. 하지만 그는 그렇게 하지 않았다. 며칠후, 마침 다른 직원들이 모두 자리를 비운 가운데 우편으로 급하게 보낼 편지도 있고 해서 별다른 일도 없는 바틀비가 이전보다는 더 부드러워졌겠지, 하고 기대하면서, 우체국에 편지를 가져가 달라고 부탁했다. 하지만 그는 한마디로 딱 잘라 이를 거절했다. 하는 수 없이 마음이 몹시 불편했지만 내가 직접 다녀오고 말았다.

또 며칠이 지났다. 그간 바틀비의 시력이 회복되었는지 알수 없었다. 겉으로는 회복된 듯 보였다. 그러나 내가 물어봐도 그는 아무런 확답을 주지 않았다. 어쨌든, 그는 필사 작업을 하려고 하지 않았다. 마침내 내가 계속 재촉해 묻자, 그는 앞으로 다시는 필사 작업을 하지 않겠노라고 내게 통보했다.

"뭐라고!" 놀라서 내가 물었다. "시력이 완전히 회복돼도, 아니 전보다 더 나아져도 필사 작업을 안 하겠단 말인가?"

"필사 작업을 그만두기로 했습니다." 그렇게 대답하고 그는 슬그머니 사라졌다.

그 이후로 그는 마치 붙박이처럼 내 사무실에 남아있었다. 아니, 가능한 일인지는 모르겠지만, 이전보다도 더 붙박이가 되어 버렸다. 대체 이를 어떻게 처리해야 할까? 사무실에서 해야 할 일이 아무것도 없는데, 왜 그는 거기에 머물러야 하나? 사실상 이제 그는 목에 맨 연자 맷돌처럼 목걸이로 쓸 수 없을 뿐만 아니라 짊어지기에도 괴로운 짐이 된 셈이다. 하지만 바틀비가 불쌍했다. 그 사람 때문에 내가 불편했다고만 말하면 그건 사실을 축소한 꼴이 되고 만다. 친척이나 친구 중 한 사람 이름만 대도 즉시 편지를 써서 이 불쌍한 친구를 어디 편안한 안식처로 데려가라고 하고 싶었다. 하지만 그는 혼자였고, 이

우주에 절대적으로 홀로 남겨진 듯했다. 마치 대서양 한가운데 있는 난파선이랄까. 하지만 결국 내 업무와 관련된 필요사항이 다른 모든 고려사항보다 더 중요했다.

나는 할 수 있는 한 최고로 예의를 갖춰, 앞으로 6일 안에 무조건 사무실을 비워줄 것을 바틀비에게 요청했다. 그동안에 다른 거처를 얻도록, 조치를 취하라고 권했다. 거처 옮기는 일에 첫발을 떼기만 하면 내가 도와주겠노라고 했다. "그리고 바틀비, 이곳을 떠나게 되면 아무런 재정적 지원 없이 보내진 않을 거네."라고 덧붙였다. "잊지 말게나. 지금부터 딱 6일일세."

기간이 끝날 즈음에 나는 칸막이 뒤를 슬쩍 들여다보고는 아연실색하고 말았다. 세상에! 바틀비는 자기 자리에 있는 것이었다.

나는 외투 단추를 위까지 다 채우고는, 정신을 차리고 그에게 다가가 어깨를 툭 치며 말했다. "때가 됐다네. 자네는 여길 떠나야 한다고. 안타까운 심정이네, 여기 돈을 좀 준비했네. 그러나 떠나야만 하네."

"그렇게 하고 싶지 않습니다." 내게 등을 돌린 채 그가 대답했다.

"**떠나야** 한다니까."

그는 아무 대답 없이 그대로 있었다.

당시 나는 이 친구의 정직성을 무한히 신뢰하고 있었다. 나는 6펜스나 1실링짜리 동전을 실수로 바닥에 떨어뜨리는 그런 하찮은 실수를 하곤 했는데, 바틀비는 그럴 때마다 동전을 주워 내게 돌려주곤 했다. 그러기에 내가 취한 다음 일은 그리 특별난 대우는 아니었다.

"바틀비." 내가 말했다. "내가 자네에게 지급할 돈이 12달러인데, 32달러를 주겠네. 여분은 자네 것이네. 받게나?" 그러고는 지폐를 그에게 건넸다.

하지만 그는 꿈쩍도 하지 않았다.

"그럼, 여기에다 놓고 가겠네." 하고는 돈을 문진으로 눌러 탁자 위에 놓았다. 모자와 지팡이를 들고 문 쪽으로 가다가 차분하게 돌아서 한마디 덧붙였다. "바틀비, 사무실에서 짐을 뺀 다음 문을 잠그고 나갔으면 하네. 자네 말고 모두 퇴근했으니 말일세. 열쇠는 내일 아침에 내가 회수할 수 있게 매트 밑에 밀어 넣으면 되네. 이게 우리의 마지막 만남일 거네. 잘 가게나. 새로운 거처에 정착하는데, 혹 내 도움이 필요하다면 꼭 편지로 알려주게나. 잘 가게, 바틀비. 잘 지내게"

하지만 그는 한마디도 하지 않았다. 마치 폐허가 된 사원에 마지막으로 서 있는 기둥처럼, 그가 없으면 텅 빌 사무실 한가운데 홀로 아무런 말도 없이 남아있었다.

생각에 잠겨 집으로 돌아오는데, 내 동정심보다는 내 허영심이 날 사로잡기 시작했다. 장인다운 절묘한 방법으로 바틀비를 해결했다고 나 자신을 자랑스럽게 여긴 것이었다. 장인답다고 한 건, 냉정하게 사고하는 사람에게는 그렇게 보일 수밖에 없기 때문이다. 진정 차분하게 일을 처리했기 때문에 모든 과정이 보기 좋았던 것이다. 저속하게 협박한 적도, 허세를 부린 적도, 사무실을 휘젓고 다니면서 성질부리며 위협한 적도, 그리고 당장 거지 같은 짐을 싸 들고 꺼지라고 심하게 소리 지르지도 않았다. 그런 식으론 절대 진행하지 않았다. 바틀비에게 나가라고 큰 소리로 명령—그건 못난 자들이나 하는 짓이다—하지도 않았다. 그가 떠나야만 하는 이유를 **가정**하고는, 그런 가정하에 내가 할 말을 준비했다. 내 처리 절차를 생각하면 할수록 더욱더 마음에 들었다. 하지만 다음날 눈을 뜨자마자 혹시나 하는 걱정이 앞섰다. 잠이 깨면서 허영심도 다 날아간 듯했다. 사람이 가장 차분하고 현명하게 사고하는 시간은 아침잠에서 깨어난 바로 직후라고 한다. 바틀비 문제를 어느 때나 다름없이 지혜롭게 처리한 것 같지만, 단지 이론상으로만 그렇다. 실제로 어떻게 진행되었는지가 문제였다. 바틀비가 떠났을 거라고 본 것은 진정 멋진 가정이긴 하지만 그건 내가 내린 가정일 뿐 바틀비가 생각한 것은 아니었다. 핵심은 바틀비가 떠났을 거라고 가정한 것에 있는 것이 아니라 그 사람이 그렇게 하고 싶어 했는지에 달려 있었다. 바틀비는 무엇을 가정하기보다 하고 싶은 것을 따르는 사람이었다.

아침 식사 후 나의 가정에 대한 찬반 확률을 따지면서 시내를 따라 내려갔다. 가정이 끔찍한 실패로 끝날 것이고 바틀비가 여느 때처럼 멀쩡히 사무실에 있을 것이라는 생각이 한순간 들었다가, 다음 순간 바틀비의 빈 의자를 볼 게 확실할 거라는 생각이 들었다. 이런 식으로 계속 생각이 왔다 갔다 했다. 브로드웨이와 커널가가 만나는 길모퉁이에서 사람들이 흥분한 상태로 진지하게 대화를 나누는 있는 걸 보았다.

"그가 안 그런다는 쪽에 건다." 막 지나치는데 한 사람이 말했다.

"안 갈 거라고?—좋아!" 내가 말했다. "그럼 돈을 걸라고."

순간 돈을 꺼내려고 호주머니에 손을 넣었다가, 오늘이 바로 선거일이라는 생각이 났다. 내가 우연히 듣게 된 그 말은 바틀비와 무관한 말로, 한 시장 후보자의 당선이나 낙선이냐를 놓고 한 말이었다. 긴장한 상태라 브로드웨이 사람들 모두가 내 문제를 놓고 논쟁을 벌이는 줄 착각한 것이었다. 거리에서 벌어진 소동 덕분에 내가 잠시 정신줄을 놓고 있었다는 사실을 아무도 몰랐다는 걸 다행으로 여기며 나는 그 자리를 떴다.

내 의도대로 평상시보다 조금 일찍 사무실 문에 도착했다. 잠시 귀를 기울였다. 모든 게 조용한 걸 보니 바틀비가 떠난 게 틀림없었다. 손잡이를 돌렸다. 사무실 문은 잠겨 있었다. 맞아, 내 처리 절차가 마법처럼 작동한 거야. 바틀비가 사라진 게 분명해, 라고 생각했다. 하지만 한편 기분이 우울했다. 멋지게 일을 처리했지만 미안한 기분이 들었다. 나는 사무실 열쇠를 찾으려고 바틀비가 열쇠를 놔둔다고 했던 매트 밑을 더듬었다. 그러다가 실수로 무릎이 문짝에 부딪히는 바람에 마치 누구를 부르는 듯 소리가 났고, 그 반응으로 안에서 누군가의 목소리가 들렸다. "잠깐만요. 조금만 기다리세요."

바틀비였다.

마치 벼락 맞은 기분이었다. 나는 오래전 버지니아에서 구름 한 점 없는 여름날 벼락에 맞아 파이프를 입에 문 채 즉사한 사람처럼 서 있었다. 그 사람은 열려 있던 자기 집 따스한 창가에서 죽었는데, 화창한 오후를 만끽하려고 고개를 내민 상태로 있다가, 누군가 그를 건드리자 푹 쓰러졌다고 한다.

"아직 안 갔어!" 한참 만에 내가 중얼거렸다. 도무지 속을 알 수 없는 바틀비의 경이로운 주도권 앞에서 꼼짝 못 한다는 것을, 그리고 아무리 몸부림쳐 봐도 별수 없이 그 앞에 굴복할 수밖에 없다는 걸 깨닫고서, 나는 천천히 계단을 내려와 거리로 나갔다. 근처를 서성대면서 대체 난생처음 겪는 이런 당황스러운 상황에서 다음에 어떻게 대처해야 할지 곰곰이 생각해 보았다. 실상 무력으로 그를 쫓아낼 수는 없었다. 심한 모욕감으로 그를 내보는 것도 불가능했다. 경찰을 동원하는 것도 꼴사납게 보였다. 그렇다고 바틀비가 나를 압도하는 송장 같은 승리를 만끽하도록 그냥 놔둘 수도 없는 노릇이었다. 대체 어찌해야지? 아무 대책이 없다면 이 문제에 대해 이제는 **가정**해 볼 것이 없다는 말인가? 그래, 내가 이전에 바틀비가 떠날 거라고 긍정적으로 생각했듯이, 이제는 회고하는 식으로 그자가 이미 여기를 떠났다고 생각해 볼 수는 있을 것이다. 이런 가정을 제대로 해보려면, 황급하게 사무실로 들어가 마치 내 눈에 그가 안 보인다는 듯이 그자 앞으로 곧장 걸어가 보는 거다. 그런 식의 처리가 이례적으로 정곡을 찌를 수 있을 것 같았다. 바틀비 역시 내가 이런 식으로 대하면 견뎌낼 수 없을 것 같았다. 하지만 다시 생각해 보니 이 대책이 성공할 수 있을지 미심쩍은 마음이 들었다. 결국, 나는 이 문제를 갖고 다시 바틀비와 철저하게 논의해보기로 마음먹었다.

"바틀비." 나는 사무실로 돌아와 차분하면서도 심각한 표정으로 말했다. "난 기분이 정말 안 좋네. 자네에게 상처를 입은 거야. 난 자네를 좋게 보고 자네가 신사다운 면모가 있어서 어떤 곤란한 상황이 닥쳐도 약간의 암시만 주면 다 될 줄 알았어. 다 나만의 생각이 되고 말았네. 결국은 내가 속은 꼴이 됐어."

그런 다음, 엊저녁에 놔둔 돈을 가리키면서, 짐짓 놀란 듯 이렇게 덧붙였다. "자네는 내가 놔둔 저 돈을 건드리지도 않았더군."

그는 아무 말도 하지 않았다.

"자네, 내 곁을 떠날 텐가, 안 떠날 텐가?" 이번에는 불끈 화를 내며 그에게 다그쳐 물었다.

"당신 곁을 떠나고 싶지 않습니다." 그는 '않겠다'는 말에 힘을 주며 말했다.

"대체 무슨 권리로 여기 있겠다는 건가? 자네가 집세라도 내는가? 내 세금이라도 대신 내는가? 아니면 이 사무실이 자네 소유라도 되는 건가?"

그는 아무 말도 하지 않았다.

"그래, 이제 다시 시작하면, 필사 작업을 하겠다는 거겠지? 시력이 회복되었나 보군. 오늘 아침부터 저 조그만 서류를 필사해줄 수 있겠나? 아니면 몇 줄이라도 도와서 검토해주겠다는 건가? 그리고 우체국에도 다녀오고, 한마디로 어떤 일이라도 하겠다는 거지. 여길 떠나지 않겠다는 것에 대해 뭔가 구실이 될 만한 일이라도 하겠다는 거지?"

그는 말없이 자기 은신처로 돌아갔다.

나는 그때 너무 화가 나 극도로 흥분한 상태였기에 더 이상의 감정표현을 억제하는 것이 현명할 것으로 생각했다. 사무실에는 바틀비와 나 둘뿐이었다. 콜트의 사무실에서 벌어졌던 불행한 아담스와 그보다 더 불행했던 콜트의 비극적 사건[1]이 떠올랐다. 아담스 때문에 자극받아 극도로 흥분한 상태에서 가엾은 콜트는 그만 부지불식간에 살인이라는 치명적인 사건—그 누구보다도 행위자가 후회하게 될 행위—으로 치닫게 되고 만 것이다. 돌이켜 생각해 보면 둘 간의 말싸움이 남들이 있는 곳이나 집에서 벌어졌다면 그렇게 끝나지는 않았을 거라는 생각이 종종 들었다. 문제는 사건 장소가 건물 위층, 아무도 없는 외딴 사무실이었다는 것이고, 가뜩이나 사람 냄새가 나는 가정적인 분위기도 아니 삭막한 건물, 카펫도 안 깔려 있고 먼지가 풀풀 나는 그런 곳이었다는 것이다. 이러한 분위기가 불행한 콜트로 하여금 참을 수 없는 분노를 최고로 끌어올리는 데 기여했을 것이 틀림없었다.

그래서 아담 이후로 존재했던 인간의 원한이 날 건드려 바틀비를 처단하라고 이끌 때 나는 그놈의 원한을 잡아 내팽개쳤

---

1   Colt and Adams: 1841년 뉴욕에서 벌어진 사건으로 콜트는 정당방위라는 이유로 아담스를 살해했다.

다. 어떻게 했냐고? 그건 간단했다. 나는 하나님의 신성한 금지 명령을 떠올렸다. "내가 너희에게 새로운 계명을 주노니 서로 사랑하라." 바로 이 계명이 나를 구한 것이다, 사랑에 대한 고상한 생각들은 접어두더라도, 사랑이라는 감정은 종종 가장 현명하고 타산적인 삶의 원칙으로 작동하면서 사랑을 품은 사람을 안전하게 지켜준다. 인간은 질투심 때문에, 분노나 증오심 때문에, 이기심 때문에, 정신적 자만심 때문에 남을 살해한다. 하지만 아직껏 고매한 자선 때문에 살인이라는 끔찍한 짓을 했다는 건 들어보지 못했다. 그러니 더 나은 다른 동기를 댈 수 없다면, 그저 자기 이익을 위해서, 그리고 특히 도도한 사람을 위해서, 자선과 박애는 충분히 실천할 가치가 있다. 어쨌든, 이 상황에서 나는 바틀비의 행동을 관대하게 받아들이기로 하고 격앙된 감정도 누르려고 노력했다. 불쌍한 친구네, 불쌍한 친구야! 그렇게 생각했다. 다른 나쁜 의도가 있는 건 아니야. 게다가 그 친구가 힘든 시절을 보냈으니 이제 보살펴 주어야지, 라고 생각했다.

나는 바로 내 일에 몰두하는 동시에 낙담한 마음도 추스르기로 했다. 아침나절 가장 적당한 때에 바틀비 스스로 자기 은신처에서 나와 문 쪽으로 단호하게 걸어 나가는 상상도 해보았다. 하지만 그건 아니었다. 열두 시 반이 되자, 얼굴에 화기가 돌기 시작한 터키는 여느 때처럼 잉크병을 쏟고 온통 정신없이 날뛰기 시작했다. 니퍼스는 점차 조용해지면서 예의를 차렸다. 진저 넛은 점심용 사과를 우적우적 베어 먹고 있었다. 그리고 바틀비 역시 여느 때처럼 막다른 벽을 바라보며 생각에 잠겨 창문가에 서 있었다. 이걸 그대로 믿어야 할까? 그리고 그냥 받아들여야 할까? 그날 오후 나는 바틀비에게 더는 한마디도 하지 않은 채 사무실을 나갔다.

며칠이 지났다. 그동안 나는 틈날 때마다 "의지에 관한 에드워즈의 고찰"[1]과 "필연성에 관한 프리스틀리의 고찰"[2]이란 글을 틈틈이 읽어보았다. 당시 상황에서 이 책들은 나에게 유익한 기분을 불어넣어 주었다. 나는 필경사를 둘러싼 제 문제들이 실은 영원부터 예정되었던 것임을 서서히 받아들이게 되었고, 바틀비는 나 같은 인간이 헤아릴 수 없는 전지전능한 신의 섭리로 어떤 신비한 목적을 위해 내게 보내진 것이라는 믿음에 빠져들게 되었다. 그래, 바틀비, 칸막이 뒤에 그대로 있길 바란다, 하고 나는 생각했다. 그리고 더는 그대를 괴롭히지 않으리. 당신은 여기 오래된 의자들만큼이나 내게 해를 끼치는

---

1 "Edwards on the Will": 18세기 미국의 식민지 시대의 칼뱅주의자이자 대각성 운동을 이끈 Jonathan Edwards가 쓴 인간 의지에 관한 글.

2 "Priestly on Necessity": 18세기 미국 식민지 시대의 칼뱅주의자인 Joseph Priestly가 쓴 필연성에 관한 글.

것도 없고 시끄럽게 굴지도 않는 사람이니까. 한마디로 말해, 당신이 여기 있다는 건 우리 둘만이 안다는 느낌이 들어. 마침내, 그게 내게 보이고 느껴져. 이제 내게 예정된 삶의 목적을 꿰뚫어 볼 수 있게 된 거야. 정말 만족해. 다른 사람들은 고상한 역할을 부여받을 수 있겠지만, 이 세상에서 내게 주어진 사명은 자네가 원하는 한 이 사무실에 머물 수 있게 해주는 거라네.

사무실을 찾아온 법조계 친구들의 쓸데없고 무자비한 의견만 없었어도, 이런 현명하고 축복받은 마음가짐은 계속 이어졌을 것이다. 편협한 사람들과 마주하다 보면 관대한 사람들이 내린 최상의 결정들도 결국 다 닳아 빠지게 되는 경우가 종종 있게 마련이다. 하지만 돌이켜보면 내 방을 드나드는 사람들에게 도대체 이해할 수 없는 바틀비의 이상한 모습은 충격적으로 다가왔을 것이고 분명 그에 대해 좋지 않은 평가를 할 수밖에 없었을 것이다. 어떨 때는 사업차 나를 방문한 변호사가 혼자 있는 바틀비에게 내 위치에 대한 정확한 정보를 구한 적도 있었다. 바틀비는 자기와 무관한 질문에 아랑곳하지 않고 사무실 한가운데에서 꼼짝없이 서 있기만 했다고 한다. 그렇게 서 있는 바틀비를 한동안 쳐다보며 궁금해하던 변호사는 아무런 도움도 얻지 못한 채 사무실을 떠나버렸다.

게다가 중재가 진행 중이라 사무실은 법조인과 증인으로

붐비고 업무가 급하게 진행될 때, 일이 바쁜 변호사가 바틀비가 아무 일도 안 하는 걸 보고 자기 사무실에 가서 서류를 가져와달라고 요청한 적이 있었다. 바틀비는 이를 아무 말도 없이 정중히 거절하고선 하는 일도 없이 그 자리에 남아있었다. 그 법조인은 바틀비를 한껏 쬐려 본 후 내게 시선을 돌렸다. 내가 무슨 말을 할 수 있겠나? 뒤늦게야 나는 법조인 모임에서 내가 사무실에 고용한 이상한 인물에 대한 놀랄만한 이야기가 돌고 있다는 걸 알게 되었다. 이것 때문에 나는 걱정을 많이 했다. 심지어 바틀비가 혹 나보다 더 수명이 긴 사람이 아닐까 하는 별난 우려도 해봤다. 그러면 사무실을 차지하고 앉아 내 권위도 무시하고, 방문객들을 당황케 해 변호사로서의 내 명성에 먹칠해 사무실 전체 분위기를 어둡게 하면 어쩌나 하는 생각이 들었다. 그리고 모아 놓은 돈으로 근근이 버티다가 (바틀비는 하루에 5센트밖에 안 쓰기 때문이다), 결국 나보다 오래 살아남아 영속적 점유권에 따라 내 사무실의 소유권을 주장하게 되는 건 아닌가 하는 생각도 했다. 이런 어두운 전망이 점점 더 밀려들고 법조인 친구들이 내 사무실에 거주하는 유령 같은 인물에 대해 가차 없는 비판을 가하게 되자, 내게도 엄청난 변화가 일기 시작했다. 나도 모든 능력을 총동원하여 용서할 수 없는 이 악몽 같은 존재를 제거하기로 결심한 것이다.

이 결심에 걸맞은 복잡한 계획을 시행하기에 앞서 우선 바틀비에게 사무실을 영구히 떠나는 것이 합당할 거라는 의견을 넌지시 전했다. 나는 신중하고 진지한 음조로, 이 의견을 신중하게 잘 생각해 보라고 권했다. 하지만 바틀비는 사흘 동안 생각해 보더니 원래 자기 결정을 따르겠노라고 했고, 아직은 같이 있고 싶다고 내게 전했다.

대체 이를 어찌해야 할까? 마지막 외투 단추를 채우면서 나 자신에게 물었다. 어찌해야지? 대체 어떻게 해야 하는 걸까? 이 자, 아니 이 유령을 어떻게 **처리해야** 한단 말인가. 바틀비를 제거해야 해, 그를 떠나게 해야 해. 그런데 대체 어떻게? 처량하고 창백한 그 수동적인 인간을 내팽개칠 순 없지 않은가? 그런 대책 없는 자를 문밖으로 내보낼 수 있을까? 그런 매정한 짓으로 내 명예를 실추시킬 수는 없지 않은가? 절대, 그럴 수는 없어. 그렇게 할 수도 없고. 차라리 여기서 지내다가 죽게 내버려 둘까? 유해는 벽 속에다 그냥 묻어두면 되겠지. 그 후엔 어쩔 건데? 아무리 꼬드겨 봐도 꿈쩍도 안 하고, 내가 책상 위 문진 아래 둔 돈은 손도 안 대고. 분명한 건 이 자가 내게서 떠날 마음이 없다는 거야.

그렇다면 더 강한, 아니 더 비상한 조치가 취해져야 해. 뭐! 너는 바틀비가 경찰관에게 먹살 잡히는 것을 용납하지 않겠지? 죄 없는 그 창백한 얼굴이 그 빌어먹을 감옥에 갇히게 하지는 않겠지? 그리고 대체 무슨 근거로 그런 짓을 할 수 있단 말인가?—그가 부랑자란 말인가? 뭐! 꼼짝도 안 하려는 자가 부랑자, 아니 떠돌이라고? 그렇다면 바틀비가 부랑자가 **되지 않으려** 해서 그를 부랑자**로** 취급한다는 건가? 그건 어불성설이지. 그러면 스스로 부양할 재정적 수단이 없다는 것. 맞아, 바로 그게 바틀비의 약점이지. 아냐, 그것도 틀렸어. 그는 분명 자기를 부양하고 있거든. 그리고 그거야말로 사람이 자기를 먹여살릴 수 있는 재정적 수단을 갖고 있다는 **분명한** 증거지. 그러니 더 해볼 게 없어. 그자가 날 떠나지 않으면 내가 떠날 수밖에 없는 거야. 그럼, 사무실을 옮기면 되겠네. 다른 곳으로 옮긴 후 분명하게 통지서를 보내면 되는 거야. 만약 새로 옮긴 곳에도 그자가 따라오겠다고 하면 그땐 법대로 불법 침입자로 고소하겠노라고 말이지.

이런 계획에 따라 이튿날 나는 바틀비에게 이렇게 통보했다. "사무실이 시청에서 너무 멀고 공기도 안 좋아, 다음 주에 사무실을 옮기기로 했네. 그리고 더는 자네 도움은 필요 없네. 미리 말해 두는 것은 그동안 자네가 다른 일자리를 구할 기회를 주려는 걸세."

바틀비는 아무 말이 없었고, 나 역시 더는 아무 말도 하지 않았다.

정해진 이삿날에 나는 수레를 빌리고 일꾼을 구한 뒤 사무실로 갔다. 가구가 별로 없었기에 몇 시간 만에 모든 짐을 옮겼다. 짐을 꾸리는 동안 바틀비는 칸막이 뒤에 선 채로 남아있었다. 나는 일꾼들에게 마지막으로 칸막이를 옮기라고 지시했다. 칸막이가 접히니, 마치 큼지막한 2절지 책처럼 보였다. 바틀비는 이제 아무것도 없는 사무실에 홀로 남게 되었다. 잠시 사무실 입구에 서서 그를 쳐다보고 있자니, 마음속 깊은 곳에서 뭔가 나를 나무라는 듯했다.

호주머니에 손을 넣은 채, 조마조마한 마음으로, 다시 사무실 안으로 들어왔다.

"바틀비, 잘 가게. 나 먼저 가네. 어떻게든 하나님의 축복이 있길 비네. 그리고 이걸 받게나." 그의 손에 무언가를 쥐여주었다. 하지만 이내 바닥에 떨어지고 말았다. 그런 다음, 말하기 좀 이상하지만, 내가 그토록 떨쳐버리기를 원했던 그 사람에게서 나 자신을 떼어내었다.

새 지역에 정착해서 하루 이틀은 문을 잠가놓고 지냈고, 통로에서 누가 지나가는 발소리만 들어도 깜짝 놀라곤 했다. 사무실을 잠시 비웠다가 다시 돌아올 때도 문을 열기 전에 잠시 멈춰 서서 귀를 기울였다. 하지만 쓸데없는 걱정이었다. 바틀비는 내 곁에 얼씬도 하지 않았다.

모든 것이 무난하게 흘러간다고 생각할 무렵, 당황스럽게 보이는 낯선 사람이 날 찾아왔다. 그는 혹 내가 최근까지 월가 ○○○번지에 거주했던 사람이 아니냐고 물었다.

불안한 마음이 앞섰지만, 그렇다고 대답했다.

"그렇다면, 선생님." 나처럼 변호사인 그가 내게 이렇게 말했다. "사무실에 두고 간 그 사람에 대해 책임지셔야 합니다. 그 사람은 필사 자체를 거부하더군요. 게다가 아무 일도 안 하겠다는 거예요. 하고 싶지 않다나요. 그리고 사무실을 떠나지도 않겠다고 하네요."

"죄송합니다만." 속으로는 떨리면서도 내심 차분한 척하면서 내가 말했다. "댁이 말씀하시는 그 사람은 저와는 무관한 사람입니다—제 친척도 아니고 도제도 아니니, 제게 책임을 묻지 마시기를 바랍니다."

"그럼 대체 그 사람이 누군지 아시나요?"

"딱히 말씀드릴 게 없습니다. 저도 아는 바가 없어요. 그 사람을 전에 필경사로 고용한 적은 있었지만, 내 일을 안 한 지가 꽤 되었답니다."

"그렇다면 제가 처리할 수밖에 없겠네요. 안녕히 계세요."

며칠이 지났고, 난 아무런 소식도 더 듣지 못했다. 종종 동정심에서 그곳으로 가 바틀비를 만나보고 싶었지만 무언가 께름칙한 게 나를 붙잡았다.

또 다른 한 주가 지나도 아무런 소식이 들리지 않자, 나는 이제 바틀비와는 모든 게 끝났다고 생각했다. 그런데 이튿날 사무실에 도착해보니, 여러 사람이 상당히 흥분한 상태로 내 문 앞에 서 있는 것이었다.

"저 사람입니다—저기 오네요." 맨 앞에 있는 사람이 소리쳤는데, 다름 아닌 지난번에 나를 찾아왔던 그 변호사였다.

"선생님, 그 사람을 당장 치워 주셔야겠습니다." 그중에서 뚱뚱한 사람이 내게 다가오며 말했는데, 그가 바로 월가 ○○○번지의 건물 주인이었다. "여기 계신 분들이 제 세입자들이신데 더는 참을 수가 없다고 합니다." 그는 날 찾아왔던 변호사를 손으로 가리키며 이렇게 말했다. "B 선생께서 그자를 사무실에서 내쫓은 이후, 그 사람은 끊임없이 건물 이곳저곳에 출몰하고 있어요. 낮에는 계단 끝 난간에 앉아 지내다가, 밤에는 입구에서 잠을 자지요. 다들 걱정이에요. 고객도 떨어져 나가고, 게다가 폭도에 대한 공포감[1]도 퍼지고 있어요. 하여튼 대책을 마련하셔야겠어요. 지체할 시간이 없어요."

빗발치는 불만에 너무 놀란 나머지 나는 뒤로 물러났고, 새

---

1   1849년 5월 10일 발생했던 Astor Place Riot에 대해 언급하고 있다.

사무실로 들어가 문을 걸어 잠가버리고 싶은 마음뿐이었다. 바틀비가 누구와도 별 관계가 없듯이 나와도 아무런 관계가 없다고 말했건만 아무 소용이 없었다. 사람들은 그자와 마지막으로 관계를 맺은 것이 나라고 하면서 나를 심하게 밀어붙였다. 더군다나 신문 지상에 알려질까 두려웠던 나는 (그곳에 있는 한 사람이 넌지시 위협했듯이) 이 사태에 대해 더 생각해 보고, 그 변호사가 자기 사무실에서 바틀비와 나만의 대화를 갖게 해준다면 그날 오후에 그들이 불평을 늘어놓는 귀찮은 사건을 해결해보겠노라고 대답했다.

옛 사무실 계단을 올라가다가, 계단 난간에 말없이 앉아 있는 바틀비의 모습을 보았다.

"바틀비, 여기서 뭐 하고 있는 건가?" 내가 물었다.

"난간에 앉아 있어요." 바틀비가 상냥하게 대답했다.

나는 그에게 변호사 사무실로 들어오라고 손짓을 했다. 변호사는 이미 자리를 비켜주었다.

"바틀비." 내가 물었다. "자네가 사무실에서 해고된 이후 줄곧 이 입구에 터를 잡고 있는 통에 내가 얼마나 고통받고 있는지 알고 있는가?"

아무런 대답이 없었다.

"자, 자네가 직접 조치하든, 아니면 자네가 어떤 조치를 당하든, 둘 중 하나를 선택하게나. 그런데 어떤 일을 하고 싶은지 내게 말해줄 수 있겠나. 다시 필사 일을 하고 싶나?"

"아니요. 별다른 변화를 원치 않습니다."

"옷 가게 점원 일은 어떤가?"

"그 일은 너무 갇혀 있는 것 같아 싫어요. 점원 일은 싫습니다. 하지만 저는 까다로운 사람은 아닙니다."

"너무 갇혀 있는 것 같다고," 언성을 높이며 내가 말했다. "자네 스스로 매번 갇혀 지내지 않는가!"

"하여튼 점원 일은 하고 싶지 않습니다." 마치 이 대화를 끝내고 싶다는 듯 다시 한번 말했다.

"바텐더 일은 어떤가? 그 일은 시력에 나쁘진 않아."

"전혀 하고 싶지 않습니다. 하지만 앞서 말했듯이, 저는 까다로운 사람은 아니고요." 평소와 달리 수다스럽게 말하는 모습에 고무되어 내가 다시 물었다. "그러면 전국을 돌아다니면서 수금하는 일은 건 어떤가? 건강에도 좋을 텐데."

"아니요, 다른 일을 하고 싶습니다."

"그렇다면 젊은 사람의 대화 친구로 그를 따라 유럽에 가는 거—그건 마음에 드나?"

"전혀 마음에 안 듭니다. 뭔가 확실한 게 없는 것 같아서요. 저는 한자리에 있는 일이 좋아요. 하지만 까다롭게 구는 건 아닙니다."

"그럼 그냥 가만히 있게나." 결국 인내심을 잃고 내가 소리쳤고, 여태껏 화를 낸 것 가운데 처음으로 폭발 직전까지 가고 말았다. "오늘 밤 안에 여길 떠나지 않는다면, 내가 말일세—내가 정말로—그러니까 내가 말이야, 이곳을 떠나야 **한다고**!" 꿈쩍 않는 그를 어떤 식으로 협박해야 내 말을 들을지 고민하며 허둥대다가 결국 어정쩡하게 말을 끝내고 말았다. 더는 어쩔 수 없다고 낙심한 채 급하게 그 자리를 뜨려는 순간, 문득 결정적인 생각 하나가 떠올랐다. 이전에 생각해 본 적이 없는 건 아니었다.

"바틀비." 흥분된 상황이었지만 가능한 한 가장 상냥한 어투로 내가 말했다. "나와 같이 지금 내 집에 한번 가보는 게 어떻겠나—내 사무실 말고, 내가 사는 곳 말일세—그리고 거기에 머물다가 한가한 때에 편리한 대안을 내보지 않겠나? 자, 지금 당장 같이 가세."

"아니요, 지금은 어떤 변화도 겪기 싫습니다."

나는 아무런 대꾸도 안 했다. 그리고는 빠르고 신속히 탈출하듯 그 건물을 빠져나와 적절히 사람들을 피하며 브로드웨이 쪽으로 월가를 따라 올라갔다. 처음 눈에 띈 합승 마차를 잡아타고 나서야 이제 나를 쫓던 모든 일에서 벗어나게 된 기분이 들었다. 다시 안정을 찾게 되자, 나는 이제 건물 주인과 세입자들의 요구 차원뿐 아니라, 바틀비를 도와주고 그를 심한 처벌에서 지켜주려고 했던 내 욕망과 책무라는 차원에서도 내가 할 수 있는 것을 다했다는 것을 확실히 느낄 수 있었다. 마음도 편해지고 기분도 진정되었다. 비록 내가 원했던 대로 일이 진행되지는 않았지만 이제 양심적으로도 내가 한 일에 대해 정당성을 부여할 수 있었다. 성난 건물 주인과 격노한 세입자들이 다시 나를 찾을까 봐 두려운 마음이 들어서, 내 일을 며칠간 니퍼스에게 맡겨두고 내 사륜마차를 타고서 뉴욕 시내 북부지역과 교외 지역으로 피해 다녔다. 저지시티와 호보켄으로 건너가 맨해튼빌과 아스토리아로 숨어다녔다. 실상 얼마간을 내 사륜마차에서 살다시피 한 셈이다.

다시 사무실로 복귀하니, 세상에나, 사무실 책상 위에 건물 주인이 보낸 짧은 편지 한 장이 놓여있었다. 떨리는 손으로 열어보니 건물 주인이 경찰에게 통보해 바틀비를 부랑자 신분으로 툼스 구치소로 보냈다는 것이고, 그나마 누구보다 바틀비를 잘 알고 있는 내가 그곳을 방문해 모든 사실을 제대로 진술해주길 바란다고 적혀 있었다. 이 소식을 접하자 다시금 내 마음에 갈등이 일었다. 처음에는 이런 처리 방식에 화가 났지만 결국 수긍하게 되었다. 적극적이고 단호한 성격의 건물 주인이 나라면 그렇게 결정할 수 없었던 처리 방식을 택한 것이었다. 이런 특별 상황에서는 이것 말고는 다른 대안이 없는 것 같았다.

나중에 알게 된 이야기지만, 그 불쌍한 바틀비는, 툼스 구치소로 가야 한다는 통보에 조금도 저항하지 않았고, 아무런 말도 없이 전혀 동요하지 않는 모습으로 이를 받아들였다고 한다. 인정 많고 호기심 어린 몇몇 구경꾼들이 그 무리에 합류하여, 그날 오후에 시끄럽고 뜨거운 열기와 환희가 넘치는 대로를 따라, 선두에 서서 바틀비와 팔짱을 낀 경찰관을 줄지어 따라나섰다고 한다.

짧은 편지를 본 바로 그날 나는 툼스에, 아니 정확히 말해 유치장에 찾아갔다. 담당자를 찾아 방문 목적을 밝히자 내가 말한 그 사람이 안에 있다고 일러주었다. 나는 관리에게 바틀비가 이해하기 힘들 정도로 괴짜이긴 해도, 실로 정직한 사람이고 동정이 가는 사람이라고 알려주었다. 내가 아는 모든 걸 그에게 전해주면서, 뭔가 덜 가혹한 조치가 취해질 때까지 가능한 한 바틀비를 편하게 가둬두었으면 한다는 말을 전하며 말을 끝냈다. 하지만 그게 어떤 조치인지는 나도 전혀 알지 못했다. 어쨌든 다른 조치가 취해지지 않는다면 구빈원에서 그를 받아야 한다. 그래서 나는 면회를 간청했다.

수치스러운 죄목으로 기소된 것도 아니고 모든 면에서 상당히 평온하고 남에게 해코지하는 사람도 아니기에 바틀비에게는 감옥 안에서, 특히 잔디밭이 있는 구역을 자유롭게 돌아다니는 것이 허용되었다. 바로 거기에서, 그곳의 가장 조용한 구역에서 얼굴을 높은 벽을 향한 채 홀로 서 있는 바틀비를 보았다. 사방에서, 아니 감옥 창문의 좁은 틈새로 살인자들과 강도들이 그를 뚫어지게 쳐다보는 모습이 마음에 그려졌다.

"바틀비!"

"당신이 누군지 압니다." 뒤도 돌아보지 않고 그가 말했다. "하지만 당신한테 하고 싶은 말이 없습니다."

"바틀비, 자네를 이곳으로 데려온 건 내가 아닐세." 나를 의심하는 듯한 시선에 마음이 아파 내가 말했다. "자네한테 이곳이 그렇게 몹쓸 곳은 아닐 거야. 여기 있었다고 해서 비난받을 이력이 붙는 건 아니니까. 그리고 보게나, 이곳이 흔히 생각하는 그런 슬픈 곳도 아니야. 저기, 하늘이 보이잖아. 여기에는 잔디밭도 있고."

"내가 어디 있는지 나도 압니다." 이렇게 말하곤 더는 말하지 않기에 그를 두고 밖으로 나왔다. 복도로 들어서는데, 앞치마를 걸치고 고깃덩어리 같은 인상인 덩치 큰 사람이 내게 다가와, 엄지손가락을 어깨너머로 치켜들며, "저자가 당신 친구요?"하며 물었다.

"그렇소만."

"저 사람 굶어 죽으려고 그럽니까? 만약 그렇다면 감방 식사로 버티게 내버려 두시구려, 그게 답니다."

"대체 당신 누구요?" 이런 곳에서 이렇게 비공식적인 말을 하는 걸 어떻게 받아들여야 할지 몰라서 내가 물었다.

"나는 사식업자요. 친구들이 있는 신사분들은 친구들에게 제게 먹을 만한 음식을 제공해달라고 부탁하지요."

"그런가요?" 간수를 돌아보며 내가 물었다.

간수가 그렇다고 답을 해주었다.

"그렇다면, 좋소." 사식업자의 손에 은전을 슬쩍 밀어 넣어주면서(그래서 사람들은 이들을 그렇게[1] 부른다), 내가 말했다. "저기 내 친구에게 특별한 관심 부탁합니다. 해줄 수 있는 최고 식사를 갖다주세요. 가능하면 친절하게 대해 주세요."

"제게 소개나 해주시죠?" 사식업자는 자기 음식을 실제 보여줄 기회를 얻고 싶어 안달이 난 표정으로 나를 바라보며 말했다.

바틀비에게 분명 도움이 될 것으로 생각해, 나는 그의 제안에 동의했다. 사식업자에게 그의 이름을 묻고는, 함께 바틀비

---

1   grub-man: 사식업자. grub의 의미가 음식뿐 아니라 슬쩍 훔치다, 라는 뜻이 있기에 그렇게 불린다는 뜻.

에게 갔다.

"바틀비, 이 사람은 커트렛 씨라네. 자네에게 도움이 될 걸세."

"선생님, 잘 부탁드립니다. 잘 부탁드립니다." 앞치마 차림의 사식업자가 앞치마가 닿도록 머리를 숙이며 말했다. "여기가 마음에 들기를 바랍니다.—넓은 공간—멋진 방들—저희와 같이 있는 동안 편안하여지도록 해드리겠습니다. 오늘 저녁 만찬 식사 준비해줄까요?"

"전 오늘은 식사하고 싶지 않습니다." 고개를 돌리며 바틀비가 말했다. "저와 맞지 않을 겁니다. 저는 만찬에는 익숙하지 않거든요." 그렇게 말하면서 바틀비는 사방 에워싸인 공간의 다른 쪽으로 서서히 이동하더니, 막다른 벽을 정면으로 마주한 곳에 자리를 잡았다.

"어찌 된 거죠?" 놀란 듯 나를 바라보며 사식업자가 물었다. "이상한 사람이네요, 그렇죠?"

"좀 이상하지요." 슬픈 목소리로 내가 말했다.

"정신이 나간 거죠? 정신 나간 거 맞지요? 이거 참, 전 친구분이 문서위조범이라고 생각했어요. 그자들은 항상 얼굴색이 희고 점잖아 보이거든요. 위조범들 말이에요. 동정을—동정을 안 할 수가 없죠. 몬로 에드워즈[2]를 아세요?" 그는 애처로운 듯

---

2 Monroe Edwards(1808~1847): 출중한 인물로 유명했던 미국의 문서위조범.

한마디 더 하고는 말을 멈췄다. 그러더니 측은하다는 듯이 내 어깨에 손을 얹고는 한숨을 쉬었다. "씽-씽 교도소[1]에서 결핵으로 죽었어요. 글쎄 몬로를 잘 모르시나 보군요?"

"몰라요. 전 문서위조범과는 한 번도 같이 지내본 적이 없어요. 더 지체할 시간이 없네요. 저기 제 친구를 부탁합니다. 그럼 손해 볼 일은 없을 겁니다. 자, 다음에 또 봅시다."

이런 일을 겪은 며칠 후, 나는 다시금 툼스 방문 허가를 받아, 바틀비를 찾아 복도를 지나 안으로 들어갔다. 하지만 그가 보이지 않았다.

"얼마 전까지 자기 방에서 나오는 걸 봤어요." 한 간수가 말했다. "아마 안뜰에서 어슬렁거리러 나간 모양입니다."

그래서 안뜰 쪽으로 가보았다.

"말 없는 그 사람을 찾고 있나요?" 지나치던 다른 간수가 내게 말했다. "저기 누워있어요—안뜰에서 자고 있는 모양입니다. 누워있는 모습을 본 지가 한 이십 분 됩니다."

안뜰에는 정적만 흘렀다. 일반 죄수들은 들어갈 수 없는 곳이었다. 사방을 둘러싼 엄청나게 두꺼운 벽이 그 너머에서 오는 모든 소음을 막아주었다. 석조 건물의 이집트 양식이 내 마

---

1 Sing-Sing: 1826년에 개소한 교도소로 뉴욕시에서 북쪽으로 50*km* 떨어진 곳에 있다.

음을 무겁게 짓눌렀다. 발밑에서는 부드러운 잔디가 틈새를 비집고 자라고 있었는데, 마치 피라미드 속의 심장처럼 느껴졌다. 그곳에서 새가 떨어뜨린 잔디 씨앗 하나가 마치 마술처럼 돌 틈새를 비집고 나온 것이었다.

무릎을 웅크리고 차가운 돌에 머리를 댄 채, 바틀비가 이상하게 움츠린 모습으로 탈진한 채 바닥에 누워있었다. 아무런 움직임도 보이지 않았다. 잠시 멈춘 후에, 가까이 다가가 몸을 숙여 바라보니 침침한 눈을 뜬 채로 바틀비가 누워있었다. 달리 보면 깊이 잠든 모습 같기도 했다. 나는 뭔가에 이끌려 그의 몸에 손을 대 보았다. 손을 잡는 순간, 짜릿한 전율이 온몸에 느껴지면서 팔을 타고 올라갔다가 척추를 타고는 발까지 전해졌다.

그때 얼굴이 동그란 사식업자가 나를 빤히 쳐다보았다. "저녁 식사 준비됐어요. 오늘도 식사를 안 한답니까? 아니면 아무것도 안 먹고 산다는 건가요?"

"식사하지 않고 살지요." 그렇게 말하면서 나는 바틀비의 눈을 감겨 주었다.

"아하! 주무시는군요?"

"왕과 법관들과 함께 잠이 들었어요."[2] 내가 중얼거렸다.

---

2 〈욥기〉 3장 14절.

* * * * * * * * *

　더는 이야기를 진행할 필요가 없을 것 같다. 불쌍한 바틀비의 장례가 어떻게 진행되었는지 등의 자질구레한 이야기는 여러분이 알아서 상상하리라 믿는다. 독자들과 헤어지기 전에, 이 이야기를 읽고 바틀비가 실제 누구였는지 그리고 화자인 본인이 그를 알기 전에 어떤 삶을 살아왔는지에 대해 호기심이 생겼다고 해도, 나도 그런 호기심에 동참할 뿐, 만족할만한 어떤 답도 제공할 수 없다는 것을 고백하고자 한다. 하지만 독자들에게 밝히는 게 맞는 건지 모르겠지만, 바틀비가 죽은 후 내게 전해진 떠도는 소문 같은 이야기가 하나 있다. 이 이야기가 어디서 왔는지, 그리고 어느 정도 진실인지 나도 식별할 수 없다. 이 모호한 이야기가 나에게 흥미로운 암시를 준 것이 분명한 만큼 몇몇 다른 사람들에게도 이와 마찬가지일 거라고 생각되어 잠깐 여기 언급하고자 한다. 그 소문의 내용은 이렇다. 바틀비가 워싱턴의 "배달 불능 우편물 취급소"[1]의 하급 직원이었는데 정권이 교체된 후 별안간 일자리를 잃게 되었다는 것이다. 이런 소문을 생각할 때마다 나는 그 어떤 말로도 표현할 수 없는 감정에 빠지게 된다. 배달 불능 우편물이라니! 마치 죽

1　Dead Letter Office. 수신이 안 된 우편물을 처리하는 곳.

은 사람과 같다는 느낌이 들지 않는가? 타고난 성격 때문에, 아니면 불운 때문에 막막한 절망감에 빠진 사람이 있다고 해보자. 과연, 배달 불능 편지를 태워버리기 위해 분류하는 일보다 막막한 절망감을 더 고조시키는 게 있을까? 그 편지들은 매년 대량으로 소각되었다고 한다. 창백한 직원은 접힌 편지 속에서 간혹 반지를 발견하는 때도 있는데, 아마도 반지가 끼워져야 할 손가락은 어쩌면 무덤 속에서 썩고 있을 것이다. 자선 헌금이라고 급하게 보낸 지폐 한 장을 발견했을 때도, 정작 구제받아야 할 사람은 이미 묻혀서 먹지도 굶지도 못하고 묻혀있을 거다. 절망에 빠져 죽은 사람에게 용서한다는 편지가, 희망도 없이 죽은 사람에게 희망을 주는 편지가, 그리고 구제받지 못한 재난에 질식해 죽은 사람에게 구제 희망의 소식을 담은 편지가 도착하지도 못한 채 그냥 태워지는 것이다. 삶의 심부름을 나선 이 편지들이 죽음으로 내달리고 만 것이다.

아, 바틀비! 아, 인간이여!

노란 벽지

샬롯 길먼

존이나 나같이 평범한 사람이 여름을 지내러 고택을 빌리는 일은 흔치 않다.

몇 세대에 걸쳐 물려받은 식민지 시대 저택이라 유령이 나올지도 모른다며 낭만적인 공상에 잠길 수도 있을 것이다. 하지만 그건 너무 지나친 기대이리라!

그래도 여전히 이 집에는 분명히 뭔가 이상한 점이 있다.

그렇지 않다면 집이 이렇게 쌀 리가 있겠는가? 그리고 이렇게 오랫동안 임대가 안 될 리가 있겠는가?

내가 이런 이야기를 하자 물론 존은 비웃는다. 결혼 생활에서 남편의 비웃음이야 그러려니 한다.

존은 극단적으로 실용적이다. 그는 신앙에 대해 짜증을 내고 미신을 극단적으로 혐오한다. 만지고 보고 숫자로 표현할 수 없는 걸 이야기하면 대놓고 비웃는다.

존은 의사인데 **어쩌면** (물론 이길 살아 있는 사람 누구에게도 이야기한 적이 없지만, 생명 없는 종이에 대고 하는 말이니 안심하고 말한다), **어쩌면** 내가 빨리 낫지 않는 이유 중 하나가 그가 의사이기 때문일 것이다.

그는 내가 아프다는 것을 믿지 않는다.

그러니 어쩌겠는가?

유명한 의사인 남편이 친척이나 친구들에게 정말 별문제 없다면서 일시적인 신경쇠약, 즉 가벼운 히스테리 비슷한 것이라고 하는데 내가 어쩌겠는가?

의사이고 마찬가지로 유명한 의사인 우리 오빠도 똑같은 말을 한다.

그래서 나는 인산염인지 아인산염인지 뭐 그런 것과 강장제를 복용하고, 여행을 다니고, 바람을 쐬고, 운동을 한다. 다시 건강해질 때까지 "일하는 것"은 절대 금지다.

내 개인적 의견은 오빠나 남편과는 다르다.

내게 맞는 일을 해 자극을 받고 기분전환을 하면 틀림없이 건강이 회복되리라는 것이 내 개인적 의견이다.

하지만 내가 어쩌겠는가?

오빠나 남편이 말려도 나는 한동안 글을 썼다. 하지만 그 일로 기진맥진해졌다. 그들 몰래 글을 쓰거나 아니면 강한 반대에 부딪혀야 했기 때문이다.

이렇게 반대에 부딪히지 않고 글을 쓰고, 사람들을 사귀고, 자극을 받으면 건강이 회복되리라고 상상한다. 하지만 존은 건강에 대해 내가 이런 생각을 하면 최악이라고 말한다. 솔직히 말해 그런 말을 들으면 늘 기분이 상한다.

그러니 건강 이야기는 그만하고 집 이야기를 하겠다.

정말 아름다운 집이다! 마을에서 3마일이나 뚝 떨어진 외딴집으로 큰길에서 한참 들어와야 이 집이 보인다. 책에서 읽은 영국 저택이 생각나는 집이다. 울타리, 담, 빗장으로 잠그는 문이 있고 정원사와 하인들이 사는 작은 별채도 여러 채 있어 그렇다.

멋진 정원도 있다! 이런 정원은 처음 보았다. 정원은 넓고 나무 그늘로 덮여 있다. 가장자리에 회양목을 심은 오솔길이 이리저리 나 있고 포도 넝쿨로 덮인 긴 정자 아래에는 의자가 놓여 있다.

온실도 있었는데 지금은 다 허물어졌다.

상속인이나 공동상속인 사이에 뭔가 법적 분쟁이 있었나 보다. 어쨌든 이 집은 수년간 빈집이었다.

그렇다면 유령에 대한 공상은 할 수 없다. 그건 괜찮다. 그래도 이 집은 뭔가 이상하다. 그걸 느낄 수 있다.

달빛 비치는 어느 날 저녁 존에게 이런 이야기를 꺼냈지만, 단지 **바람**이 불어 그렇다며 창문을 닫았다.

가끔 존에게 터무니없이 화가 난다. 분명히 예전에는 이 정도로 예민하지는 않았다. 신경쇠약 때문인 것 같다.

하지만 존은 나더러 그렇게 예민하게 굴면 자제력을 잃게 될 것이라고 한다. 그래서 적어도 존 앞에서는 자제하려고 한다. 이러니 너무 피곤하다.

나는 우리 방이 전혀 마음에 들지 않는다. 내가 원한 것은 베란다로 이어지는 아래층 방이었다. 그 방에는 창문 위로 장미 넝쿨이 올라가고 아주 예쁜 사라사 무명 커튼도 쳐져 있었다. 하지만 존이 내 말을 들으려고 하지 않았다.

존 말로는 그 방에는 창문이 하나밖에 없는 데다 침대 두 개를 들여놓기에 좁다는 것이었다. 자신이 따로 침대를 쓰면 옆에 남는 공간이 없을 것이라고 했다.

존은 세심하고 다정하며 나는 그의 특별한 지시가 있을 때만 움직이고 가만히 있어야 한다.

나는 한 시간 단위로 할 일이 정해져 있는 시간표를 따라 행동해야 한다. 존이 도맡아서 날 돌보아 준다. 그래서 그 가치를 충분히 알지 못하는 나 자신이 아주 배은망덕한 사람 같은 기분이 든다.

그는 우리가 여기로 온 이유가 오직 나 때문이니 완벽하게 휴식을 취하고 최대한 좋은 공기를 마셔야 한다고 했다. "여보, 힘이 있어야 운동을 하고 식욕이 있어야 음식을 먹지만 공기는 언제나 마실 수 있소." 그래서 우리는 꼭대기 층에 있는 아기방을 쓰게 되었다.

그 방은 통풍이 잘되는 넓은 방이다. 거의 방 전체에 마루가 깔려 있고 사방으로 창문이 나 있어 햇빛도 잘 들고 통풍도 잘된다. 처음에 아기방으로, 그다음에는 놀이방이자 체육실로 쓰인 것으로 판단할 수밖에 없다. 아이들의 안전을 위해 창문에 창살이 있고 벽에는 고리나 다른 체육 기구들이 매달려 있기 때문이다.

벽지와 페인트의 상태는 마치 남자학교 교실 벽과 같다. 침대 머리맡의 벽지는 내 손이 닿는 곳까지 거의 모두 크게 찢겨져 있고, 맞은편은 바닥까지 휑하게 찢겨져 있다. 내가 본 벽지 중 최악이다.

사방으로 뻗어나가는 현란한 무늬가 있는 그런 유의 벽지로 전혀 예술적이지 않다.

그 무늬는 아주 흐릿해서 눈으로 따라가다 보면 무슨 무늬인지 알 수 없지만, 또한 아주 또렷하기도 해서 계속 신경을 써

관찰하게 된다. 어설프고 모호한 곡선들을 조금 더 따라가 보면 그 선들이 갑자기 자멸한다. 터무니없는 각도에서 뛰어내려 전례 없는 모순된 모습을 보이고 사라져버린다.

벽지 색은 가증스럽고 거의 구역질이 날 지경이다. 서서히 햇빛을 받아 이상하게 퇴색한 색으로 그을린 것처럼 지저분한 노란색이다.

그 벽지는 몇 군데는 흐릿하면서도 야한 오렌지색을 띠다가 다른 데는 연한 유황빛을 띤다.

아이들이 그 벽지를 싫어한 것도 당연하다! 나라도 이런 방에 오래 살아야 했다면 그 벽지가 지긋지긋했을 것 같다.

존이 온다. 이걸 치워야만 한다. 그는 내가 한 글자라도 쓰면 싫어한다.

* * * * * *

우리가 여기 온 지 2주가 지났다. 여기 온 후로는 예전처럼 글을 쓰고 싶은 마음이 나지 않았다.

지금은 이 시겨운 꼭대기 층 아기방 창가에 앉아 있다. 아무도 방해하지 않은 상태에서 마음껏 글을 쓸 수 있다. 다만 기운이 없을 뿐이다.

존은 매일 낮이 되면 나가고 어떨 때는 밤에도 중증 환자를 치료하러 나간다.

내가 중증 환자가 아니라 다행이다!

하지만 이 신경쇠약만 해도 끔찍하게 우울하다.

존은 내가 얼마나 아픈지 잘 모른다. 그는 내가 아플 **이유가** 없다고 말하고 그걸로 만족한다.

물론 내 병은 단지 신경쇠약일 뿐이다. 그래도 어쨌든 우울증이 심해 나의 의무를 다할 수 없다.

나는 존에게 도움이 되고 싶었다. 정말이지 그에게 진정한 휴식과 위안을 주고 싶은데, 말하자면 이미 그에게 짐이다!

내가 할 수 있는 하찮은 일들, 즉 옷을 입는다든지, 사람을 접대한다든지, 하인에게 지시를 내린다든지 하는 것이 내게는 너무 힘들지만 그렇게 말해도 아무도 믿지 않을 것이다.

메리가 아기를 아주 잘 돌봐줘서 다행이다. 아, 귀여운 내 아기!

하지만 아기와 함께 있으면 신경이 날카로워져 함께 있을 수가 **없다.**

존은 평생 신경이 날카로운 적이 없는 것 같다. 나의 벽지 이야기를 이렇게 비웃으니 말이다!

처음에 그는 새로 도배를 하려고 했다. 그러나 그 후 내가 벽지에 대해 망상을 하고 있다고 하면서 신경증 환자에게 그런 망상이 제일 나쁘다고 말했다. 벽지를 바꾸고 나면 다음에는 육중한 침대, 그다음에는 창살 친 창문, 그다음에는 계단참에 있는 문, 기타 등등을 바꾸어 달라고 할 거라고 했다.

"이 집에 와 당신은 건강이 좋아졌소. 그리고 여보, 사실 석 달만 빌린 집인데 수리하고 싶진 않소." 그가 말했다.

"그러면 아래층으로 옮겨요. 아래층에는 예쁜 방들이 많잖아요."

그러자 그는 나를 안고 귀여운 거위라고 부르면서, 내가 원하기만 한다면 지하 창고까지 내려가 창고 벽을 하얗게 칠해 주겠다고 했다.

하지만 침대와 창문 등등에 대해선 그의 말이 옳다.

이 방은 통풍이 잘되고 더할 나위 없이 편안하다. 그리고 물론 나는 단지 변덕 때문에 남편을 불편하게 할 정도로 어리석게 굴지는 않을 작정이다.

나는 진짜 이 큰 방이 점점 더 좋아진다. 그 끔찍한 벽지만 제외하고는.

한쪽 창문에서는 정원을 볼 수 있다. 그늘 깊은 신비스러운 정자와 무성하게 자란 옛날 꽃과 관목과 옹이투성이인 나무가 보인다. 또 다른 창문에서는 바다에 면한 만과 이 집에 딸린 작은 개인 선창이 보인다. 집에서 만까지는 가로수 그늘이 드리워진 아름다운 길이 나 있다. 이 수많은 오솔길과 정자에 늘 사람들이 걸어 다니는 모습을 상상하게 된다. 그러나 존은 나더러 절대 공상에 빠져서는 안 된다고 경고해왔다. 그의 말은 나처럼 신경쇠약에 걸린 사람이 상상력을 발휘해 이야기를 지어내는 습관이 생기면 틀림없이 흥분해 온갖 망상에 빠진다는 것이다. 그런 성향을 저지하기 위해서 내가 의지력과 분별심을 발휘해야만 한다고 한다. 나는 그러려고 노력 중이다.

때때로 나는 글을 약간 쓸 수 있을 만큼만 건강하면, 이런 생각도 줄어들고 휴식을 취할 수 있으리라는 생각을 한다.

그러나 글을 쓰려고 하면 기진맥진해진다.

내 글을 읽고 같이 이야기하거나 조언해줄 친구가 없어 실망스럽다. 존은 내가 정말 회복되면 사촌인 헨리와 줄리아에게 이 집을 방문해 오래 머물러 달라고 부탁하겠다고 한다. 하지만 현재의 내 상태에서는 그런 자극적인 사람들을 초대하는 것은 베개 속에 폭죽을 넣는 것과 다를 바 없다고 한다.

더 빨리 건강이 회복되면 좋겠다.

하지만 그런 생각을 해서는 안 된다. 이 벽지는 마치 자기가 내게 얼마나 사악한 영향을 끼치는지 **알기나 하는** 것처럼 유심히 나를 지켜본다.

목이 부러진 채 늘어져 있고 튀어나온 두 눈알이 거꾸로 바라보는 것 같은 무늬가 반복되는 부분이 있다.

그 부적절한 무늬가 계속 나타나 몹시 화가 난다. 그 무늬는 아래위 좌우로 기어 다니는데 깜박거리지 않는 터무니없는 그 눈알은 곳곳에 있다. 벽지의 폭이 서로 맞지 않는 부분이 한 곳 있는데, 거기서는 한쪽 벽지의 눈이 다른 쪽 벽지의 눈보다 조금 더 위에 있는 상태로 선을 따라 아래 위로 움직인다.

그것은 전에 본 어떤 물건보다도 풍부한 표정을 지니고 있었다. 우리 모두 물건이 얼마나 자신만의 표정을 지니고 있는지 잘 알고 있다! 내가 어린 시절에 자다 깨어나 누워있으면, 텅 빈 벽과 평범한 가구가 대부분 아이들이 장난감 가게에서 느끼는 것보다 더 무섭거나 더 재미있곤 했다.

우리 집의 커다란 낡은 옷장 손잡이가 얼마나 다정하게 윙크하곤 했는지 기억난다. 늘 믿음직한 친구처럼 보이던 의자도 하나 있었다.

다른 물건이 너무 사나워 보일 때 늘 그 의자로 뛰어가 앉으면 안전하다는 느낌이 들곤 했다.

하지만 이 방 가구는 모두 아래층에서 가져와야만 해서 이 방과 전혀 어울리지 않는다. 이 방을 놀이방으로 쓰게 되었을 때 그전에 있던 아기방 물건을 모두 꺼내야만 했을 것이다. 그러니 전혀 놀랍지 않다! 아이들은 이 방을 정말 처참하게 망가

트려 놓았는데, 이런 광경은 처음이다.

아까 말한 대로 벽지는 군데군데 찢겨 있지만, 벽지는 벽과 한 몸처럼 딱 달라붙어 있다. 그런데도 벽지를 이렇게 찢어냈으니 아이들이 벽지를 싫어했을 뿐만 아니라 끈질기게 찢어낸 게 분명하다.

마루는 긁히고 파이고 부서져 있고 회칠 벽도 여기저기 파여 있다. 원래 이 방에 있던 가구 중 유일하게 남은 이 육중한 거대한 침대는 마치 여러 차례 전쟁을 겪은 것처럼 보인다.

하지만 그런 건 다 괜찮고 벽지만 신경이 쓰인다.

존의 여동생이 오고 있다. 그녀는 아주 상냥한 여자로 세심하게 날 돌봐준다! 내가 글 쓰는 것을 그녀가 봐서는 절대로 안 된다.

그녀는 완벽주의 극성 살림꾼으로 더 좋은 직업은 바라지도 않는다. 그녀는 틀림없이 글을 쓰니까 내가 낫지 않는다고 생각할 것이다!

하지만 그녀가 외출해야 내가 글을 쓸 수 있는데, 창문 너머로 그녀가 멀리 사라지는 모습이 보인다.

한쪽 창문에서는 가로수 그늘이 드리워진 구불구불한 아름다운 길을 볼 수 있고, 또 다른 창문에서는 멀찌감치 떨어져 있는 전원 풍경을 볼 수 있다. 커다란 느릅나무와 부드러운 목초

지로 가득 찬 전원 풍경은 아름답다.

이 벽지에는 음영을 다르게 한 배경 무늬 같은 게 있는데, 특히 이 배경 무늬가 거슬린다. 일정한 각도로 빛이 비칠 때는 무늬가 보이지만 다음 순간에는 잘 보이지 않기 때문이다.

하지만 벽지가 퇴색하지 않은 부분이나, 햇살이 밝게 비치는 부분에서는 그 도발적인 이상한 형체가 어떤 모양인지 알 수 없다. 그 형체는 또렷하게 보이는 단순한 바깥 무늬 뒤에서 살금살금 걸어 다니는 것 같다.

시누이가 계단으로 올라오고 있다!

* * * * * *

이제, 독립기념일이 끝났다! 사람들은 돌아갔고 나는 완전히 지쳤다. 존은 내가 몇 사람 정도 만나는 게 내게 유익하리라고 생각해서 어머니와 넬리와 아이들이 일주일 동안 이곳에 내려와 있었다.

물론 나는 한 일이 아무것도 없다. 이제는 제니가 도맡아서 살림을 하고 있다.

그래도 피곤하기는 마찬가지다.

존은 내가 더 빨리 회복이 되지 않으면 가을에는 와이어 미첼 박사에게 보내겠다고 한다.

하지만 나는 전혀 그 의사에게 갈 마음이 없다. 한번 그에게 치료를 받은 적이 있는 친구 말로는 미첼 선생은 존이나 우리 오빠와 똑같은, 아니 더 심한 의사라고 한다!

게다가, 그렇게 멀리 가는 것은 그 자체가 힘들다.

어떤 일도 손 하나 까딱할 가치가 없다는 기분이 든다. 끔찍하게 초조해지고 괜스레 화가 난다.

아무 일도 아닌 일에 눈물이 나고 거의 내내 울기만 한다.

물론 존이나 다른 사람이 곁에 있을 때는 울지 않지만 혼자 있을 때는 운다.

아주 최근에는 대부분의 시간을 혼자 지낸다. 존은 중증 환자 때문에 뻔질나게 시내에 가고 제니는 착하게도 내가 원하면 혼자 있게 내버려 둔다.

그래서 잠시 정원을 산책하거나 그 예쁜 길을 따라 내려가거나 현관의 장미 넝쿨 아래 앉아 있기도 하지만, 아주 많은 시간은 여기 위층에 누워 있다.

벽지에도 불구하고 이 방이 정말 좋다. 어쩌면 벽지 **때문**일 수도 있다.

벽지는 이렇게 내 마음을 사로잡는다.

나는 여기 못으로 고정된 게 틀림없는 이 요지부동인 거대한 침대에 몇 시간이고 누워서 눈으로 벽지 무늬를 따라간다.

그 일은 확실히 곡예나 다름없다. 말하자면 누구의 손길도 닿은 적이 없는 모퉁이 바닥에서 시작해서 그 무의미한 무늬를 계속 따라가 끝장을 보겠다는 결심을 수천 번이나 한다.

나는 디자인의 원칙을 좀 안다. 그런데 이 벽지의 배열은 방사나 교대나 반복이나 대칭 혹은 내가 들어본 어떤 원칙도 따르지 않는다.

물론 벽지 한 폭마다 같은 무늬가 반복되고 다른 방식으로 반복되지는 않는다.

한쪽 방향에서 보면 벽지 한 폭 한 폭이 분리되어 따로 있다. 멍청한 개별적인 벽지 한 폭 안에서 불룩한 곡선과 당초무늬, 즉 섬망증에 걸린 듯이 "변질된 로마네스크" 무늬가 어기적거리며 위아래로 움직인다.

하지만 다른 방향에서 보면 벽지 한 폭 한 폭이 사선으로 연결되어 있다. 그리고 사선으로 뻗은 선들은 거대한 파도처럼 비스듬히 밀려온다. 그 끔찍한 모습은 해초 더미가 전속력으로 달려와 덮치는 것 같기도 하다.

모든 무늬가 수평으로도 뻗어 있다. 적어도 그렇게 보인다. 나는 그 방향으로 가는 무늬의 질서를 알아내려다가 지쳐버린다. 가로로 둘린 띠 벽지 때문에 훨씬 더 혼란스러워진다.

방 한쪽 끝에는 거의 멀쩡한 벽지가 있는데, 교차하는 햇빛이 약해지고 저무는 태양이 직접 비치면 방사선 무늬가 보이는 것 같다. 중심부 주위에 끝없이 형성되는 그로테스크한 무늬가 사방으로 돌진해 곤두박질치는 것 같다.

무늬를 따라가다 보니 피곤하다. 낮잠을 자야 할 것 같다.

* * * * * *

내가 왜 이걸 써야 하는지 모르겠다.

나는 쓰고 싶지 않다.

쓸 수 없을 것 같은 느낌도 든다.

그리고 존이 그걸 어리석다고 생각하리라는 것을 안다. 하지만 나는 내가 느끼고 생각하는 것을 어떤 식으로든 **말해야 한다**. 그래야 마음이 가벼워질 것이다.

하지만 마음이 가벼워지기보다는 글 쓰는 게 점점 더 힘이 든다.

이제 하루의 절반쯤은 끔찍하게 게으름을 부리고 아주 많은 시간 동안 누워있다.

존은 내게 기운을 차려야 한다고 하면서 맥주와 와인과 덜 익은 고기는 말할 것도 없고 대구 간유와 여러 가지 강장제를 먹인다.

내 사랑 존! 그는 나를 아주 많이 사랑하고 내가 아픈 것을 싫어한다. 어제 나는 그와 논리적으로 대화하려고 정말 애썼다. 사촌인 헨리와 줄리아의 집 방문을 허락해주면 정말 좋겠다고 했다.

그러나 그는 내게 갈 힘도 없고 도착한 후에도 버틸 수 없을 것이라고 했다. 게다가 내 입장을 제대로 설명하지도 못했다. 말을 마치기도 전에 울음이 터져버렸다.

논리적으로 생각하는 게 아주 힘들어진다. 이게 단지 신경쇠약이려니 한다.

그러자 내 사랑 존이 나를 들어 위층으로 데려가 침대에 눕힌 다음 잠들 때까지 곁에서 책을 읽어주었다.

그는 내가 자신의 사랑이고 위안이고 전부라고 했다. 존은 자기를 위해서라도 내가 나 자신을 잘 돌보고 건강해져야 한다고 했다.

망상에서 빠져나오는 것은 전적으로 나에게 달렸다고 했다. 멍청한 망상에 빠지지 말고 의지력과 자제력을 발휘해야 한다고도 했다.

한 가지 위안은 우리 아기가 행복하게 잘 지내며 이런 끔찍한 벽지로 도배된 아기방에 있지 않아도 된다는 것이다.

이 방을 우리가 사용하지 않았으면 축복받은 우리 아기방이 되었을 것이다! 그런 일을 피하게 되어 얼마나 다행인가! 무슨 일이 있어도 내 아기, 그 연약한 아기를 이런 방에 살게 하지는 않을 것이다.

전에는 그 점에 대해 생각해본 적이 없었다. 어쨌든 존이 나를 여기 있게 해서 다행이다. 아기보다는 내가 훨씬 더 잘 견딜 수 있다.

물론 나는 절대 그들에게 벽지 이야기를 하지 않는다. 나는 아주 현명하니까. 하지만 여전히 벽지를 유심히 관찰한다.

그 벽지에는 나만 알고 아무도 모르는 일들이 생긴다.

바깥 무늬 뒤에 있는 희미한 형체가 나날이 더 또렷해진다.

늘 같은 형체인데, 단지 숫자가 너무 많다.

그리고 그 무늬 뒤에서 여자가 몸을 구부리고 살금살금 주변을 걸어 다니는 것 같다. 그게 너무 싫다. 존이 나를 여기서 먼 곳으로 데려다주면 좋으련만!

* * * * * *

나의 증상에 대해 존과 대화하기가 너무 어렵다. 그는 아주 현명하고 나를 너무 사랑하기 때문이다.

하지만 어젯밤에는 대화를 시도했다.

달 밝은 밤이었다. 태양과 마찬가지로 달도 늘 공전하며 빛난다.

나는 이따금 달이 보기 싫다. 달은 너무 천천히 움직이는 데다 늘 이 창문 저 창문으로 들어오기 때문이다.

존이 자고 있어 그를 깨우기 싫었다. 그래서 나는 가만히 누워서 벽지가 달빛을 받아 물결처럼 흔들리는 것을 바라보다가 오싹해졌다.

벽지 뒤에서 보이는 희미한 형체가 마치 벽에서 나오고 싶어 하는 것처럼 벽지 무늬를 흔들기 시작했다.

나는 벽지가 **정말로** 움직이는지 직접 만져 확인하기 위해 조용히 일어나 벽지에 다가갔다. 침대로 돌아오니 존이 깨어 있었다.

"여보, 무슨 일이오? 그렇게 돌아다니지 말아요. 그러다가 감기 걸리겠소."

나는 대화하기에 적시라고 생각했다. 그래서 정말이지 여기서는 전혀 병이 낫지 않으니까 나를 먼 곳으로 데려다 달라고 했다.

"아니, 여보! 3주 후면 임대 기간이 끝나오. 그전에는 떠날 수 없소 아직 집수리가 다 안 돼서 지금 당장 떠날 수도 없소. 물론 당신이 위험한 상황이면 갈 수 있고 갈 거요. 하지만 여보, 당신은 정말이지 건강이 많이 회복되고 있소. 아는지 모르겠지만 당신은 많이 회복되고 있소. 여보, 의사인 내가 잘 아오. 당신 몸무게도 늘고 안색도 좋아지고 식욕도 돌아오고 있소. 정말 당신 걱정을 많이 덜었소."

"몸무게는 조금도 늘지 않았어요. 어쩌면 더 준 것 같아요. 당신과 함께 저녁 식사를 할 때는 더 먹는지 몰라도, 당신이 없는 오전에는 식욕이 없어요."

"이 귀여운 아가씨 좀 봐!" 그가 나를 꼭 끌어안으며 말했다. "아프고 싶은 만큼 얼마든지 아파도 괜찮소! 하지만 이제 자러 갑시다. 그래야 낮에 기분이 나아질 거요. 그 이야기는 아침에 합시다!"

"그러면 안 떠나겠다는 거죠?" 나는 침울하게 물었다.

"자, 어떻게 그럴 수 있겠소, 여보? 삼 주만 더 머물면 되오. 그 후에는 며칠간 멋진 여행을 할 거요. 그 사이에 제니가 집을 잘 준비해 놓을 거요. 여보, 정말 당신 건강이 많이 회복되었소!"

"아마 몸은 좀 회복되었을지 모르지만—" 나는 말을 꺼내다 멈추었다. 그가 똑바로 앉아서 엄숙한 표정으로 비난하며 바라보는 바람에 한마디도 더 꺼내지 못했다.

"여보, 제발 부탁인데 당신 자신을 위해서 뿐 아니라 나나 아이들을 위해서 잠시도 그런 생각을 하지 마시오! 당신 같은 기질의 사람이 가장 빠지기 쉬운 아주 위험한 생각이오. 그런 생각은 정말이지 잘못된 어리석은 망상이요. 의사인 내 말을 못 믿겠소?"

물론 그래서 나는 그 문제에 대해서는 더 이상 아무 말도 하지 않았다. 그리고 우리는 곧 잠자리에 들었다. 그는 내가 먼저 잠들었다고 생각했지만 나는 잠들지 않았다. 누워서 몇 시간이고 벽지의 바깥 무늬와 배경 무늬가 함께 움직이는지 따로 움직이는지 결정하려고 애썼다.

* * * * * *

낮에 햇빛이 비치면 벽지 무늬는 연속적이지도 규칙적이지도 않다. 정상적인 사람이 보기에는 끊임없이 짜증이 나는 벽지 색은 아주 소름 끼치고 황당하고 화가 치민다. 하지만 벽지 무늬는 너무나 심하게 고통을 준다.

무늬에 대해 충분히 알았다는 생각이 들지만, 무늬를 따라가기 시작하자마자 무늬는 뒤에서 공중제비를 넘어 앞에 나타난다. 그리고 보는 사람의 뺨을 때리고 쓰러뜨리고 짓밟는다. 그것은 악몽 같다.

바깥 무늬는 버섯 비슷한 화려한 아라베스크 무늬다. 독버섯이 끝없이 이어지는데 독버섯에서 싹이 나고 자라며 끝없이 소용돌이무늬를 만든다고 상상해보라. 어쨌든 그 비슷하다.

때로는 그렇다!

이 벽지에서 특히 또렷하게 눈에 띄는 점이 있다. 나 말고 아무도 이것을 눈치채지 못한 것 같다. 빛의 변화에 따라 벽지도 변하는 것 말이다.

동쪽 창문을 통해서 햇빛이 들어오면—나는 늘 아침 일찍 깊숙이 들어오는 아침 햇살을 유심히 바라보는데—벽지는 믿을 수 없을 정도로 아주 잽싸게 변화한다.

내가 늘 벽지를 유심히 보는 이유다.

달이 뜨면 밤새도록 달빛이 비친다. 달빛에 비치면 같은 벽지인지 알아볼 수 없을 정도다.

밤이 되어 빛이 비치면, 석양이든 촛불이든 등불이든 가장 최악인 달빛이든 어떤 빛이 비쳐도 창살이 되어버린다! 바깥 무늬가 창살이 된다는 말이다. 그 뒤에 있는 여자 모습도 아주 또렷해진다.

나는 오랫동안 바깥 무늬 뒤에 나타나는 그 희미한 배경 무늬가 무엇인지 깨닫지 못했다. 하지만 이제는 배경 무늬가 여자라고 확신한다.

낮이면 억눌려서 그 여자는 조용하다. 그 창살무늬 때문에 그렇게 가만히 있는 것이라고 상상한다. 너무 당황스러워서 나는 몇 시간이고 조용히 바라본다.

이제 나는 너무 오래 누워있다. 존은 누워있는 것이 내 건강에 좋다며 가능한 한 많이 자야 한다고 말한다.

그의 지시로 식사 후 항상 1시간 동안 누워있는 습관을 갖게 되었다.

그건 분명히 나쁜 습관이다. 알다시피 내가 잠자지 않기 때문이다.

그리고 그들에게 깨어 있다고 말하지 않아서 거짓말을 하게 된다. 오, 그건 아니지!

사실은 약간 존이 두려워지고 있다.

그는 때때로 아주 이상하다. 심지어 제니조차 알 수 없는 표정을 짓는다.

종종 저렇게들 이상해진 것이 아마 벽지 때문일지 모른다는 생각이 과학적 가설로 떠오른다.

나는 존 몰래 쭉 존을 지켜보았다. 그리고 때때로 의심을 사지 않을 핑계를 대고 방을 급습해 **벽지를 바라보고 있는** 그를 포착했다! 그리고 제니도 마찬가지였다. 한번은 제니가 벽지 위에 손을 대고 있는 모습을 포착했다.

그녀는 내가 방에 있는 것을 몰랐다. 그리고 내가 최대한 자제하며 조용한 아주 조용한 목소리로 벽지를 가지고 뭘 하냐고 묻자 그녀는 도둑질하다가 들킨 사람처럼 뒤로 돌아보며 몹시 화난 표정을 지었다. 그리고 깜짝 놀랐다며 왜 그러냐고 했다!

그러고 나서 그녀는 벽지에 닿는 것마다 얼룩이 묻어 내 옷이나 존의 옷 모두 노란 얼룩이 있으니 조금 더 조심해주면 좋겠다고 했다!

정말 시치미를 잘 떼지 않는가? 그러나 나는 그녀가 그 무늬를 살피고 있었다는 것을 안다. 나 말고 누구도 그것을 알게 내버려두어서는 안된다고 결심한다.

*　*　*　*　*　*

예전보다 이제 삶이 훨씬 더 흥분된다. 알다시피 예상하고 기대할 일이 더 많이 생긴데다가 볼거리도 더 늘어났다. 나는 전보다 훨씬 더 잘 먹고 훨씬 더 안정되었다.

내가 더 건강해지자 존도 기분이 아주 좋아졌다! 며칠 전에는 약간 웃으며 내가 벽지를 싫어하는데도 점점 더 건강해지는 것 같다고 말했다. 나는 웃음으로 그의 웃음을 막았다. 그에게 벽지 **때문에** 건강해졌다고 말할 의도도 없었다. 그랬다면 나를 놀렸을 것이고 어쩌면 먼 곳으로 데려가고 싶어 할 수도 있었다. 이제는 벽지의 정체를 완전히 알아낼 때까지 떠나고 싶지 않다. 일주일 남았는데, 그 정도면 충분할 것이다.

* * * * * * * * *

나는 훨씬 더 기분이 좋아졌다! 밤에는 많이 자지 않는다. 벽지의 변화를 바라보는 것이 너무 재미있어서다. 그 대신 낮에는 잠을 많이 잔다.

낮에는 피곤하고 혼란스럽다.

독버섯에서는 늘 새싹이 나고 그 위로 노란 새 그림자가 덮인다. 너무 많아서 셀 수조차 없다. 정신을 차려 아무리 숫자를 세어보려고 해도 셀 수가 없다.

그 벽지 색은 정말 이상한 노란색이다! 벽지를 보면 여태껏 내가 본 적이 있는 노란 물건이란 물건은 모조리 다 생각난다. 예쁜 노란색 미나리아재비는 아니고 낡고 더럽고 끔찍한 노란 물건이 생각난다.

그러나 그 벽지에는 뭔가 다른 것이 있다. 냄새다! 방에 들어가자마자 그 냄새를 맡았다. 그러나 통풍이 잘되고 해가 잘 들어 냄새가 그다지 불쾌하지는 않았다. 이젠 일주일 동안이나 안개가 끼고 비가 와서 창문을 열든 닫든 방에서 늘 그 냄새가 난다.

그 냄새는 집 안 구석구석 스며있다.

그 냄새가 식당에서 서성대다가 천천히 응접실을 오가다

거실에 숨기도 하고 계단에 잠복해 나를 기다린다는 것을 알고 있다.

그 냄새는 내 머리카락 속으로 스며든다.

마차를 타러 나갈 때조차도 머리를 갑자기 휙 돌리면 바로 그 냄새가 난다!

아주 특이한 냄새다! 여러 번 그 냄새가 무엇인지 분석하고 어떤 냄새인지 알아내려고 했다.

처음에는 그 냄새가 그다지 불쾌하지도 않았고 나는 듯 마는 듯했지만 아주 묘한 냄새로 정말 오래 사라지지 않는다.

이렇게 날씨가 습할 때는 그 냄새가 끔찍하다. 밤에 자다가 일어나보면 내 몸 위로 냄새가 퍼져 있다.

처음에는 그 냄새를 맡으면 심란해지곤 했다. 냄새를 제거하기 위해 진짜로 집을 태울까까지, 생각해보았다.

그러나 지금은 그 냄새에 익숙해져 있다. 그 냄새에 대해 생각할 수 있는 것은 벽지 **색**과 유사하다는 것이다! 노란 냄새다.

이 벽의 굽도리널 근처 아랫부분에 아주 우스꽝스러운 표시가 있다. 선 하나가 방 전체에 둘러져 있다. 침대만 빼고 모든 가구의 뒤쪽에도 그 선이 있다. 마치 여러 번 문질러서 생긴 얼룩처럼 보이는 아주 긴 직선이다.

그 선이 어떻게 생겼으며 누가, 왜 그런 선을 그렸는지 궁금하다. 방에 빙 빙 빙 그리고 빙 빙 빙 둘러진 선을 따라가니 너무 어지럽다!

* * * * * *

나는 마침내 진짜 무언가를 발견했다.

밤에 벽지 무늬가 변할 때 오랫동안 지켜봐서 마침내 무언가를 발견했다. 벽지의 바깥 무늬가 **움직인다는 사실이다.** 놀랄 것도 없다! 무늬 뒤의 여자가 흔들고 있다!

때로는 벽지 뒤 여자들이 여러명인 것 같고 때로는 한 명밖에 없는 것 같다. 그 한 여자가 빠른 속도로 주위를 기어 다녀 벽지 전체가 흔들린다.

그러고 나서 아주 밝은 곳에서는 그녀가 가만히 있다. 그러다 아주 어두운 곳에서는 창살을 붙잡고 마구 흔든다.

그리고 그 여자는 계속 창살을 기어오르며 빠져나오려고 한다. 하지만 아무도 그 창살무늬를 빠져나올 수 없다. 그 창살무늬는 그녀의 목을 조른다. 그래서 창살에 그렇게 많은 머리가 매달려 있는 것이다.

그 여자들은 창살 사이로 빠져나오려고 하지만 창살무늬가 그녀들의 목을 조르고 거꾸로 매달아 놓아 눈동자의 흰자위가 보인 것이다!

그 여자들의 머리를 무언가로 덮거나 아예 머리를 치워버리면 그렇게 끔찍하지는 않을 텐데.

* * * * * *

낮에 그 여자가 밖으로 나오는 것 같다!

그리고 그렇게 생각하는 이유를 살짝 말해주겠다. 내가 그여자를 보았다.

어떤 창문에서든 그 여자를 볼 수 있다!

그 여자는 같은 여자이다. 그 여자는 늘 기어 다니는데, 보통 여자들은 낮에 기어 다니지 않기 때문이다.

그녀가 그늘진 긴 오솔길을 아래 위로 기어 다니는 모습이보인다. 그녀가 그늘진 포도 넝쿨 아래 정자에 있는 모습과 기어 다니며 정원 전체를 빙빙 도는 모습이 보인다.

그녀가 긴 가로수 길을 기어 다니다가 마차가 오면 블랙베리 넝쿨 아래 숨는 모습도 보인다.

그런 그녀를 비난할 생각은 조금도 없다. 대낮에 기어 다니다가 들키면 아주 망신일 테니까!

나는 낮에 기어 다닐 때 항상 문을 잠근다. 존이 곧 의심할것 같아서 밤에는 기어 다닐 수가 없다.

그리고 요새 존은 아주 이상해서 자극하고 싶지 않다. 각방을 쓸 수 있으면 정말 좋을 텐데! 게다가 밤에 나 말고 다른 사람이 그 여자를 꺼내주는 것은 원치 않는다.

나는 종종 모든 창문에서 동시에 그녀를 볼 수 있지 않을까 궁금해진다.

하지만 아무리 몸을 빨리 돌려도 한 번에 한 창문에서만 볼 수 있다.

그리고 늘상 그녀를 보고 있는데도, 내가 머리를 돌리는 속도보다 그녀가 더 빨리 **기어 다닐** 수 있는 것 같다!

때로는 먼 전원 풍경 속에 있는 그녀를 보았다. 그녀는 강풍에 밀려가는 구름 그림자보다 더 빨리 기어 다니고 있었다.

* * * * * *

배경 무늬만 두고 바깥 무늬를 뜯어낼 수 있으면 얼마나 좋을까! 나는 조금씩 바깥 무늬를 뜯어내 보려고 한다.

또 하나 재미있는 것을 발견했지만 이번에는 말하지 않겠다! 사람들을 너무 믿으면 안 되니까.

벽지를 뜯어낼 시간이 이틀밖에 남지 않았다. 존이 눈치챈 것 같다. 그의 눈에 서린 표정이 싫다.

존이 제니에게 나에 대해 이것저것 의학적인 질문을 하는 것을 들었다. 그녀는 아주 능숙하게 보고를 했다.

제니는 내가 낮에 잠을 아주 많이 잔다고 말했다.

존은 내가 아무리 가만히 있어도 밤에 잠자지 않는 것을 알고 있는데!

존은 내게 온갖 질문을 했고 아주 다정하게 날 사랑하는 척했다.

마치 내가 자신의 의중을 모르기라도 하는 것처럼!

그래도 이런 벽지 아래서 석 달 동안이나 잠을 잤으니 그가 그런 행동을 하는 것도 이상할 게 없다.

내 관심은 오직 벽지뿐이다. 하지만 존과 제니도 은밀하게 벽지의 영향을 받은 게 틀림없다고 느껴진다.

* * * * * *

와! 오늘이 마지막 날이기는 하지만 시간은 충분하다.

존은 밤새 시내에 있을 예정이라 저녁까지는 외출하지 않을 것이다.

제니는 나와 함께 자고 싶다고 한다. 교활한 것 같으니! 하지만 밤에는 혼자 자야 더 편하게 잘 수 있다고 말했다.

그것은 현명한 조치였다. 정말이지 나는 잠시도 혼자가 아니기 때문이다! 달빛이 비치자마자 그 불쌍한 여자가 기어 나와 무늬를 흔들기 시작했다. 나는 그 여자를 도우려고 일어나서 달려갔다.

내가 당기고 그녀가 흔들고, 내가 흔들고 그녀가 당겼다. 그리고 우리는 아침이 오기 전에 그 벽지를 몇 야드나 뜯어냈다.

내 머리 높이로 방 벽지를 절반이나 뜯어냈다.

그러고 나서 해가 뜨자 그 끔찍한 무늬가 다시 나를 비웃기 시작했다. 그때 나는 오늘 내로 이 일을 끝내겠다고 선언했다!

내일이면 우리가 떠난다. 우리 가구는 모두 1층으로 옮겨졌고 원래 있던 물건들이 다시 들어왔다.

제니는 벽을 보고 깜짝 놀랐다. 하지만 나는 얄미운 벽지에 복수하기 위해 그랬을 뿐이라고 명랑하게 말했다.

그녀는 웃으면서 자기는 그래도 되지만 나는 피곤하면 안 된다고 했다.

이때 제니는 자기도 모르게 본심을 드러내고 말았다!

하지만 내가 여기에 있고 나만 만질 수 있고 다른 누구도 이 벽지를 만지지 못한다. **산 사람은** 아무도 만지지 못한다!

그녀는 나를 방 밖으로 데려가려고 애썼다.

주제넘게! 그러나 나는 이 방이 비어 있는 데다가 너무 조용하고 깨끗하니까 다시 여기 누워 실컷 자겠다면서 저녁 식사 시간에도 날 깨우지 말라고 했다. 내가 깨어나면 그때 그녀를 부르겠다고 했다.

그래서 이제 그녀는 가버리고 하인들도 가버리고 물건들도 다 가져가 버려서 남은 것이라고는 못으로 고정된 원래 있던 캔버스 매트리스가 깔린 거대한 침대뿐이다.

오늘 밤 우리는 아래층에서 자고 내일이면 배를 타고 집으로 돌아갈 것이다.

이제 다시 이 텅 빈 방에 있는 게 아주 기분이 좋다.

아이들은 여기서 정말 벽지를 많이 뜯어냈구나!

이 침대틀에는 이빨로 갉은 자국 천지구나!

하지만 일을 시작해야만 한다.

문을 잠그고 열쇠를 문 앞쪽 길에 던졌다.

나가고 싶지 않다. 그리고 존이 올 때까지 아무도 들어오지 못 하게 하고 싶다.

그를 놀라게 해주고 싶다.

나는 제니 몰래 밧줄을 여기 위층으로 가져왔다. 그 여자가 밖으로 나와 멀리 가려고 하면 이 밧줄로 묶을 수 있다!

그러나 딛고 설 물건이 없으면 손을 멀리 뻗을 수 없다는 걸 깜박했네!

이 침대는 **요지부동이다**!

나는 침대를 들어서 밀다가 등이 뻐근해졌다. 그러자 너무 화가 치밀어서 침대 한쪽 모퉁이를 이빨로 깨물었다. 하지만 이빨이 아팠다.

그러고 나서 마루에 서서 손닿는 곳의 벽지라는 벽지는 모조리 뜯어냈다. 벽지는 끔찍할 정도로 벽에 꼭 달라붙어 있고 벽지 무늬는 그걸 즐기고 있다! 목이 졸린 머리들과 튀어나온 눈알들과 삐뚤삐뚤 퍼져 있는 곰팡이들이 모두 조롱하며 소리친다.

너무 화가 치밀어 나는 필사적으로 무슨 짓이든 하려고 한다. 창문 밖으로 뛰어내리면 멋진 체조가 되겠지만 창살이 너무 튼튼해서 엄두가 나지 않는다.

게다가 나는 뛰어내릴 마음도 없다. 물론 뛰어내리지 않을 것이다. 그런 행동은 부적절하고 오해를 받을 것임을 잘 알고 있다.

나는 창밖을 **내다보는** 것조차 싫다. 너무 많은 여자들이 너무 빠르게 기어 다닌다.

그 여자들도 모두 나처럼 벽지에서 나온 건가?

그러나 나는 잘 숨겨놓은 밧줄로 안전하게 묶여 있다. 아무도 나를 저 길로 끌고 나갈 순 없겠지!

밤이 오면 벽지 무늬 뒤로 가야 하는데, 힘들겠군!

이 큰 방으로 나와 내 마음대로 기어 다니니 너무 즐겁다!

바깥으로 나가고 싶지 않다. 제니가 나오라고 해도 나가지 않을 것이다.

바깥에서는 땅 위를 걸어 다녀야 하는데, 땅은 노란색이 아니라 모두 초록색이기 때문이다.

그러나 여기서는 매끈한 마룻바닥을 기어 다닐 수 있고 벽을 둘러싼 저 얼룩의 높이가 내 어깨높이와 똑같으니 길을 잃을 염려도 없다.

저런, 문 앞에 존이 있네!

그래 봐야 소용없을 걸, 이 사람아. 문은 안 열릴걸!

존이 마구 소리를 지르고 발을 구르는군!

이제 그는 도끼를 가져오라고 소리치고 있다.

저 아름다운 문을 부수면 정말 부끄러운 일일 텐데!

"존, 여보! 열쇠는 아래층 현관문 옆 질경이 잎 아래 있어요." 최대한 부드러운 목소리로 말했다.

그러자 잠시 그가 잠잠해졌다.

그러고 나서 아주 조용히 말했다.

"여보, 제발 문 좀 열어요!"

"못 열어요. 열쇠는 아래층 현관문 옆 질경이 잎 아래 있어요!"

그러고 나서 나는 아주 부드럽게 그 말을 여러 번 천천히 되풀이했다.

내가 그 말을 계속 되풀이하자 존은 어쩔 수 없이 열쇠를 찾으러 내려갔다. 그는 물론 열쇠를 찾았고 방으로 들어왔다. 그는 문 앞에 멈추었다.

"무슨 일이오? 도대체 무슨 짓을 하고 있는 거요!"

나는 똑같이 계속 기어 다녔다. 하지만 어깨 너머로 그를 바라보았다.

"당신이나 제니가 아무리 막아도 난 결국 밖으로 나왔어요. 이미 벽지를 거의 다 뜯어냈으니 다시는 나를 벽지 속에 가둘 수 없어요!"

그런데, 저 남자가 왜 기절을 하지? 하지만 그는 기절했다. 그리고 벽 옆에 쓰러져 내가 지나가는 길을 막고 있어서 매번 그를 넘어 기어가야만 했다!

데지레의 아기

케이트 쇼팬

날씨가 좋아서 발몽드 부인은 데지레와 아기를 보러 마차를 타고 라브리로 갔다.

아기를 안고 있는 데지레의 모습을 생각하니 웃음이 났다. 데지레가 아기만 했을 때가 엊그제 같기 때문이었다. 남편인 발몽드 씨가 말을 타고 발몽드 농장 정문을 지날 때 큰 석조 기둥 그늘 아래서 잠들어 있는 데지레를 발견했다.

그 어린 것이 발몽드 씨 품 안에서 깨어나 "아빠"를 찾기 시작했다. 아이는 이제 겨우 '아빠'를 말할 나이였다. 아장아장 걸어 다닐 나이여서 아이가 혼자 돌아다니다가 거기까지 온 거라고 사람들이 생각했다. 그러나 대부분은 텍사스 이주민 일행이 아이를 일부러 버리고 갔다고 생각했다. 그날 늦게 텍사스 이주민들이 캔버스 천 지붕 마차를 타고 발몽드 농장 바로 아래쪽에 있는 꽁뜽 메의 나루터를 건넜기 때문이다. 시간이 흘러 발몽드 부인은 자비로우신 하나님께서 배 아파 낳은 자식이 없는 것을 보시고 가슴으로 낳은 자식으로 삼으라고 데지레를 보내주신 거라 믿었다. 데지레는 아름답고 온유하고 애정이 많고 신실한 아이로 자랐다―발몽드 농장의 우상이었다.

어느 날 데지레가 18년 전 그 그늘에서 잠들었던 석조 기둥에 기대어 서 있을 때, 아르망 오비니가 말을 타고 지나가다가 그녀를 보고서 사랑에 빠졌는데, 그건 이상할 게 없었다. 오비니 가문 사람들은 총에 한 방 맞은 것처럼 그렇게 단번에 사랑에 빠졌기 때문이다. 왜 이제야 아르망이 데지레에게 빠졌는지 그것이 오히려 의아했다. 아르망의 어머니가 파리에서 죽은 후, 그의 아버지가 여덟 살배기 아들을 데리고 고향으로 돌아온 이후로 아르망은 데지레를 쭉 알고 있었기 때문이다. 발몽드 농장 정문에 서 있는 데지레를 본 그날 아르망의 내면에서 깨어난 열정은 방해물은 무엇이든 다 휩쓸어 버리는 산사태나 대초원의 화재처럼 거침이 없었다.

발몽드 씨는 더 현실적으로 되었고, 만사를 잘 살피길 원했다. 데지레의 알 수 없는 출생에 대해서 짚고 가길 원했다. 아르망은 데지레의 눈을 들여다보고는 그런 문제 따윈 개의치 않았다. 발몽드 씨는 아르망에게 데지레는 성(姓)이 없다는 사실을 상기시켜 주었다. 결혼하면 루이지애나에서 가장 유서 깊고 명망 있는 성을 데지레에게 주게 될 텐데 성이 무슨 문제인가? 아르망은 파리에 주문한 결혼용 함을 끈기 있게 참고 기다리다가 그것이 도착하자마자 데지레와 결혼했다.

발몽드 부인은 데지레와 아기를 못 본 지 한 달이 되었다. 라브리에 도착하자 부인은 늘 그렇듯이 그곳의 첫 광경에 진저리가 쳐졌다. 라브리는 슬퍼 보이는 곳이었다. 그곳은 오비니씨가 프랑스에서 부인과 결혼하고 그곳에 부인을 묻어주고 왔기 때문에, 안주인의 부드러운 손길이 닿지 않은 지 오래된 집이었다. 오비니 부인은 자신의 조국을 너무 사랑해서 프랑스를 떠나본 적이 없었다. 가파른 지붕은 수도승의 검은색 두건 마냥, 누런 회반죽 집을 빙 두른 넓은 회랑 바깥으로 뻗쳐 나왔다. 집 가까이에 크고 장엄한 참나무들이 자랐고, 가지의 잎들이 무성한 채 멀리 뻗어서 라브리에 장막처럼 그늘을 드리우고 있었다. 젊은 오비니는 집안을 엄격하게 다스려서 그의 밑에 있는 검둥이들은 즐거움이 무엇인지도 잊어버렸다. 아버지 오비니는 평생 느긋하고 관대했었다.

젊은 산모는 서서히 몸을 추스르는 중이었다. 부드러운 흰 모슬린 천에 레이스가 달린 옷을 입고 침상에 길게 누워있었다. 아기는 엄마의 품에서 팔에 안긴 채 잠들어 있었다. 피부가 황색인 유모는 창 옆에 앉아 부채질을 하고 있었다.

발몽드 부인은 통통한 몸을 굽혀 잠시 데지레를 팔로 부드럽게 안고서 입을 맞췄다. 그러고 나서 몸을 돌려 아기를 보았다.

"한 달 전에 봤던 아기가 아니네!" 발몽드 부인은 깜짝 놀라 소리를 쳤다. 당시 발몽드 농장에서는 불어를 썼다.

"아기가 부쩍 자라서 엄마가 놀라실 줄 알았어요." 데지레가 웃으며 말했다. "우리 강아지! 아기 다리 좀 봐요. 엄마, 손하고 손톱도요. 진짜 손톱이에요. 오늘 아침에 잔드린이 깎아 줘야 했다고요. 그렇지, 잔드린?"

잔드린은 터번을 쓴 머리를 위엄 있게 숙이며 말했다. "그러믄요, 마님."

데지레는 말을 이어갔다. "그리고 아기 울음소리가 어찌나 큰지 귀가 먹먹할 지경이에요. 지난번엔 아르망이 라블랑쉬의 오두막만큼 떨어진 곳에서도 아기 울음소리를 들었다니까요."

발몽드 부인은 아기에게서 눈길을 떼지 않았다. 아기를 안아 들고 제일 밝은 창으로 갔다. 아기를 찬찬히 보고 나서, 살피듯이 잔드린을 봤는데, 잔드린은 얼굴을 돌린 채 들판 너머를 바라보고 있었다.

발몽드 부인은 아기를 제 어미 옆에 내려놓으며 "그래, 아기가 자랐구나, 많이 변했어"라고 천천히 말했다. "아르망은 뭐라고 하디?"

데지레의 얼굴엔 행복에 겨운 상기된 빛이 퍼졌다.

"아, 아르망은 우리 교구에서 가장 자랑스러운 아버지예요. 아들이라 이름을 물려줄 수 있어서 그럴 거예요. 아르망은 아니라고 하지만요. 딸이었어도 똑같이 사랑했을 거라고 말하지만 그렇지 않다는 걸 저는 알아요. 날 기쁘게 해주기 위해서 하는 말이죠. 그리고 엄마," 데지레는 발몽드 부인의 머리를 끌어당겨서 속삭이듯 말했다. "아기가 태어난 후론 아르망이 저들을 한 명도 야단치지 않았어요, 단 한 명도요. 네그리옹 조차도요. 네그리옹이 일하기 싫어서 다리를 데인 척했는데도 아르망이 그저 웃으면서 네그리옹은 대단한 망나니라고만 했다니까요. 아, 엄마, 저 행복해요. 무서울 정도로요."

데지레의 말은 사실이었다. 결혼, 그리고 그 후에 아들이 태어나면서 아르망 오비니의 고압적이고 엄격한 성품이 상당히 누그러졌다. 그래서 온유한 데지레는 너무나 행복했다. 아르망을 지독하게도 사랑했기 때문이다. 아르망이 눈살을 찌푸리면 데지레는 두려워 떨었지만 그를 사랑했다. 그가 웃으면 더 바랄 게 없었다. 그러나 데지레를 사랑한 이후로 아르망이 그의 검고 잘생긴 얼굴을 찌푸리는 일은 거의 없었다.

아기가 태어난 지 석 달쯤 되었을 때 데지레는 자신의 평안을 위협하는 기운이 있다는 것을 느꼈다. 처음엔 너무나 미묘

해 알아차리지 못했다. 흑인 노예들 사이에 뭔가 수상한 기운이 돌았고 멀리 사는 이웃들이 별 이유 없이 데지레의 저택을 방문하는 등 무언가 불안한 기미 정도였다. 그러고 나서 데지레의 남편의 태도에 이상하고 끔찍한 변화가 생겼는데 데지레는 감히 그 이유를 말해달라는 요구도 할 수 없었다. 데지레에게 말을 할 때 아르망은 눈을 돌렸다. 그 눈에서 그녀에 대한 사랑의 빛은 이미 사라진 거 같았다. 그는 집을 비웠고, 집에 있을 때는 이유도 없이 데지레와 아기를 피했다. 그리고 노예들을 대할 때는 바로 사탄의 망령에 갑자기 사로잡힌 것 같았다. 데지레는 비참해서 죽을 거 같았다.

어느 무더운 오후, 데지레는 실내복 차림으로 기운 없이 자기 방에 앉아서 어깨까지 내려오는 길고 부드러운 갈색 머리타래를 손가락으로 쓸어내리고 있었다. 반만 덮은 채 아기는 데지레의 커다란 마호가니 침대에 잠들어 있었다. 공단으로 안감을 댄 덮개가 반쯤 달린 침대는 화려한 왕좌 같았다. 라블랑쉬의 혼혈 쿼드룬 아들 중 하나가 상의를 벗은 채 천천히 공작 깃털로 아이에게 부채질을 하며 서 있었다. 데지레는 멍하고 슬픈 눈길을 아기에게 고정한 채 그녀를 조여 오는 위협적인 분위기가 무엇인지 파악하려고 애쓰고 있었다. 그녀는 자기 아기를 보고 그 옆에 서 있는 혼혈 노예 아이를 보더니, 아기와 혼혈 노예 아이를 거듭 반복해서 봤다.

"아!" 어쩌지 못하고 터져 나온 비명이었다. 자기가 소리를 냈다는 사실조차 데지레는 모르고 있었다. 혈관을 흐르는 피가 얼어붙고 얼굴엔 식은땀이 솟았다.

그녀는 쿼드룬 아이에게 말을 하려고 했지만, 처음엔 소리가 나오질 않았다. 자기 이름을 부르는 소리를 듣고 노예 아이가 눈을 들어보니 주인마님이 손으로 방문을 가리키고 있었다. 그는 크고 부드러운 부채를 내려놓고 주인마님의 지시에 순종하여 잘 닦아 윤이 나는 바닥을 맨발로 까치발을 든 채 살며시 빠져나갔다.

자기 아기에게 눈을 고정한 채 꼼짝하지 않고 있는 데지레의 얼굴은 공포 그 자체였다.

그때 그녀의 남편이 방에 들어왔다. 데지레가 그곳에 있는지 알아차리지 못한 채 그는 테이블로 가서 테이블을 덮고 있는 서류 사이에서 뭔가를 찾기 시작했다.

"아르망," 듣는 이가 사람이라면 기필코 찔렸을 목소리로 데지레는 남편을 불렀다. 그러나 그는 듣지 못했다. 그녀가 다시 "아르망"을 불렀다. 그리고 나서 일어나 비틀거리며 남편에게 다가갔다. 숨이 가쁜 채로 다시 "아르망"을 부르고 그의 팔을 움켜잡으며 "우리 아기를 보세요. 이게 무슨 일이에요? 말씀해 주세요,"라고 말했다.

그는 차갑게 그러나 천천히 자기 팔을 잡은 그녀의 손가락을 하나씩 풀어내고는 그 손을 밀쳐냈다. "이게 무슨 일인지 말해주세요!" 데지레는 절망적으로 소리쳤다.

"저 애가 백인이 아닌 거지. 그건 당신이 백인이 아니라는 말이고." 그는 가볍게 답했다.

이 비난이 그녀에게 무엇을 의미하는지 재빨리 알아차리고 그녀는 전에 없던 용기를 내서 그 말을 부인했다. "거짓말이에요, 진실이 아니야, 나는 백인이야! 제 머리카락을 보세요. 갈색이에요. 제 눈은요, 회색이라고요. 아르망, 제 눈이 회색인 거 당신도 알잖아요. 제 피부도 희고요." 아르망의 팔목을 잡으며 데지레가 말했다. "제 손을 보세요, 당신 손보다 더 희잖아요, 아르망." 데지레는 발작적으로 웃어댔다.

"라블랑쉬의 손만큼 희군," 아르망은 잔인하게 대꾸하고 데지레를 아기와 남겨 놓은 채 방을 나갔다.

펜을 쥘 힘이 겨우 생기자 데지레는 발몽드 부인에게 절망적인 편지를 보냈다.

"엄마, 내가 백인이 아니라고들 해요. 아르망이 내가 백인이 아니라고 말했어요. 제발 사실이 아니라고 저 사람들에게 말해줘요. 엄마는 사실이 아니라는 걸 알고 있잖아요. 전 죽을 거 같아요. 죽을 거예요. 이렇게 비참하게 살 수는 없어요."

짧은 답장이 왔다.

"내 딸 데지레야, 발몽드로, 집으로 오너라. 널 사랑하는 엄마한테 돌아오너라. 아기도 데리고 오너라."

편지를 받자 데지레는 그걸 들고 남편의 서재로 가서 그가 앉아 있는 책상 위에 펼쳐 놓았다. 편지를 그곳에 올려놓고 나서 그녀는 마치 석상처럼 말없이, 창백한 얼굴로, 꼼짝하지 않고 서 있었다.

그는 편지에 적힌 내용을 차가운 눈길로 조용히 훑었다. 아무 말도 하지 않았다. "아르망, 저 갈까요?" 그녀는 고통스러운 긴장감에 날카로워진 목소리로 물었다.

"그래, 가."

"제가 가길 원하세요?"

"그래, 가길 원해."

아르망은 전능하신 하나님께서 자신을 잔인하고 부당하게 대했다고 생각했고, 이런 식으로 아내의 영혼에 칼을 꽂으면 아무튼 하나님께 동일한 방식으로 되갚음을 하는 것이라 믿었다. 게다가, 무의식적이긴 하나 데지레가 그의 집안과 이름에 입힌 상처로 인해 이제 그녀를 더는 사랑하지 않았다.

그녀는 한 대 얻어맞고 넋이 나간 사람처럼 돌아서서 아르망이 자기를 불러 세우길 바라며 문 쪽으로 천천히 걸어갔다.

"안녕, 아르망," 신음하듯 말했다.

그는 답하지 않았다. 그것이 그가 가한 최후의 일격이었다.

데지레는 아기를 찾았다. 잔드린이 아기를 안고 어두침침한 회랑에서 서성대고 있었다. 데지레는 아무 설명 없이 유모에게서 아기를 받아 안고는, 계단을 내려와 참나무 가지 아래로 멀어져 갔다.

시월의 오후였고 해가 지기 시작했다. 멀리 조용한 들판에선 검둥이들이 목화를 따고 있었다.

데지레는 입고 있던 얇은 흰옷을 갈아입지 않았고 실내화를 갈아 신지도 않았다. 머리카락은 드러낸 채였고, 햇빛이 갈색 머리에 반사하며 황금빛 섬광이 일었다. 데지레는 저 멀리 발몽드 농장으로 이어지는 넓고 잘 닦인 길로 들어서지 않았다. 인적이 없는 들을 가로질러 걸었다. 그곳에 있는 나무 그루터기에 채여 얇은 실내화를 걸친 부드러운 발은 멍이 들었고 얇은 옷은 갈기갈기 찢겼다.

천천히 깊게 흐르는 늪 같은 강의 둑을 따라 무성하게 자라 있는 갈대와 버들가지 사이로 모습을 감췄다. 그리고 다시는 되돌아오지 않았다.

몇 주가 흐른 뒤 라브리에서는 이상한 장면이 벌어졌다. 말끔하게 비질을 한 뒷마당 한가운데에 큰 모닥불이 지펴졌다. 아르망 오비니는 이 광경이 내려다보이는 넓은 현관에 앉아서 불쏘시개가 되는 물건들을 대여섯 명의 검둥이들에게 건네주고 있었다.

값비싼 많은 유아용품이 이미 타고 있었고 버드나무 가지로 엮어 앙증맞게 꾸민 우아한 요람이 장작더미 위에 올려졌다. 실크 가운과 벨벳과 공단으로 만든 옷, 레이스로 만든 것들, 수 장식이 된 것들, 여성용 모자와 장갑을 불에 던졌다. 결혼 함이 매우 고급이고 귀한 거였었다.

마지막으로 태울 건 작은 편지 다발이었다. 약혼 기간에 데지레가 아르망에게 끄적여 써 보낸 순수한 편지 꾸러미였다. 이 편지 꾸러미를 꺼낸 서랍 뒤쪽에 한 통의 편지가 남아 있었다. 그런데 그건 데지레가 쓴 편지가 아니었다. 아르망의 어머니가 자기 남편에게 보낸 편지의 일부였다. 아르망이 그 편지를 읽었다. 남편의 사랑을 허락하신 하나님의 은혜에 감사드리며 그의 어머니는 다음과 같이 썼다.

"그러나 무엇보다도 저는 우리의 사랑하는 아르망이 자기를 정말 사랑하는 제 어미가 노예의 낙인이 찍힌 저주받은 인종이라는 사실을 알지 못하도록 우리의 삶을 인도해 주신 선하신 하나님께 밤낮으로 감사드려요."

한 시간 이야기

케이트 쇼팬

맬러드 부인이 심장병을 앓는 것은 알려진 사실이라 남편의 사망 소식을 전할 때 사람들은 최대한 신경을 써서 아주 조심스럽게 소식을 전했다.

띄엄띄엄 말을 꺼낸 사람은 언니인 조세핀이었다. 그녀는 반은 숨기면서 애매한 암시로 소식을 전했다. 그녀 곁에는 남편 친구인 리처드도 있었다. 리처드는 마침 신문사에 있을 때 철도 사고 소식을 듣게 되었다. "사망자" 명단 제일 위 칸에 브렌틀리 맬러드의 이름이 있었다. 전보로 재차 사실을 확인하자마자, 리처드는 행여 조심성 없는 무감각한 지인이 이 슬픈 소식을 먼저 전하게 될까 봐 황급히 달려왔다.

여자들 대다수가 남편의 사망 소식을 들으면 온몸이 마비되어 무슨 말인지 알아듣지 못하는데 그녀는 사뭇 다르게 소식을 듣자마자 갑자기 오열하며 언니의 품에 안겼다. 슬픔의 폭풍이 지나가자 그녀는 아무도 따라오지 말라고 하고 혼자 자기 방으로 갔다.

열어놓은 창문 맞은편에 편안한 안락의자가 있었다. 온몸에 퍼진 후 영혼까지 지치게 하는 것 같은 육체적인 피로감에 짓눌려서 그녀는 의자에 털썩 주저앉았다. 집 앞 광장 나무에서는 봄의 새 생명으로 새싹이 떨리고 있는 것이 보였다. 대기 중에는 달콤한 비의 숨결이 스며있었다. 아래 거리에서는 행상이 물건을 사라고 외치고 있었다. 저 멀리서 누군가가 노래하는 소리가 희미하게 들렸고 처마에서 제비 여러 마리가 지저귀고 있었다. 창문을 통해 보이는 서쪽 하늘에는 몰려온 구름이 층층이 쌓였고 그 구름 사이로 여기저기 파란 하늘 조각이 보였다.

그녀는 머리를 젖혀 쿠션에 기댄 채 꼼짝도 하지 않고 의자에 앉아 있었다. 가끔 흐느끼며 온몸을 떨었다. 마치 울다가 지쳐 잠이든 후에도 꿈속에서 계속 흐느끼는 어린아이 같았다.

그녀는 젊었고 얼굴은 예쁘고 차분했다. 얼굴 윤곽에서는 억눌림과 동시에 어떤 힘이 드러났다. 하지만 지금 그녀의 눈은 멍하게 바라보고 있었다. 그녀는 저 멀리 보이는 파란 하늘 조각에서 시선을 떼지 않았다. 무엇인가를 생각하는 시선은 아니었다. 오히려 지적인 사고를 보류하고 있음을 보여주는 시선이었다.

무엇인가가 그녀에게 다가오고 있었다. 그녀는 그것을 두려워하며 기다리고 있었다. 이게 뭐지? 알 수가 없었다. 그것은 너무나 미묘하고 알 수 없어서 딱히 뭐라고 이름을 붙일 수가 없었다. 하지만 그것이 하늘에서 기어 나와 대기 중에 스민 소리와 향기와 색깔을 통해 그녀에게 다가오는 게 느껴졌다.

　이제 그녀의 가슴이 거칠게 요동쳤다. 그녀는 자신을 사로잡기 위해서 이것이 다가오고 있음을 인식하기 시작했다. 의지를 발휘해 그것을 물리치려고 했지만 무력했다. 그녀의 하얗고 가느다란 두 손으로 손사래를 쳤다면 그랬을 것이다.

　그녀가 포기하자 살짝 벌어진 입술 사이로 속삭이듯이 몇 마디가 새어 나왔다. 그녀는 헐떡이며 그 말을 몇 번이고 되뇌었다. "자유, 자유, 자유!" 멍한 시선과 공포의 표정이 이어졌으나 곧 그녀의 눈에서 사라졌다. 그녀의 눈은 날카롭고 밝게 빛났고 맥박은 빨라지기 시작했다. 피가 잘 돌자 그녀의 몸 구석구석이 따뜻해지고 긴장이 풀렸다.

　그녀는 자신을 사로잡고 있는 기쁨이 흉측한 것일까 아닐까를 묻기 위해 멈추지 않았다. 고양된 상태에서 명확한 인식이 생기자 그런 추측은 하찮은 것으로 무시해버릴 수 있었다. 그녀는 남편의 다정하고 친절한 손이 죽어서 포개진 모습을 보면, 늘 자신을 사랑스러운 눈길로 바라보던 얼굴이 죽어서 굳어져 창백해진 것을 보면, 자신이 다시 울 것임을 알고 있었다. 하지만 그 비통한 순간이 지나가면 절대적으로 자신의 것인 긴 세월이 다가오리라는 것을 알았다. 그녀는 두 팔을 벌려 다가오는 세월을 환영했다.

다가오는 세월에는 다른 사람을 위해 살 필요가 없을 것이다. 자신만을 위해 살 것이다. 자신의 의지를 동료 인간에게 강요할 권리가 있다고 믿고 맹목적으로 고집을 부리는 남녀가 있는데 이제 다시는 그런 사람들의 강력한 의지에 휘둘리지 않을 것이다. 그 짧은 깨달음의 순간에 생각해보니 친절한 의도든 잔인한 의도든 그런 강요가 범죄이기는 마찬가지였다.

하지만 그녀는 가끔은 그를 사랑하기도 했고 가끔은 사랑하지 않기도 했다. 그게 대수인가! 갑자기 그녀는 존재의 가장 강렬한 충동이 자기주장임을 깨달았다. 이 깨달음 앞에서 사랑이라는 그 해결되지 않은 수수께끼로 설명할 수 있는 게 뭐가 있는가!

"자유야! 몸도 영혼도 자유야!" 그녀는 계속 속삭였다.

조세핀은 닫힌 문 앞에서 무릎을 꿇고 열쇠 구멍에 대고 제발 들어가게 해달라고 사정을 하고 있었다. "루이스, 문 좀 열어줘! 제발 부탁이야. 문 좀 열어줘. 아프면 어떡해. 뭘 하고 있는 거야, 루이스? 제발 문 좀 열어줘."

"저리 가세요. 아프지 않아요." 그랬다. 그녀는 열린 창문을 통해 생명수를 마시고 있었다. 그녀의 상상은 앞으로 펼쳐질 나날들을 따라 마구 질주하고 있었다. 봄날들, 여름날들, 온갖 날들이 온전히 자기 것이 될 것이다.

그녀는 곧 제발 오래 살게 해달라고 기도를 했다. 어제만 해도 그녀는 오래 살게 될까 봐 몸서리를 쳤었다. 언니가 계속 졸라대자, 마침내 그녀가 일어나서 문을 열었다. 그녀의 눈은 들떠서 의기양양했고 자기도 모르게 승리의 여신처럼 처신했다. 그녀는 언니의 허리를 끌어안고 함께 계단을 내려왔다. 계단 끝에 리처드가 서서 기다리고 있었다.

누군가가 빗장 열쇠로 현관문을 열고 있었다. 들어온 사람은 바로 브렌틀리 맬러드였다. 맬러드는 여행으로 약간 지치긴 했지만, 차분히 여행 가방과 우산을 들고 있었다. 그는 사고 현장에서 멀리 떨어진 곳에 있어 사고가 난 사실조차 몰랐다. 조세핀이 소리를 지르고 리처드가 잽싸게 자신의 아내를 가리자 그는 깜짝 놀란 채 서 있었다.

하지만 리처드는 너무 늦었다.

의사들이 왔을 때 그들은 그녀가 심장병으로 사망했다고 말했다. 너무나 기뻐서 사망했다고.

점잖은 여인

케이트 쇼팬

바로다 부인은 남편이 친구의 방문을 기다리고 있는 것을 알고 약간 삐졌다. 친구인 구브네일은 한두 주 정도 농장에 머물 거라고 했다.

부부는 겨울이면 아주 재미있게 지냈다. 뉴올리언스로 가서 가벼운 여흥을 즐기며 보내는 시간도 많았다. 부인은 방해받지 않고 남편과 꼭 붙어 지낼 시간을 기대에 차 기다리고 있었다. 그런 때 구브네일이 자기 집을 방문해 한두 주 머문다는 것이었다.

그에 관해선 이야기는 많이 들었지만 본 적은 없었다. 남편의 대학 친구로 지금은 기자였다. 결코 사교계 인사나 "사교계 멋쟁이"는 아니었다. 아마 그래서 만난 적이 없을 것이다. 그러나 그녀는 무의식적으로 그가 어떤 모습일지 떠올렸다. 큰 키에 호리호리하고 냉소적이며 손을 늘 호주머니에 넣고 있는 안경 낀 사람을 상상했다. 그녀는 그를 좋아하지 않았다. 구브네일은 상당히 호리호리한 사람이었다. 그러나 그는 안경을 끼지도 호주머니에 손을 넣지도 않았다. 실제로 그가 처음 나타나자 오히려 호감이 갔다.

하지만 호감의 이유를 이리저리 설명해 보려고 했지만, 그녀는 스스로에게 만족스러운 답을 찾을 수 없었다. 남편 개스턴이 말한 지적인 면이나 유망한 면은 찾아볼 수 없었다. 반대로 그를 편안하게 해주려고 그녀가 수다를 떨거나 환대의 표시로 개스턴이 솔직하게 이런저런 이야기를 늘어놓아도 그는 조용히 앉아서 잠자코 듣기만 했다. 그녀를 대할 때는 가장 엄격한 여자라도 흠잡을 데 없을 정도로 아주 예의 바르게 대했다. 그뿐이지 그녀에게 인정받거나 존경을 얻기 위해 어떤 노력도 하지 않았다.

일단 농장에 정착하자 그는 큰 코린트 기둥 아래 그늘진 넓은 주랑 현관에 앉아 있는 것을 좋아하는 듯했다. 개스턴이 사탕수수 농장의 경험을 이야기하면 나른하게 담배를 피우면서 주의 깊게 들었다.

"내가 진정한 삶이라고 하는 게 이런 삶이야." 사탕수수밭을 가로질러 온 부드럽고 향긋한 바람이 벨벳처럼 감쌀 때면, 그는 아주 만족해서 이런 말을 하곤 했다. 그는 또 붙임성 좋게 자신의 다리에 비벼대는 큰 개들과 잘 어울리며 즐거워했다. 그는 낚시는 좋아하지 않았고, 시내로 외출하는 것이나 개스턴의 그로스백 새 사냥 제안에도 크게 열의를 보이지 않았다.

바로다 부인은 그의 성격을 좀체 알 수 없어 당황했으나 여전히 그를 좋아했다. 그는 정말이지 아주 사랑스럽고 거슬리지 않았다. 며칠 후에도 처음이나 다름없이 그가 어떤 사람인지 이해할 수 없자 그녀는 당황하는 대신 이번엔 새침해졌다. 이런 기분으로 그녀는 남편과 손님만 두고 대부분 혼자 있었다. 그러고 나서 그가 그녀의 행동에 대해 전혀 개의치 않는다는 것을 알자, 이번에는 지나치게 친근하게 굴었다. 그와 함께 물레방아가 있는 곳으로 천천히 거닐기도 하고 강둑을 따라 산책을 하기도 했다. 그녀는 끈질기게 그의 침묵, 무의식적으로 그를 감싸고 있는 침묵을 꿰뚫어 보려고 했다.

"당신 친구는 언제 가죠? 그가 있어 무척 피곤해요." 그녀가 어느 날 남편에게 물었다.

"여보 그가 온 지 아직 일주일도 안 됐소. 이해가 안 가오. 그는 당신을 전혀 귀찮게 하지도 않잖소."

"그래요. 오히려 귀찮게 하면 낫겠어요. 다른 사람들처럼 군다면 그를 편안하고 즐겁게 해줄 계획을 세울 텐데요."

개스턴은 아내의 예쁜 얼굴을 손으로 감싸고 다정하게 웃으면서 고민에 찬 눈을 들여다보았다.

그들은 그녀의 화장대에서 함께 치장하고 있었다.

"당신은 정말 놀랍소. 어떨 때는 나도 당신 행동을 예측할 수가 없으니 말이오." 그는 그녀에게 키스하고 넥타이를 똑바로 하려고 거울 쪽으로 몸을 돌렸다.

"자, 당신이 불쌍한 구브네일을 너무 심각하게 받아들이고 야단법석인데, 그건 그가 바라거나 기대하는 게 전혀 아니오." 그가 계속 말했다.

"야단법석이라고요! 말도 안 돼요! 어떻게 그런 말을 할 수 있어요? 야단법석이라니, 정말! 하지만 당신은 그가 영리하다고 했잖아요."

"영리했지. 그런데 그 불쌍한 친구가 지금 너무 과로에 지쳐 있소. 그래서 내가 여기 와서 좀 쉬라고 한 거요."

"아주 아이디어가 풍부한 사람이라고 했잖아요. 적어도 재미있는 사람인 줄 알았어요. 내일 아침에 봄옷을 가봉하러 시내에 갈 거예요. 그가 떠나면 알려 주세요. 난 옥타비아 이모님 댁에 가 있을게요."

그날 밤 그녀는 혼자 밖으로 나가 자갈길 옆 커다란 떡갈나무 아래 있는 벤치에 앉아 있었다. 그녀는 자기 생각이나 의도가 왜 이렇게 혼란스러운지 알 수 없었다. 아무리 생각해보아도 몰랐지만 내일 아침 집을 떠나야 한다는 느낌은 확실했다.

바로다 부인은 자갈을 밟으며 다가오는 발걸음 소리를 들었지만 어둠 속에서 담뱃불만 보였다. 남편은 담배를 피우지 않아서 구브네일이라는 것을 알았다. 눈에 띄지 않기를 바라며 가만히 있었다. 그러나 겉옷이 하얀색이라 눈에 띌 수밖에 없었다. 그는 담배를 버리고 그녀 옆에 앉았다. 옆에 앉으면 그녀가 싫어할 수 있다는 건 전혀 생각지 않는 눈치였다.

"남편이 이걸 가져다주라고 했소." 그가 그녀에게 얇은 하얀 스카프를 건네면서 말했다. 그녀가 종종 머리와 어깨에 두르는 얇은 스카프였다. 그녀는 고맙다고 중얼거리고 스카프를 받아 무릎 위에 두었다.

그는 요즘 같은 계절에 밤공기가 건강에 좋지 않다는 상식적인 말을 몇 마디 했다. 그리고 어둠 속을 바라보면서 반은 혼잣말처럼 속삭였다.

"남풍이 부는 밤—커다란 별 몇 개만 떠 있는 밤이여. 졸고 있는 밤이여"

그녀는 밤에 바치는 이 시에 대해 대답을 하지 않았다. 자신에게 바치는 시가 아니었으니까.

구브네일은 자의식적인 사람이 아닌 것으로 미루어 보아 결코 수줍어하는 사람은 아니었다. 원래 말이 없는 게 아니라 약간 우울해서 말이 없었다. 여기 바로다 부인 옆에 앉아 있으니 그의 침묵이 잠깐 녹았다.

그는 친밀하게 자유롭게 말을 걸었다. 말꼬리를 늘이며 망설이듯 조용히 이야기했는데 듣기에 전혀 거슬리지 않았다. 개스턴과 아주 친했던 대학 시절, 맹목적인 야망에 불타고 거대한 뜻을 품었던 시절에 관해 이야기했다. 모두 사라졌고 이제는 어쨌든 기존 질서에 체념하고 순응하는 일만 남았다고 했다. 그냥 하루하루 살아가고 가끔 지금, 이 순간처럼 살짝 스치는 진정한 삶의 숨결을 느끼고 싶을 뿐이라고 했다.

그녀는 그의 말의 내용을 어렴풋이만 이해했다. 그 순간에는 육체적 존재가 그녀를 지배했다. 그의 말의 내용은 생각하지 않고 그의 목소리의 음조를 마실 뿐이었다. 그녀는 어둠 속에서 손을 뻗어서 예민해진 손가락으로 그의 얼굴이나 입술을 만지고 싶었다. 그에게 가까이 다가가서 뺨에 대고 아무 말이나 속삭이고 싶었다. 만일 그녀가 점잖은 여인이 아니었다면 그렇게 했을 것이다.

그에게 다가가고 싶은 충동이 커지면 커질수록 그녀는 실제로 그에게서 점점 더 멀리 떨어졌다. 너무 무례해 보이지 않을 만큼 시간이 지나자마자, 그를 혼자 두고 그녀는 일어나 떠났다.

그녀가 집에 도착하기 전에 구브네일은 다시 담뱃불을 붙이고 밤에 바치는 시의 암송을 끝냈다.

그날 밤 바로다부인은 친구이자 남편인 개스턴을 붙잡고 어리석은 감정에 휩싸인 이 사건에 관해 이야기하고 싶었다. 하지만 그 유혹을 잘 물리쳤다. 그녀는 점잖은 여인인데다 분별력도 뛰어났다. 그리고 인생에는 혼자 싸워야 하는 싸움이 있다는 것을 알고 있었다.

그다음 날 아침 개스턴이 일어났을 때, 아내는 이미 떠나고 없었다. 그녀는 아침 일찍 시내로 가는 기차를 탔고, 구브네일이 간 다음에야 돌아왔다.

다음 해 여름 다시 그를 초대하는 문제에 대해 부부 사이에 말이 오갔다. 개스턴은 구브네일을 몹시 초대하고 싶었지만, 아내의 강력한 반대에 부딪혀 양보했다.

하지만 그해 말쯤 남편이 아무 말도 안 했는데 아내 편에서 구브네일을 다시 초대하자고 했다. 남편은 아내 편에서 말을 꺼낸 것이 놀랍고 또 기쁘기도 했다.

"마침내 당신이 그를 싫어하는 감정을 극복하다니 다행이오. 그는 정말 비호감으로 찍힐만한 사람은 아니오."

그녀는 남편에게 다정하게 오래 키스한 후 웃으며 말했다. "오, 난 모든 걸 극복했어요! 두고 보세요. 이번엔 아주 상냥하게 대할게요."

폭풍우

케이트 쇼팬

I

잎사귀들이 미동도 하지 않는 것으로 봐 비는 시간문제라는 것을 비비도 알고 있었다. 어린 아들과 완벽히 동등한 입장에서 대화하는 것에 익숙한 보비노가, 비비에게 서쪽으로부터 음습하고 누군가를 위협하는 듯한 굉음을 내며 사악한 의도로 몰려오는 검은 구름 떼를 가리켰다. 그때 마침 프리드하이머 씨 가게 안에 있었던 이 두 사람은 그냥 가게 안에서 폭풍우가 지나갈 때까지 기다리기로 했다. 그들은 빈 술통 위에 걸터앉았다. 네 살인 비비는 얼굴에서 똑똑함이 묻어나는 아이였다.

"엄마가 엄청 무서워할 것 같아요." 비비가 눈을 껌뻑거리며 걱정 어리게 말했다.

"집에 있는 문이란 문은 모두 다 닫아 놓고 있을 거야. 게다가 저녁땐 실비를 불러 같이 있을 거야." 보비노는 비비를 안심시키려고 했다.

"아니에요. 실비는 어제 왔었기 때문에 오늘 저녁땐 안 올 거예요." 비비가 울먹거리며 말했다.

보비노는 일어나 새우 통조림 하나를 들고 계산대로 갔다. 새우는 칼릭스타가 제일 좋아하는 것이다. 보비노는 새우 통조림을 손에 들고 술통 쪽으로 돌아와 그 위에 다시 앉았다. 폭풍우가 몰아치는 동안 보비노는 통조림을 손에 쥐고 그냥 멍하니 앉아 있었다. 나무로 지은 가게가 흔들렸고 저 멀리에 있는 들판을 헤집어서 거대한 고랑이라도 만들려는 듯 바람이 몹시 불었다. 자신의 작은 손을 아빠의 무릎 위에 올려놓으니 비비는 하나도 무섭지 않았다.

II

집에 있는 칼릭스타는 남편과 아이를 걱정하고 있지 않았다. 그녀는 창가에서 재봉질에 열중하고 있어서 폭풍우가 접근하고 있는 줄도 몰랐다. 그날따라 날은 유난히 더웠다. 칼릭스타는 이따금 재봉틀을 멈추고 땀을 닦았고 입고 있던 흰색 자루 드레스의 목 쪽을 느슨하게 했다. 그녀는 날이 갑자기 어둑해지자 그제야 상황을 파악한 듯 집 안 곳곳을 서둘러 다니며 창과 문을 모두 닫아걸었다.

그녀는 보비노가 일요일에 교회에 입고 갈 옷을 빨아서 널어놓았는데, 비가 오기 전에 걷으러 포치로 급히 나갔다. 현관문을 나서는 바로 그때 알세 라발리에르가 말을 타고 집 마당으로 들어섰다. 결혼한 후에는 알세를 본 적이 거의 없었다. 혹봤더라도 단둘인 적은 전혀 없었다. 보비노의 코트를 들고 거기에 서 있었다. 굵은 빗방울이 떨어지기 시작했다. 알세는 본채 옆으로 돌출된 지붕 아래로 피했다. 그곳에는 이미 닭들이 모여서 비를 피하고 있었고 한구석에는 쟁기와 써레 같은 농기구가 쌓여 있었다.

"포치에서 비를 잠시 피할 수 있을까, 칼릭스타?" 그가 물었다.

"그러세요, 알세 씨."

그의 목소리와 자신의 목소리를 듣고 그녀는 최면에서 깨어난 것 같았다. 그녀는 들고 있던 보비노의 조끼를 꽉 쥐었다. 알세가 비비의 바지를 걷어서 포치 계단을 막 올라가면서, 순간 불어 닥친 돌풍으로 인해 허공으로 날아가는 비비의 닳은 재킷을 낚아챘다. 알세는 밖에서 잠시 비를 피하다가 가겠다고 했지만, 이는 쏟아지는 비를 온전히 다 맞고 서 있겠다는 말과 별반 다르지 않았다. 비가 억수같이 쏟아져 내리고 있기 때문에 포치에 있어도 비를 그대로 맞을 수밖에 없었다. 어쩔 수 없이 알세는 집 안으로 들어갈 수밖에 없었다. 안에 들어와서는 문을 단단히 닫았다. 비는 실내로 못 들어오게 무언가로 문 아래를 막아야 할 정도로 세차게 내렸다.

"세상에나, 무슨 비가 이렇게 많이 내리는 거죠. 이런 비는 거의 이 년만이네요." 문 아래를 막을 마대를 돌돌 말면서 칼릭스타가 큰 소리로 말했다. 알세는 칼릭스타가 마대를 문 밑에 끼워 넣는 일을 도왔다.

그녀의 몸은 다섯 해 전 결혼 때보다 풍만해져 있었지만 생기발랄함은 여전했다. 푸른 눈은 여전히 모든 것을 녹여버리는 듯 강렬했다. 노란색의 머리카락은 바람과 비 때문에 흐트러져 있었다. 귀와 관자놀이 주변의 곱슬머리는 여전히 매력적이었다.

현관문을 부수고 들어와 온 집 안을 물바다로 만들 거라고 위협하는 양 비는 낮은 헝글 지붕 위로 큰 소리를 내며 쏟아져 내렸다. 두 사람이 있는 곳은 식탁이 놓여 있는 거실, 즉 다용도 실이었다. 비비와 그녀의 카우치가 나란히 붙어 있었다. 바로 옆방은 엄청나게 큰 흰색 침대가 있는 그녀의 침실이었다. 침실문은 열려있지만, 차광막이 쳐져 있어서 방 안은 어두웠다. 이 때문에 방은 신비스러운 느낌을 줬다.

알세는 흔들의자에 털퍼덕 앉았다. 재봉질하던 천 조각들

을 바닥에서 주섬주섬 집어 드는 칼릭스타의 모습에는 초조함
이 배었다.

"비가 이런 식으로 계속 내릴까요? 둑이 이 엄청난 양의 비
를 감당해낼 수 있을까요?" 그녀가 큰 소리로 말했다.

"둑은 뭣 때문에 신경을 써요?"

"걱정이 많이 되네요. 보비노가 비비를 데리고 나갔는데 아
직 돌아오지 않았어요. 아직 프리드하이머 씨 가게 안에 있으
면 좋겠는데 말이죠."

"칼릭스타, 보비노는 현명한 사람이니 분명히 실내에 있을
거예요."

그녀는 창가로 갔다. 얼굴에는 근심이 가득했다. 창에 부옇
게 서린 김을 닦아 냈다. 타는 듯이 더운 날이었다. 알세도 일어
서서 창가로 가서 그녀의 어깨 너머로 밖을 쳐다봤다. 굵은 빗
줄기 때문에 멀리 있는 오두막집들은 잘 보이지 않았다. 그 너
머의 숲은 잿빛 안개로 뒤덮여있었다. 장난을 치기라도 하는
듯 번개가 쉴 없이 번쩍거렸다. 들판 끝에 서 있는 멀구슬나무
에 벼락이 쳤다. 순간 눈을 안 보이게 하는 빛으로 주위의 보이
는 모든 공간이 채워졌다. 금방이라도 그들이 딛고 서 있는 바
닥에도 벼락이 칠 것 같았다.

순간 칼릭스타는 손으로 눈을 가렸다. 그러고는 비명을 지

르면서 비틀거리며 뒷걸음질 쳤다. 알세가 팔로 그녀를 감싸며 자기 몸쪽으로 그녀를 격정적으로 잠시 끌어당겼다.

"맙소사!" 알세로부터 떨어져 창가에서 멀어지면서 그녀는 소리쳤다. "다음번엔 벼락이 집에 칠 거예요! 비비가 지금 어디에 있는지 알 수 있으면 좋겠어요!" 그녀는 마음을 가다듬을 수 없었다. 의자에 앉지도 않았다. 알세가 그녀의 어깨를 꽉 쥐고 그녀를 똑바로 바라봤다. 알세는 자신도 모르게 그녀를 안았다. 따뜻하고 격하게 떨고 있는 그녀의 몸이 자신의 몸에 닿았다. 지난 시절 그녀에게서 느꼈던 격한 감정과 육체에 대한 갈망이 다시 불타올랐다.

"칼릭스타." 그가 말했다. "무서워하지 말아요. 아무 일도 없을 거예요. 벼락은 근처의 높은 나무에나 치지 이 집처럼 낮은 곳에는 안 쳐요. 그러니 너무 걱정하지 말아요. 이제 좀 안심이 돼요?" 그는 얼굴 위로 흘러내린 그녀의 머리카락을 뒤로 넘겨주었다. 상기된 얼굴에는 땀이 흐르고 있었다. 입술은 석류 씨처럼 새빨갛고 촉촉했다. 흰 목과 풍성하고 탱탱한 가슴을 보니 몹시 흥분됐다. 그녀가 그를 올려볼 때 눈물로 글썽했던 푸른 눈은 어느새 몸을 원하는 나른한 눈빛으로 이미 바뀌어 있었다. 그녀의 눈을 내려다보며 할 수 있는 것이라고는 키스밖에 없었다. 어섬션에서의 일이 기억났다.

"칼릭스타, 어섬션에서의 일 기억해요? 그가 낮은 소리로 물었다. 격정에 사로잡힌 목소리는 중간중간 끊겼다. 오! 그녀는 기억하고 있었다. 어섬션에서 그는 감각이 없어질 때까지 그녀에게 키스, 키스, 키스했었다. 그러고 나서 그녀를 지켜주기 위해 필사적으로 그 자리에서 도망치곤 했다. 그 시절 비록 그녀가 순결의 상징이라고까지는 할 수 없었지만, 그녀는 여전히 순결한 사람이었다. 자신이 방어할 수 없는 상태에 놓인 육체를 갈망했기 때문에 그녀는 오히려 순결을 지킬 수 있었던 것이다. 방어할 수 없는 육체를 압도하는 것을 그의 명예는 허락하지 않았다. 그러나 지금은, 지금은 그녀의 희고 둥근 목과, 그보다 더 흰 가슴은 물론이고 그녀의 입술도 자유롭게 맛을 볼 수 있는 듯했다.

그들은 쏟아붓는 빗줄기를 더는 신경 쓰지 않았다. 게다가 그녀는 벼락 치는 소리를 듣고도 그의 팔베개에 누워서 웃었다. 그 어둡고 신비스러운 방에서 그녀는 하나의 계시였다. 그녀가 누워있는 카우치처럼 순백, 그 자체였다. 생전 처음 타고날 때부터 그녀에게 부여된 권리를 알아가고 있는 그녀의 탄탄하고 탄력 있는 육체는 부드럽고 매끈한 한 송이 백합과 같았다. 마치 태양이 백합에게 자신의 숨과 내음을 세상에 존재하는 절대 죽지 않는 생명들에게 바치라고 권유하는 것 같았다.

꾀를 부리거나 속임수를 쓰지 않으면서 엄청나게 뿜어져 나오는 그녀의 정염은 안으로 뚫고 들어가 결코 가본 적 없는 육체 본성의 심연의 응답을 발견한 백열 같았다.

그가 가슴을 만지자 그녀는 전율하는 황홀감으로 그에게 전부를 다 내어 주면서 그의 키스를 끌어냈다. 그녀의 입은 환희의 샘물이었다. 그가 그녀를 다 가졌을 때 그들은 삶 신비의 바로 그 경계선에서 함께 혼절한 듯 보였다.

그는 누워있는 그녀에게 몸을 기대고 있었다. 숨은 가쁘고 멍하니 나른했지만, 심장은 망치질하듯 뛰고 있었다. 그녀는 한 손으로 그의 머리를 잡고 이마에 가볍게 입맞춤을 했다. 다른 손으로는 그의 근육질의 어깨를 토닥거렸다.

으르렁대던 천둥은 저 멀리 지나가고 있었다. 엉글 지붕 위에서 나던 빗소리도 잦아들었다. 나른함으로 잠이 들것 같았지만 그럴 수는 없었다.

III

비가 그쳤다. 태양은 반짝이는 초록 세상을 보석 궁전으로 변모시키고 있었다. 칼릭스타는 알세가 말을 타고 떠나는 것을 포치에서 지켜봤다. 알세는 그녀를 돌아보고는 환한 미소를 지었다. 그녀는 어여쁜 턱을 위로 들어 올리고는 큰 소리로 웃었다.

보비노와 비비는 집으로 터벅터벅 걸어오는 중이었다. 집 근처 물탱크 수돗가에서 옷매무시를 가다듬었다.

"어휴, 엄마가 뭐라 할까? 네 잘못이야, 괜찮은 바지를 입었어야지. 바지 꼴이 그게 뭐야? 옷깃도 진흙투성이네. 진흙이 어떻게 거기까지 묻었지, 비비? 너 같은 애는 처음 본다고!" 비비는 가엾고 다 포기한 듯한 얼굴이었다. 진흙탕 길과 물에 잠긴 들판을 돌아다닌 흔적을 자신의 몸과 비비의 몸에서 털어낼 때의 보비노의 근심 어린 표정은 심각함 그 자체였다. 그는 막대기로 비비의 맨다리와 발에 묻은 진흙을 떼어낸 후 신고 있는 무거운 작업화에서 모든 흔적을 세심하게 제거했다. 그러고 나서, 최악의 상황—엄청나게 꼼꼼한 가정주부와의 만남—에 대비했다. 그들은 조심스럽게 문을 열고 집 안으로 들어갔다.

칼릭스타는 저녁 식사를 준비하고 있었다. 식탁을 차리고 난 후 커피를 내리고 있었는데 그들이 들어오자 자리에서 벌떡 일어났다.

"오, 보비노, 드디어 돌아왔네요. 어머나, 내가 걱정을 얼마나 했는데. 비 올 때 어디에 있었어요? 비비는? 비 안 맞았어요? 어디 다친 데는? 그녀는 비비를 꼭 끌어안으면서 비비의 얼굴에 뽀뽀 세례를 퍼부었다. 칼릭스타는 비를 얼마나 맞았는지를 확인이나 하려는 듯 보비노의 옷을 만져보고 더 이상의 말 없이 그들이 안전하게 집에 돌아온 것을 보니 이제야 안심이 된다는 표정만 지었다. 이 모습을 보니 그가 집으로 돌아오는 길 내내 준비한 설명과 사과의 말이 목안으로 수그러들었다.

"새우를 좀 사 왔어, 칼릭스타." 이 말을 하며 보비노는 불룩한 옆 주머니에서 캔 하나를 꺼내 식탁 위에 올려놨다.

"새우네! 오 보비노! 이런 것 안 사와도 되는데! 내 말 들어봐요. 우리 오늘 밤에 파티하는 거예요." 그녀는 보비노의 볼에 키스하면서 말했다.

보비노와 비비는 이제야 마음이 놓이고 편안해지기 시작했다. 식탁에 앉은 세 사람은 엄청나게 웃었다. 웃음소리가 얼마나 크던지 멀리 떨어진 라발리에의 집에서 사는 누군가가 들을 정도였다.

IV

그날 밤 알세 라발리에는 아내 클라리스에게 편지를 썼다. 걱정하는 내용을 다정한 문장에 담은 애정이 가득한 편지였다. 아내에게 서둘러 돌아올 필요 없다고 썼다. 아내와 아이들이 빌록시에서 별문제 없이 잘 지내고 있으면 거기에서 한 달 더 있다 와도 된다고 썼다. 그는 다정하게 편지를 써 내려갔다. 많이 보고 싶긴 하지만 떨어져 있을 수밖에 없는 상황을 조금 더 참아낼 수 있다고 했다. 아내와 아이들이 건강하게 잘 지내는 것을 최우선으로 고려하고 있다고도 했다.

V

클라리스는 남편의 편지를 받고 황홀해했다. 그녀와 아이들은 잘 지내고 있다. 그곳 사람들은 그들을 잘 대해 주고 있었다. 만 근처에 오랜 친구들과 지인들 여러 명이 살고 있었다. 결혼 이후 이렇게 자유로운 휴식은 처음이었다. 처녀 때의 즐겁고, 자유분방하게 살던 때가 생각나는 듯했다. 남편에게 헌신했지만 친밀한 부부로서의 삶은 잠시 동안 기꺼이 포기할 수 있는 것 그 이상이었다.

그렇게 폭풍우 지나갔고 모든 사람은 행복해했다.

작품 해설

〈국화 냄새〉

D.H. 로런스는 광부의 아들이었다. 아버지는 탄광 막장에서 전기 수리공으로 일했고 어머니는 교양 있는 여성으로 바느질을 해가며 가족의 생계를 도왔다. 로런스는 부모 기질의 차이와 계급의 차이로 인한 가정 내 불협화음을 감지하면서 성장했다. 〈국화 냄새〉는 지하 막장 내 질식사로 가장을 잃은 광부 가족의 삶을 사실적으로 기록한 작품이다. 어느 날 남편 월트의 귀가가 늦어지자 부인 엘리자베스 베이츠는 초조감과 분노를 드러내는데, 남편이 죽었다는 소식을 듣자 그제서야 낯선 존재였던 남편을 이해하게 된다. 그녀는 이렇게 말한다. "진실을 회복시켜 준 죽음에 감사했다."

이야기는 탄광 마을의 탄광과 술집과 집을 세 꼭짓점으로 삼아 전개된다. 여기에 광부 가족의 3대가 등장한다. 작가는 삼인칭 관찰자 시점에서 상황과 인물을 서술함으로써 객관성과 사실성을 확보한다. 로런스는 노동계급에 대한 과도한 연민과 낭만화를 철저히 배제하며, 탄광 마을의 삶을 사실적으로 묘사했다. 이 작품의 결말에서 부인은 "두려움과 수치심 속에서 자신이 잘못 알았던 그의 알몸을 바라보았다."라며 에피퍼니(Epiphany, 진리의 현현)의 순간을 맞이한다. 이렇게 모더니즘적인 요소를 사용하여, 로런스는 사실주의와 모더니즘 두 요소를 결합했다.

이 작품의 제목으로 등장하는 국화는 세 번 언급된다. 엘리자베스가 길가에서 꺾어 앞치마 띠에 꽂은 핑크색 국화, 남편을 처음 만났을 때와 결혼했을 때 건네받은 갈색 국화, 그리고 남편의 시신이 안치된 방 안의 국화이다. 이처럼 국화 냄새는 광부 가족의 삶의 전 과정을 담아내는 은유이다. 원제에서 Odour는 향기와는 거리가 있고, 좋지 못한 냄새도 포함하여 냄새로 번역했다.

〈열어놓은 창문〉

이 짧은 단편은 공포 선집에 포함될 정도로, 간결하고, 재미있고, 공포감을 주는 작품이다. 침착한 소녀 베라는 신경쇠약증 치료를 위해 시골에 요양하러 온 너틀 씨가 기다리는 동안, 집 안에서 일어난 이야기— 숙모의 남편과 동생 두 명이 사냥을 나갔다가 늪지에 빠져 죽었다는 비극—를 들려준다. 너틀 씨는 베라가 꾸며낸 이야기에 속아 죽었다고 생각한 그들이 '열어놓은 창문'을 통해 보이자, 유령이 출현한 줄 오판하고 허겁지겁 그 집에서 도망간다.

기본구조는 액자 구조 형식을 취한다. 베라의 이야기가 현재 시점에서 서두와 마지막을 에워싸고, 중간에 과거의 비극 이야기가 위치한다. "느닷없이 이야기를 꾸며내는 건 그녀의 특기였다." 이 마지막 한 문장으로 독자는 베라의 거짓말을 확인하게 된다. 그 소녀는 너틀 씨가 도망가는 이유를 개에 대한 공포증 때문이라고, 즉, 그가 인도의 갠지즈 강둑의 한 묘지에서 들개한테서 쫓기던 공포 탓이라고 태연하게 꾸며낸다.

이 작품은 남성성을 결여한 너틀 씨와 낯선 방문객에게 친절하지 않은 중산층의 삶을 풍자한다.

〈이블린〉

〈이블린〉은 19세기 말 더블린에 사는 다양한 연령과 환경의 평범한 사람들의 삶을 들여다보는 제임스 조이스의 단편집 《더블린 사람들》(1914)에 수록된 작품이다. 《더블린 사람들》에 실린 이야기들은 더블린 사람들의 일상적인 삶을 전혀 미화하지 않고 단조로운 생존 투쟁을 담고 있다. 조이스는 이 단편집에서 아일랜드의 삶의 부정적인 측면만을 지나치게 강조했다고 비판을 받기도 했다. 그런 그의 중요한 주제 중 하나가 아일랜드 사회 속 여성이 처한 곤경이었다. 〈이블린〉은 의식의 흐름기법을 보여주고 있다. 조이스는 더블린을 떠날 결정을 앞두고 흔들리는 이블린의 내면을 독자에게 매개 없이 그대로 보여주고 있다. 이 소설의 행동은 여주인공의 마음속에서 일어나며 독자에게 전달되는 것은 외부적인 환경의 인상이나 내면적인 기억의 묘사다.

이블린의 기억은《더블린 사람들》의 핵심적인 두 주제인 에피퍼니와 마비를 잘 보여준다. 마비가 더블린의 삶을 특징짓는 핵심적인 단어라면, 에피퍼니는 원래 천주교에서 말하는 신의 힘이 현현한 계시의 순간을 뜻한다. 조이스의 주인공들은 자신의 삶의 의미를 종교적 계시의 순간처럼 강렬하게 깨닫는 에피퍼니를 체험한다. 어머니의 죽음에 대한 기억은 자신의 삶에 대한 순간적인 통찰, 즉 에피퍼니를 제공한다. 돌아가시기 전 어머니가 지른 괴성은 그녀에게 더블린을 떠나야 한다는 계시가 된다. 그러나 이것이 실제적인 탈출(부에노스아이레스로 이민)로 이어지지 않고 결말에서 보듯이 배를 타려는 순간 공포에 질려 얼어붙는 극단적인 마비(무력한 동물처럼)로 끝난다.《더블린 사람들》의 다른 인물들과 마찬가지로 이블린은 영원히 마비된 삶을 벗어나지 못하는 것이다. 이로써 '신선한 공기'를 의미하는 부에노스아이레스(Buenos Aires)에서 펼쳐질 수도 있었을 새로운 삶의 가능성은 차단된다.

〈브릴 양〉

맨스필드의 대표적 단편인 이 작품은 주인공 브릴 양의 일요일 공원 나들이를 내적 독백으로 전달하며 그녀의 소외된 삶을 조명한다. 외로운 삶을 사는 중년의 브릴 양은 일요일에 공원에 나와 사람들을 관찰한다. 사람들의 대화를 엿들으면서 자신이 세상과 연결되어 있다는 공상을 통해 자신의 공허한 현실을 회피한다. 공원 내의 모든 것들이 한 편의 연극이고 자신을 포함한 모든 사람이 연극을 하는 배우라고 공상하며 사람들과의 유쾌한 유대감을 느낀다. 그러나 젊고 멋진 연인들이 그녀를 늙고 못생겼다며 무례하게 조롱하는 것을 들었을 때 브릴 양의 환상은 여지없이 무너진다. 공상이 냉혹한 현실의 침해로 깨어질 때 브릴 양은 더 큰 소외감과 절망을 경험한다.

자신과 현실에 대한 인식이 결여된 브릴 양의 내적 독백은 작품 전체를 아이러니로 만든다. 그녀가 아끼는 유행 지난 모피 목도리, 외롭고 늙은 공원 산책자들, 남자로부터 외면당하는 중년 여인, 그 여인이 쓰고 있는 빛바랜 낡은 털모자 등에 대한 그녀의 관찰과 묘사는 브릴 양이 인식하지 못하는 그녀의 모습을 그대로 반영한다. 그녀의 공상이 자신의 비참한 현실을 깨닫는 에피퍼니(진리의 현현)의 순간에 의해 무너져 내리면서 브릴 양은 좁고 어두운 그녀만의 방으로 내몰린다.

〈차 한 잔〉

〈차 한 잔〉은 1900년대 초 런던을 배경으로 매우 부유한 30대 초반의 로즈메리가 걸인 여자에게 베푸는 자선에 관한 이야기다. 상류계층이며 문학과 예술에 대한 안목이 뛰어나고 감각이 세련된 로즈메리는 자신을 끔찍이 여기는 남편과 사랑스러운 아들이 있는 완벽한 삶을 영위한다. 이 작품은 로즈메리가 베푸는 자선의 자기중심적 동기를 밝히는 가운데 그녀의 계층의식과 물질주의, 섹시즘, 그리고 가부장적 가치에 함몰된 여성의 불안정한 정체성 등을 다룬다.

차 한 잔 값을 구걸하는 여자에게 자선을 베풀 의도로 로즈메리는 그녀를 "잡아서" 자기 집으로 데려온다. 이후 여자를 대하는 로즈메리의 태도와 의식을 통해 그녀가 베푸는 자선 행위의 자기중심적 동기가 밝혀진다. 로즈메리는 자신의 도덕적 우월성과 능력을 증명하고 자랑하고 싶어서 걸인 여자를 도와주는 것이다.

걸인 여자를 자기 방으로 끌어들인 로즈메리는 그 여자와 어느 면에서도 섞이지 못한다. 그녀의 코트와 모자를 방바닥에 그냥 놔둔다든가, 배가 고파 실신할 지경인 여자를 앞에 두고서도 어떻게 이 기회를 자랑의 기회로 삼을 것인가에 골몰해서 걸인 여자의 필요를 적시에 살피지 못한다. 걸인 여자가 예쁘다는 남편의 말 한마디에 불안감을 느낀 로즈메리는 자신이 베풀고자 했던 자선을 모두 저버리고 인간에 대한 최소의 예의도 없이 꾸겨 쥔 지폐 3장을 주어 여자를 쫓아낸다.

모든 것을 다 가졌으나 얼굴이 아름답지 않은 로즈메리의 아킬레스건을 잘 알고 조종하는 남편 필립에 대한 묘사가 절묘하다. 맨스필드는 그의 내면에 대한 묘사 없이 몇 마디 안 되는 그의 말, 말의 배열, 그리고 그의 자세와 눈길을 통해 절제되었으나 풍요로운 인물 묘사를 하고 있어 작품을 읽는 재미를 배가시킨다. 로즈메리로 하여금 "나 예뻐요?"라는 질문을 하게 함으로써 필립은 자신의 가부장적 세계에 견고히 안주한다.

로즈메리의 상태를 상징하는 작은 에나멜 상자 뚜껑에 새겨진 조각의 의미와 차 한 잔의 상징성 등을 살펴 읽으면 더 풍요로운 작품 감상을 할 수 있을 것이다.

〈라뺑과 라삐노바〉

〈라뺑과 라삐노바〉는 1939년에 출판되었다. 이 단편은 20년 전인 1919년에 쓴 작품을 개작한 것이다. 이야기는 어니스트 소번이라는 남자와 로잘린드라는 여자의 결혼 초기의 삶을 다룬 것이다. 결혼 생활에 만족하지 못한 로잘린드는 남편 어니스트가 라뺑 왕이 되고 자신이 라삐노바 여왕이 되는 상상의 세계를 만들어내 그곳에 있을 때만 행복감을 느낀다. 로잘린드는 남편 라뺑의 "코가 씰룩거리는" 것을 보며 자유롭게 숲과 시냇가를 돌아다닐 수 있는 상상의 세계를 그린다. 그러나 그녀는 상상의 놀이 세계에서도 왕/여왕, 집토끼(rabbit)/산토끼(hare), 용감한/약한, 크고/작은 등의 가부장 사회의 이분법적 구분이 존재함을 인식하게 된다. 나아가 시댁 식구의 부유함과 가문을 자랑하는 시어머니의 금혼식 파티에서 로잘린드는 철저히 외톨이라고 느낀다.

결국 로잘린드(라삐노바)는 가부장 사회의 결혼제도라는 덫에 걸려 죽게 된다. 가부장 사회에서의 결혼이란 여성에게는 자유를 억압하는 덫이며 죽음으로 이어진다는 것이다. 작가는 가부장 사회에서 여성은 "인공설 위에 핑크빛 유리 눈을 하고 서 있는 박제된 암토끼"라고 표현한다. 이 소설은 단지 결혼이라는 주제만이 아니라, 현실과 상상 사이의 괴리, 자아와 타자의 대립, 계급 간의 갈등 등 폭넓은 주제까지 담고 있는 것이 특이한 점이다.

〈유품〉

사랑, 외로움, 비밀, 독립적인 삶, 슬픔을 다루고 있는 이 작품은 친밀한 관계란 어떤 상태를 의미하는가에 관해 의문을 품게 한다. 충격적인 결말을 예기하는 여러 단서를 작품 곳곳에 배치한 이 작품은 남편에게 남기고 간 15권의 일기를 독자들과 함께 읽어 내려가면서 유망한 정치인 아내의 삶과 죽음에 대해 생각하게 한다. 압권은 아내의 은밀한 삶을 알게 되면서 자신감 넘쳤던 한 남자의 자존감이 억누를 수 없는 질투심으로 인하여 엄청난 심적 고통으로 급전직하하는 감정 붕괴를 치밀하게 묘사하고 있다는 점이다.

〈필경사 바틀비〉

〈필경사 바틀비〉는《백경》을 쓴 허먼 멜빌이 1853년에 발표한 작품이다. 바틀비는 "~ 하고 싶지 않습니다."라는 야릇한 말로 필경사 사무실의 모든 사람을 혼란에 빠뜨리는 인물로《백경》의 에이

허브 선장만큼이나 쉽게 이해되지 않은 인물이다. 하지만 멜빌이 창조한 인물들이 그러하듯이, 바틀비 역시 이해의 차원을 넘어 독자들의 가슴에 말 못 할 여운을 남겨주는 인물이다. 대부분 독자는 모든 것에서 스스로를 소외시키며 죽음까지도 거부하지 않는 바틀비라는 인물 앞에서, "더는 필경 작업을 하고 싶지 않다"라는 바틀비의 통보에도 단호하게 대처하지 못하고 우왕좌왕하는 변호사처럼 당혹감을 금치 못하게 되는 것이 사실이다. 결국, 그의 죽음 앞에서 "아 바틀비여! 아, 인간이여!"라고 외마디를 내뱉는 변호사처럼, 대부분 독자 역시 미완의 상태로 작품 읽기를 마치게 된다.

어떠한 식으로 접근한다고 해도 바틀비가 이에 응하지 않을 거라는 한 평자의 견해처럼, 작품에 대한 보다 확실한 의미를 찾기도 쉽지 않다. 그뿐만 아니라 '예수 같은 바틀비,' '하나님 같은 바틀비,' '자폐형 인간으로서의 바틀비,' 등등 바틀비에 대한 해석 또한 천차만별이다. 어쩌면 이것이 멜빌이 의도한 것일 수도 있겠구나, 하는 생각이 들 정도다. 최근에는 들뢰즈의 소수자-되기, 아감벤의 잠재성, 네그리의 새로운 공동체, 지젝의 시차적 간극 등의 틀로 바틀비를 해석하기도 한다.

작품을 접할 때마다, 바틀비의 절망적 죽음 앞에서 망연자실해 서 있는 변호사가 떠오른다. 과연 그는 바틀비의 삶을 어떻게 받아들였을까? 독자들도 한번 자신의 입장에서 바틀비의 삶을 조명해보기를 권한다.

〈노란 벽지〉

1970년대 페미니스트 비평의 부상과 함께 샬롯 길먼의 〈노란 벽지〉는 가장 중요한 고전 중 하나가 되었고, 페미니스트 비평가들의 관심을 끈 것은 여성의 극단적인 수동성을 강요하는 휴식요법이 대표하는 가부장적 질서에 대한 여주인공의 저항이었다.

여주인공은 휴식요법에 맞추어 철저하게 남편이 정해준 스케줄을 따라야 한다. 남편은 시간적·공간적인 면에서 여성의 자율성을 전혀 허용하지 않고 아버지의 이름을 절대적으로 따르게 한다. 그러나 여주인공은 남편의 치료를 믿지 않는다. 그녀는 스스로 라캉이 말하는 정신분석가가 되어 자신의 증상을 언어화하려고 애쓴다. 일기를 쓰는 단계에서 여주인공은 남편에게 저항하지만, 상징질서 자체를 부인하는 것은 아니다. 극단적인 수동성과 무력함을 강요하는 휴식요법 대신 그녀는 상징질서 속에 적절하게 자리매김하는 방법을 스스로 모색하는 것이다. 또 하나 그녀가 자율성을 발휘하는 일은 노란 벽지를 관찰하는 것이다. 그녀가 처음 발견한 무늬는 창살과 그 아래 여성의 모습이다. 그녀가 분석해 낸 패턴은 상징질서 속의 여성의 모습이며 현재 그녀 자신의 현실이기도 하다.

그러나 벽지 속의 여성은 벽지 밖으로 나오고, 이어 방을 탈출하여 정원을 돌아다니며 민첩함과 활기가 가득한 주이상스(Jouissance, 향락)를 보인다. 이를 관찰하는 여주인공은 벽지 속 여성과 함께 벽지를 함께 뜯어내는 가운데 마침내 그 여성과 하나가 된다. 마지막 장면의 여주인공은 주이상스의 기표를 생생하게 체현하고 있다. 언어화될 수도, 상징질서에 포함될 수도 없는 주이상스는 고통스러운 동시에 황홀한 경험이다. 철저한 가부장적 통제 아래서 일기 쓰는 자율성조차 부인당하던 여주인공은 이제 주이상스를 향유하고 남편이 지배하는 상징질서는 주이상스 안에 떠 있는 작은 섬에 지나지 않게 된다.

〈데지레의 아기〉

〈데지레의 아기〉는 남북전쟁 이전의 미국 남부 루이지애나주를 배경으로 인종차별의 파괴성을 다룬 작품이다. 부유한 농장주 부부에게 업둥이로 들어온 데지레는 명문 가문의 후계자인 아르망 오비니와 결혼한다. 아르망은 원래 엄격하고 차가운 성격이었지만 그가 열정적으로 사랑한 데지레와 결혼하고 아들을 낳은 후에는 너그럽고 여유로운 사람으로 변한다. 아르망을 진심으로 사랑한 데지레는 행복에 젖은 나날을 보낸다. 그러나 데지레가 낳은 아기의 피부색이 문제가 된 후 이들의 관계는 파경에 이른다. 아르망은 냉혹하고 잔인하게 변한다. 아기가 흑인인 이유가 데지레에게 있다고 확신한 그는 자기 집안의 이름을 더럽힌 데지레를 버림으로써 그녀를 극도의 절망으로 몰아붙이고 결국 그녀와 아기를 죽음에 이르게 한다. 데지레와 아기의 물건들을 불에 태워 정리하던 아르망은 어머니가 아버지에게 보낸 편지의 일부를 발견하고 읽는데, 아르망의 어머니가 흑인이라는 사실이 적혀있다.

결말의 극적 반전은 작품 전체를 하나의 거대한 아이러니로 만든다. 단지 흑인이라는 이유로 사랑하는 남편인 아르망으로부터 버림받고 절망적 상황에 몰려 죽음을 선택한 데지레는 백인이고 그녀를 흑인으로 알고 죽음으로 몰아넣은 아르망은 흑인이다. 아르망을 지탱하던 백인 우월주의의 근거는 무엇인가? 어머니의 편지로 자신이 흑인이라는 사실을 알게 된 아르망은 어떻게 될까? 〈데지레의 아기〉는 19세기 미국 남부 사회를 지탱한 사회적 전제와 합의가 모두 허구였음을 강하게 비판하고 있다.

〈데지레의 아기〉는 결말의 반전을 암시하는 내용과 행간에 숨겨진 이야기를 독자가 찾아서 읽을 때 더욱 풍요로운 내용을 즐길 수 있고 읽는 재미도 배가되는 작품이다.

〈한 시간 이야기〉

케이트 쇼팬의 〈한 시간 이야기〉는 여주인공 루이스의 남편이 철도 사고로 사망했다는 소식을 듣는 것으로 시작해서 남편이 살아서 돌아오는데, 오히려 여주인공이 죽는 것으로 끝난다. 이 일이 일어나는 한 시간 동안 루이스의 심리변화 묘사나 결말의 아이러니가 탁월한 작품이다. 예상과 다르게 갑자기 오열하던 여성은 외부의 생명으로 가득한 봄 풍경을 보다가 외부 세계에서 온 무엇인가에 사로잡힌다. 이것은 주체적인 의지 대신 외부의 냄새, 색깔, 소리가 다가온다는 식으로 자유의 욕망을 받아들임으로써 여주인공 자신이나 19세기 독자가 받아들이기 쉽게 만드는 장치이다. 그녀의 입에서 "자유, 자유, 자유"라는 말이 새어 나온 순간 그녀는 새로 태어나며, 이때 그녀가 느끼는 것은 "기쁨"이다. "기쁨"의 상태는 맥박이 빨리 뛰고 온몸이 따뜻해지는 육체적인 감각으로 표현되며 생명의 의지로 발전한다. "어제만 해도 그녀는 오래 살게 될까 봐 몸서리를 쳤던" 그녀가 "제발 오래 살게 해달라고 기도를" 한다. 기쁨 때문에 죽었다는 결말의 아이러니는 이중적이다. 한편으로 죽은 남편이 돌아와서 너무 기뻐 죽은 줄로 아는 작중인물에 대한 거리두기인 동시에 루이스가 "짧은 깨달음의 순간"에 느꼈던 기쁨을 다시 상기시킨다.

〈점잖은 여인〉

〈점잖은 여인〉에 등장하는 바로다 부인은 농장의 여주인으로서 사회적 위세를 지녔을 뿐 아니라 결혼 생활은 규칙적인 리듬을 따르는 잘 짜인 견고한 판이다. 이러한 견고한 판에 균열이 생기기 시작하는 것은 구브네일의 등장이다. 그가 그녀에게 별 반응을 보이지 않고 침묵하자, 그의 침묵은 그녀가 꿰뚫어야 하는 비밀스러움이 된다. 이 비밀스러움이 그녀를 혼란스럽게 만든다. 아무리 노력해도 좀체 닿을 수 없는 침묵, 그리고 거기서 비롯된 혼란으로 인해 그녀의 정체성, 이름도 밝혀져 있지 않고 단지 바로다 부인이라고만 불리는 그녀의 정체성에 균열이 생기기 시작한다. 구브네일의 심리에 대해서는 직접적으로나 간접적으로나 묘사되어 있지 않지만, 그의 존재는 아우라를 통해 독자의 뇌리에 강력하게 각인된다.

구브네일은 한밤중에 벤치에서 월트 휘트먼의 《풀잎》의 한 구절을 인용한다. "남풍이 부는 밤—커다란 별 몇 개만 떠 있는 밤이여. 졸고 있는 밤이여." 이것이 그의 심리를 드러내는 유일한 단서이다. 이 구절의 앞에 오는 것은 "가슴을 드러낸 밤을 꼭 끌어안아라—풍요로운 마력의 밤을 꼭 끌어안아라"이고, 이어지는 구절은 "미친 벌거벗은 여름밤"이다. 구브네일의 침묵은 고요하지만, 광란과도 통하는 수수께끼이다. 그의 탈주의 욕망은 그녀를 변용시키며 순간적으로 그녀에게도 섬광처럼 탈주선이 생성된다. 구브네일과의 만남에서 생긴 미시적 균열은 그녀의 삶을 송두리째 흔들어 놓는 폭풍이 되어버린다. 긴 휴식과 여흥을 기대하던 바로다 부인은 사라지고 육체적인 존재인 그녀만이 남는다. 남편과 머리를 맞대는 친밀함이 결혼이라는 틀 안에서 관계를 규정짓는 견고한 분할선이었다면, 구브네일에 대한 순간적인 육체적인 욕망은 그러한 틀을 완전히 벗어나는 탈주선이다.

〈폭풍우〉

이 작품에서 폭풍우는 두 가지 역할을 한다. 첫째, 폭풍우는 클라리스와 알세의 우연한 만남의 배경이 된다. 폭풍우가 아니었다면 이 두 사람의 만남은 불가능했을 것이다. 둘째, 폭풍우는 두 사람 욕망의 상징이 된다. 폭풍우가 절정을 향할 때 두 사람의 욕망도 최고조에 달한다.

작가 소개

D.H. 로런스

D.H. 로런스(David Herbert Lawrence, 1885~1930)는 영국 노팅햄 주 탄광촌 이스트우드에서 광부의 아들로 태어났다. 노팅햄 대학 졸업 후 초등학교 교사 생활을 했다. 그는 탄광, 학교, 공장, 국가 등 사회 전반에 만연한 비인간화를 비판하며, 그 대안으로 '삶의 불꽃,' '살과 피,' '새로운 문명'을 찾아 지구촌을 떠돌아 다녔다. 그는 "생명력을 지닌 모든 것은 경이롭다"라고 믿었으며, '사랑의 사제,' '불사조,' 이탈리아에 매료된 '로렌조'라는 별명이 있다.

건강이 좋지 않았던 그는 잿빛 탄광촌을 벗어나 밝고 자유로운 프랑스 남부를 유독 좋아했다. 27세에 5살 연상인 노팅햄 대학 교수의 부인인 프리다와 결혼했는데, 그때 그녀는 세 명의 자녀를 둔 독일 귀족 출신이었다. 1차 세계대전 중 그는 영국 정부로부터 스파이로 오인을 받기도 했고, 심지어 양심적 병역 거부자이기도

했다. 결국 그는 영국을 관(棺)으로 규정하고 떠나, 프랑스, 이탈리아, 실론, 호주, 멕시코 등을 여행한 노마드, 아웃사이더가 되었다. 로런스는 45세에 결핵으로 사망하여 프랑스 벤스에 묻혔다.

대표작으로는 《아들과 연인》(1913), 《무지개》(1915), 《연애하는 여인들》(1920), 《채털리 부인의 연인》(1928) 등이 있다. 그중 《채털리 부인의 연인》은 외설과 예술의 논쟁을 촉발시켰으나, 로런스는 성(性)에 대하여 솔직한 것이 자연스럽고 아름다운 것이라고 믿었다. 로런스에 대한 평가는 엇갈려서, 한쪽에서는 그를 자신의 논리에 빠진 괴짜 작가로, 다른 쪽에서는 그를 독창적인 천재 작가로 본다.

사키

사키(Saki, 1870~1916)는 미얀마에서 태어났다. 본명은 헥터 휴 먼로(Hector Hugh Munro)이며 사키는 그의 필명이다. 부친은 영국의 식민지였던 미얀마의 경찰감이었고, 12세에 영국으로 건너와 기숙학교를 다녔다. 23세 때인 1893년에 미얀마 경찰에 합류했다가 3년 후 다시 영국으로 돌아와 기자생활을 했다. 제1차 세계대전이 발발하자 군에 자원입대를 하였고, 1916년 11월 프랑스 베몽-하멜 전선에서 46세 나이로 전사했다.

제임스 조이스

제임스 조이스(James Joyce, 1882-1941)는 아일랜드의 소설가, 단편 소설 작가, 시인, 교사, 문학평론가로 20세기 가장 영향력 있고 중요한 작가 중 한 명이다. 더블린의 중산층 가정에서 태어난 조이스는 재정적으로 가끔 어려울 때도 있었지만 항상 우수한 학생이었다. 가톨릭 예수회에서 운영하는 클롱고웨스와 벨베데레 학교에서 우수한 성적을 거두었으며 이어서 더블린 대학에서 수학했다. 1904년, 20대 초반에 그는 후에 아내가 된 노라 바나클과 함께 유럽으로 이민을 떠나 트리에스테, 파리, 취리히 등에 살았다. 비록 그는 20대 이후 삶의 대부분을 해외에서 보냈지만 아이로니컬하게도 그의 작품세계는 더블린을 중심으로 하며, 그의 가족이나 친구와 유사한 인물들이 등장한다. 그의 대표작으로는《율리시스》(1922),《젊은 예술가의 초상》(1916),《피네건의 경야》(1939),《더블린 사람들》(1914)이 있다.

캐서린 맨스필드

단편소설의 대가로 인정받는 캐서린 맨스필드(Katherine Mansfield, 1888-1923)는 뉴질랜드의 부유한 가정에서 태어나 영국에서 대학 교육을 받았다. 주로 영국과 유럽에서 작품 활동을 하다가 34세의 젊은 나이에 결핵으로 세상을 떴다. 맨스필드는 안톤 체호프의 작품에 많은 영향을 받았으며 제임스 조이스와 더불어 단편소설 장르를 완성한 작가라는 평을 듣는다. D.H. 로런스 및 버지니아 울프와 친밀한 문학적 교류를 하며 그들에게 문학적 영향을 끼친 것으로 알려져 있다. 맨스필드는 단편소설에서 의식의 흐름, 내적 독백, 다중적 관점 등 다양한 모더니즘적 기법을 구사한다. 문체적 특징으로는 설명 대신 대화와 독백을 활용하고, 은유와 이미지를 제시하는 시적 압축과 절제된 표현 등을 꼽을 수 있다.

맨스필드가 주로 다루는 주제에는 관계의 어려움과 양면성, 중산계층의 도덕적 불감증, 전쟁이 사회에 미치는 영향, 섹슈얼리티 등이 포함된다. 작품의 특징은 섬세한 관찰을 통해 심리적 갈등과 변화를 예리하게 포착하고 무미건조한 일상에서 아름다움과 의미를 발견하는 것이다. 대표적 단편집으로는 《행복》(1920)과 《가든파티》(1922)가 있다. 이 외에도 《독일 하숙에서》(1911)와 그녀의 남편인 문학 비평가 머레이가 그녀의 사후에 편집 출간한 《비둘기 집》(1923) 등이 있다.

버지니아 울프

버지니아 울프(Virginia Woolf, 1882-1941)는 소설 속에 "의식의 흐름" 기법을 도입한 모더니스트이자 페미니스트 작가이다. 13세 때 1895년 정신적 지주였던 어머니의 죽음 이후 처음 신경증 증세를 보였으며, 그 이후로도 정신 질환과 우울증에 시달리게 된다. 1915년에 데뷔작 《출항》 간행 이후 《제이콥의 방》(1922), 《댈러웨이 부인》(1925), 《등대로》(1927), 《세월》(1937) 등의 장편소설과 여성의 물적, 정신적 독립의 필요성을 주장한 페미니스트 에세이인 《자기만의 방》(1929) 등을 출간했다. 울프는 플롯보다는 인간의 심리나 내면의 의식이 흐르는 것을 포착하는 "의식의 흐름" 기법을 시도했다. 작품에는 페미니스트적 메시지와 더불어 삶의 근원적인 외로움과 죽음에 관한 생각 등이 녹아 있다.

난해한 장편소설과 달리 울프의 단편소설 중에는 쉽고 흥미로운 작품들이 많다. 전통적인 수법과 실험적인 스타일의 작품도 있는데, 전통적인 수법으로 쓴 〈라빵과 라삐노바〉는 결혼 생활 자체가 삶의 "덫"이라고 토로하는 한 여성의 이야기를 다루고 있다. 울프는 1941년 전쟁과 정신 질환의 재발에 대한 두려움 속에 호주머니에 돌을 채운 채 우즈 강으로 걸어가 생을 마감했다.

허먼 멜빌

허먼 멜빌(Herman Melville, 1819~1892)은 《백경》을 비롯해 바다를 소재로 소설을 쓴 유명한 19세기 말 미국의 소설가다. 뉴욕 태생인 그는 성공한 무역상의 아들로 태어났으나 아버지의 사업파산으로 15세에 학업을 중단하고, 20세에 배에 처음 오르는 경험을 한다. 이후 그는 22세에 포경선을 타기 시작해 4년간 남태평양의 여러 섬을 다녔는데, 이때의 경험을 두고 "포경선은 내게 예일 대학이자 하버드 대학이었다"라고 말한 바 있다. 이후 자신이 겪은 경험을 바탕으로 해양소설을 쓰기 시작해서, 1846년 타이피 족과 함께 보낸 시절을 바탕으로 첫 소설《타이피》를 출간한다. 이후《백경》(1851), 〈빌리 버드〉, 〈베니토 세리노〉, 〈필경사 바틀비〉등 수많은 작품을 발표했다.《백경》은 도서관 소설 칸이 아닌 고래잡이 칸에 꽂혀 있을 정도로 당대 독자들에게는 호응을 얻지 못했을 정도라고 한다. 멜빌의 작품은 20세기에 들어와 재평가 받기 시작하면서, 이제는 나다니엘 호손과 함께 미국 상징주의 문학의 대가로 인정받고 있다.

샬롯 퍼킨스 길먼

샬롯 퍼킨스 길먼(Charlotte Perkins Gilman, 1860-1935)은 20세기 초 미국의 대표적인 페미니스트이자 페미니스트 소설가이다. 그녀는 이미 생전에 강연자, 소설가, 저술가로 널리 이름을 날렸으며 1960년대 페미니즘의 부상과 함께 미국의 대표적인 페미니스트 소설가로 부각되었다. 그녀는 뉴잉글랜드의 유서 깊은 집안에서 출생했으나 출생 당시 집안 사정이 어려웠다. 그녀가 어릴 때 아버지가 그녀를 버렸으며 그녀는 공식 교육은 4년밖에 받지 못했다. 1882년 21세에 프로비던스 출신 화가인 찰스 월터 스테트슨을 만나 1884년 결혼하고, 곧 임신하여 딸을 낳았으나, 깊은 산후 우울증에 빠져 당시 유행한 "휴식요법"을 받기 위해 필라델피아의 요양병원에 들어갔다. 그러나 이 신경증 치료법은 여성들의 어떤 육체적인 활동이나 지적인 자극을 금하는 치료법으로 〈노란 벽지〉에서도 비판적으로 언급되고 있다. 한 달 후에 남편과 아이에게로 돌아왔으나 신경쇠약은 더 심해졌다. 1888년에 스테트슨과 헤어지고 딸을 데리고 캘리포니아로 떠났고, 곧 회복되어 1890년대 초 활발한 저술 및 강연 활동을 시작했다. 그녀의 책이 여러 나라에서 번역되면서 길먼은 국제적인 명성을 얻었다. 1900년에 사촌인 조지 휴튼 길먼과 결혼했다.

길먼은 35년이 넘는 기간 동안 수백 편에 이르는 단편과 시를 썼고 12권 넘는 책을 발표했다. 단편으로는 〈노란 벽지〉가 대표작이고 《여자의 땅》(1915) 등의 소설과 《샬롯 퍼킨스 길먼의 삶: 자서전》(1935) 등의 저서를 남겼다. 1932년에 자신이 유방암에 걸린 것을 알고서 3년 뒤인 75세에 안락사를 택했다. 1994년에는 뉴욕 세네카 폴에 있는 국립여성명예전당에 이름을 올렸다.

케이트 쇼팬

케이트 쇼팬(Kate Chopin, 1850~1904년)은 세인트루이스에서 출생하였고, 19세기 후반에서 20세기 초까지 활동했던 소설가다. 생전에는 남부의 지방색 짙은 소설을 쓰는 작가로 알려졌으나, 1960년대 페미니즘의 부상과 더불어 여성의 성, 결혼제도, 개인의 자유를 다룬 그녀의 소설은 미국의 대표적인 페미니즘 소설로 인정받기 시작했다. 결혼 전 이름은 캐서린 오플레어티였다. 20세에 오스카 쇼팬과 결혼 후 뉴올리언스에서 살았다. 1882년 32세에 남편 오스카 쇼팬이 여섯 아이를 남기고 사망했다. 남편 사후에 농장을 2년 정도 운영하다 다시 친정인 세인트루이스로 돌아갔다. 이곳에서 아이들과 어머니와 함께 행복한 생활을 했으나 1년 후 어머니도 사망했다. 잇따른 상실의 슬픔으로 우울증에 빠져있던 쇼팬은 친구인 산부인과 의사 프레드릭 콜벤하이어의 권유로 소설을 쓰기 시작했다. 소설은 그녀의 창조성의 원천이 되었을뿐더러 주 소득원이 되었다.

1892년부터 쇼팬은 《세인트루이스 포스트-디스패치》, 《월간 아틀랜틱》, 《보그》 등의 잡지에 단편, 번역, 칼럼 등을 발표했으나 남부의 지방색 짙은 작가 정도로만 평가되었다. 1904년 뇌출혈로 쓰러진 후 54세로 사망했다. 쇼팬의 대표적인 단편소설로는 여기 번역된 〈폭풍우〉(1898), 〈한 시간 이야기〉(1894), 〈젊잖은 여인〉(1894), 〈데지레의 아기〉(1893) 등이 있고 장편소설로는 《실수》(1890)와 《각성》(1899)이 있다.

옮긴이

박종성

충남대학교 영어영문학과를 졸업하고 서강대학교 대학원에서 영문학 석사학위, 런던대학교(퀸메리 칼리지) 대학원에서 영문학 석사와 박사학위를 받았다. 현재 충남대학교 영어영문학과 교수이다. 한국근대영미소설학회와 한국영어영문학회에서 회장을 역임했다. 지은 책으로《탈식민주의에 대한 성찰》등이 있고, 옮긴 책으로《탈식민주의 길잡이》(공역) 등이 있다.

조애리

서울대학교 영문과를 졸업하고 같은 학교 대학원에서 석사와 박사학위를 받았다. 현재 카이스트 인문사회과학부 교수로 재직 중이다. 지은 책으로《성·역사·소설》,《19세기 영미 소설과 젠더》,《역사 속의 영미 소설》,《페미니즘과 소설 읽기》(공저) 등이 있고, 옮긴 책으로《제인 에어》,《빌레뜨》,《설득》,《밝은 모퉁이》,《민들레 와인》,《달빛 속을 걷다》,《젠더란 무엇인가》(공역),《대중문화는 어떻게 여성을 만들어내는가》(공역) 등이 있다.

이혜원

고려대 국어교육과 및 같은 대학원 국문과를 졸업했다. 1991년《동아일보》신춘문예에 평론이 당선되어 작품 활동을 시작했다. 저서로《현대 시의 욕망과 이미지》,《세기말의 꿈과 문학》,《현대시 깊이읽기》,《현대시와 비평의 풍경》,《적막의 모험》,《생명의 거미줄 - 현대시와 에코페미니즘》,《자유를 위한 자유의 시학 - 김승희론》,《현대시 운율과 형식의 미학》,《지상의 천사》,《현대시의 윤리와 생명의식》등이 있다. 현재 고려대 미디어문예창작학과 교수이다.

유정화

이화여자대학교 영문과를 졸업하고 동 대학원에서 석사와 박사학위를 받았다. 현재 목원대학교 교수이다. 주요 역서로는《무기여 잘 있거라》,《위대한 개츠비》,《참깨와 백합 그리고 독서에 관하여》(공역),《젠더란 무엇인가》(공역),《문화 코드, 어떻게 읽을 것인가》(공역) 등이 있다.

김진옥

미국 뉴욕 대학교에서 영문학 박사학위를 받았다. 현재 한밭대학교 영어영문학과 교수이다. 주요 저서로는 *Charlotte Brontë and Female Desire*,《제인 에어: 여성의 열정, 목소리를 갖다》,《영국 소설과 서술기법》(공저) 등이 있고, 주요 역서로는《문화 코드, 어떻게 읽을 것인가》(공역),《스토리텔링의 이론, 영화와 디지털을 만나다》(공역),《젠더란 무엇인가》(공역) 등이 있다.

강문순

미국 케이스웨스턴리저브(Case Western Reserve) 대학교에서 영문학 박사학위를 받았다. 현재 한남대학교 영어교육과 교수이다. 주요 역서로는《동물농장》,《노인과 바다》,《문화 코드: 어떻게 읽을 것인가》(공역),《스토리텔링의 이론: 영화와 디지털을 만나다》(공역),《셰익스피어에 대해 잘못 알려진 30가지 신화》(공역) 등이 있다.

윤교찬

미국 노스캐롤라이나 대학교에서 석사, 서강대학교에서 박사학위를 받았다. 현재 한남대학교 영어교육과 교수이다. 주요 역서로는《문학비평의 전제》,《탈식민주의 길잡이》(공역),《미국 인종 차별사》(공역),《문화 코드, 어떻게 읽을 것인가》(공역),《스토리텔링의 이론, 영화와 디지털을 만나다》(공역),《젠더란 무엇인가》(공역),《허클베리 핀의 모험》등이 있다.